**Frank Martin**
Dräger Medizintechnik
Max-Planck-Ring 25
D - 65205 Wiesbaden
☎ (06122) 509-52
🖷 (06122) 509-49
D1 (0170) 85 44 196
✉ frank.martin@draeger.com

R. Kuhlen • J. Guttmann • R. Rossaint (Hrsg.)

Neue Formen der assistierten Spontanatmung

R. Kuhlen J. Guttmann R. Rossaint (Hrsg.)

# Neue Formen der assistierten Spontanatmung

**Herausgegeben von**

Ralf Kuhlen, Josef Guttmann und Rolf Rossaint

**Mit Beiträgen von**

Josef Briegel, Josef Guttmann, Christoph Haberthür, Eva Jürgens, Erich Kilger, Ralf Kuhlen, Thomas Lücke, Martin Max, Bodo Pichler, Christian Putensen, Michael Quintel, Reto Stocker, Michael Sydow

URBAN & FISCHER

München • Jena

**Zuschriften und Kritik an:**
Urban & Fischer, Lektorat Medizin, Karlstr. 45, 80333 München

**Anschriften der Herausgeber:**
Dr. med. Ralf Kuhlen, Klinik für Anästhesiologie, Medizinische Einrichtungen der RWTH Aachen, Pauwelsstr. 30, D-52074 Aachen

Priv.-Doz. Dr. rer. nat. Josef Guttmann, Anästhesiologische Universitätsklinik, Sektion Experimentelle Anästhesiologie, Hugstetterstr. 55, D-79106 Freiburg

Prof. Dr. med. Rolf Rossaint, Direktor der Klinik für Anästhesiologie, Medizinische Einrichtungen der RWTH Aachen, Pauwelsstr. 30, D-52074 Aachen

**Wichtiger Hinweis für den Benutzer**
Die Erkenntnisse in der Medizin unterliegen laufendem Wandel durch Forschung und klinische Erfahrungen. Herausgeber und Autoren dieses Werkes haben große Sorgfalt darauf verwendet, dass die in diesem Werk gemachten therapeutischen Angaben (insbesondere hinsichtlich Indikation, Dosierung und unerwünschten Wirkungen) dem derzeitigen Wissensstand entsprechen. Das entbindet den Benutzer dieses Werkes aber nicht von der Verpflichtung, seine individuelle Therapiewahl in eigener Verantwortung zu treffen.
Um den Textfluss nicht zu stören, wurde bei Patienten und Berufsbezeichnungen die grammatikalisch maskuline Form gewählt. Selbstverständlich sind in diesen Fällen immer Männer und Frauen gemeint.

**Die Deutsche Bibliothek – CIP-Einheitsaufnahme**
Ein Titeldatensatz für diese Publikation ist bei Der Deutschen Bibliothek erhältlich.


1. Auflage 2000

00 01 02 03 04 5 4 3 2 1



Planung: Dr. med. Thomas Hopfe, München
Projektmanagement: Dr. med. Felicitas Claaß, München
Lektorat: Dr. med. Mechthild Gottschlich-Raulf, Dittelbrunn
Register: Susanne C. Bogner, Dachau
Satz und Herstellung: Kadja Gericke, Arnstorf
Zeichnungen: Gerda Raichle, Ulm
Druck und Bindung: Franz Spiegel Buch GmbH, Ulm
Umschlaggestaltung: prepress | ulm GmbH, Ulm
Umschlagabbildung: Prof. Dr. med. Karl-Heinz Kopp, Anästhesiologische Universitätsklinik Freiburg

ISBN 3-437-22320-8

**Aktuelle Informationen finden Sie im Internet unter der Adresse:** www.urbanfischer.de

# Vorwort

Die maschinelle Unterstützung der Atmung gehört zu den lebenserhaltenden Routineverfahren der modernen Intensivmedizin. Entsprechend ihrer Bedeutung für die Therapie von Patienten mit einer schweren respiratorischen Insuffizienz, sind die verschiedenen Beatmungsmodalitäten in den letzten Jahren zum Gegenstand einer Fülle wissenschaftlicher Untersuchungen geworden. Auf diesen Arbeiten basierend wissen wir, dass die Beatmung zwar lebenserhaltend sein kann, aber auch mit ernsthaften Nebenwirkungen und Risiken behaftet ist. Vor allem bei zunehmender Invasivität der Beatmung durch Anwendung hoher Volumina und Atemwegsdrücke, kann sie per se zur Progression eines bestehenden Lungenschadens beitragen. Deshalb herrscht heute ein breiter Konsens darüber, dass die Beatmungseinstellung so wenig invasiv wie möglich zu wählen ist.

Ein Weg, dies zu erreichen, besteht darin, die Spontanatmung auch bei respiratorisch insuffizienten Patienten nicht vollständig zu unterdrücken, sondern eine anteilig erhaltene Spontanatmung maschinell zu unterstützen. Hier hat der enorme technische Fortschritt, der die Entwicklung mikroprozessorgesteuerter Beatmungsgeräte mit sehr schnell reagierenden Ventilsystemen ermöglichte, die Voraussetzung dafür geschaffen, dass in den letzten fünfzehn Jahren eine Vielfalt von Beatmungsmodalitäten zur assistierten Beatmung realisiert werden konnte. Diese Entwicklungen wurden klinisch schnell aufgenommen, da sie einen Paradigmenwechsel in der Therapie von beatmeten Patienten mit sich brachten. Musste vorher ein Patient medikamentös so weit ruhig gestellt werden, dass er die Beatmung tolerierte, wurde es nunmehr möglich, die Beatmung an die spezifische Situation eines Patienten zu adaptieren. So wurde über eine Modernisierung des Beatmungskonzeptes eine Änderung der generellen Behandlung beatmeter Patienten möglich.

Trotz der offensichtlichen Vorteile der assistierten Beatmungsformen herrscht nicht nur bei lernenden, sondern auch bei erfahrenen Intensivmedizinern eine gewisse Verunsicherung hinsichtlich der Vielfalt der heute zur Verfügung stehenden Methoden und demzufolge auch hinsichtlich der Auswahl des optimalen Verfahrens für einen individuellen Patienten.

Diese gemeinsame Erfahrung war die Motivation zur Erstellung dieses Buches. Wir haben ausgewiesene Experten gewinnen können, um das nicht ganz einfache Thema der assistierten Beatmungsformen umfassend darzustellen, ohne allerdings den Anspruch zu erheben, hiermit die „Beatmungstherapie“ in toto dargestellt zu haben. Es wurde bewusst darauf verzichtet, alle Verfahren der kontrollierten Beatmung, die Indikationen sowie die generellen

Grundsätze der Beatmungstherapie darzustellen, da dies den Umfang eines solchen Buches überschreiten würde. Wir hoffen aber, dass es uns gelungen ist, einen Überblick über die modernen Formen der assistierten Beatmung zu geben, der es dem Leser erleichtern möge, die Besonderheiten und die Vor- und Nachteile der einzelnen Verfahren für die klinische Anwendung zu verstehen.

Wir sind den Autoren für ihre wertvollen und aktuellen Beiträge ebenso zu Dank verpflichtet wie den für die Realisierung des Projekts verantwortlichen Verlagsmitarbeitern.

Aachen, im Juli 2000

*Ralf Kuhlen*
*Josef Guttmann*
*Rolf Rossaint*

# Inhaltsverzeichnis

## 2 Synchronous Intermittent Mandatory Ventilation (SIMV) und Pressure Support Ventilation (PSV)

M. QUINTEL, TH. LÜCKE



## 3 Biphasic Positive Airway Pressure (BIPAP) und Airway Pressure Release Ventilation (APRV)

M. SYDOW

## 4 Zusätzliche Atemarbeit beim tracheal intubierten Patienten

## 5 Proportionale Druckunterstützung (PAV) und Automatische Tubuskompensation (ATC)

J. Guttmann, Ch. Haberthür, R. Stocker



## 6 Nichtinvasive Beatmung

J. Briegel, E. Kilger, B. Pichler

## 7 Die Entwöhnung von der Beatmung

R. KUHLEN, E. JÜRGENS, M. MAX

# Autorenverzeichnis

Priv.-Doz. Dr. med. Josef Briegel
Klinikum der Universität München
Klinik für Anästhesiologie
D-81366 München

Priv.-Doz.-Dr. rer. nat.
Josef Guttmann
Anästhesiologische Universitäts-klinik, Sektion Experimentelle Anästhesiologie
Hugstetterstr. 55
D-79106 Freiburg

Dr. med. Christoph Haberthür
Departement Innere Medizin
Universitätskliniken, Kantonsspital Basel
Petersgraben 4
CH-4031 Basel

Dr. med. Eva Jürgens
Klinik für Anästhesiologie
Medizinische Einrichtungen der RWTH Aachen
Pauwelsstr. 30
D-52074 Aachen

Dr. med. Erich Kilger
Klinikum der Universität München
Klinik für Anästhesiologie
D-81366 München

Dr. med. Ralf Kuhlen
Klinik für Anästhesiologie
Medizinische Einrichtungen der RWTH Aachen
Pauwelsstr. 30
D-52074 Aachen

Dr. med. Thomas Lücke
Institut für Anästhesiologie und Operative Intensivmedizin
Fakultät für Klinische Medizin Mannheim der Ruprecht-Karls-Universität Heidelberg
Universitätsklinikum Mannheim
Klinikum Mannheim GmbH
Theodor-Kutzer-Ufer
D-68167 Mannheim

Dr. med. Martin Max
Klinik für Anästhesiologie
Medizinische Einrichtungen der RWTH Aachen
Pauwelsstr. 30
D-52074 Aachen

Dr. med. Bodo Pichler
Klinikum der Universität München
Klinik für Anästhesiologie
D-81366 München

Prof. Dr. med. Christian Putensen
Leiter der Abteilung Operative Intensivmedizin
Klinik und Poliklinik für Anästhesiologie und Spezielle Intensivmedizin
Rheinische-Friedrich-Wilhelms-Universität Bonn
Sigmund-Freud-Str. 25
D-53105 Bonn

Priv.-Doz. Dr. med. Michael Quintel
Institut für Anästhesiologie und Operative Intensivmedizin
Fakultät für Klinische Medizin Mannheim der Ruprecht-Karls-Universität Heidelberg
Universitätsklinikum Mannheim
Klinikum Mannheim GmbH
Theodor-Kutzer-Ufer
D-68167 Mannheim

Priv.-Doz. Dr. med. Reto Stocker
Chirurgische Intensivstationen
Departement Chirurgie
Universitätsspital Zürich
Rämisstr. 100
CH-8091 Zürich

Prof. Dr. med. Michael Sydow
Abteilung für Anästhesiologie und Operative Intensivmedizin
St. Johannes-Hospital
Johannesstr. 9–13
D-44137 Dortmund

# Abkürzungsverzeichnis

| | |
|---|---|
| A/C | Assist/Control |
| ACV | Assist Controlled Ventilation |
| AF | Atemfrequenz |
| ALI | Acute Lung Injury |
| ALV | Akutes Lungenversagen |
| AMV | Atemminutenvolumen |
| APRV | Airway Pressure Release Ventilation |
| ARDS | Acute Respiratory Distress Syndrome |
| ASB | Assisted Spontaneous Breathing |
| ATC | Automatic Tubus Compensation, Automatische Tubuskompensation |
| ATPS | Ambient Temperature Pressure Saturated |
| BIPAP | Biphasic Positive Airway Pressure |
| BTPS | Body Temperature Pressure Saturated |
| CMV | Controlled Mechanical Ventilation |
| COPD | Chronic Obstructive Pulmonary Disease |
| CPAP | Continuous Positive Airway Pressure |
| ETT | Endotrachealer Tubus |
| FA | Flow Assist |
| FRC | Funktionelle Residualkapazität |
| HF | Herzfrequenz |
| HFV | Hochfrequenzbeatmung |
| HZV | Herzzeitvolumen |

| | |
|---|---|
| IAV | Intermittent Assisted Ventilation |
| IDV | Intermittent Demand Ventilation |
| IMPRV | Intermittent Mandatory Release Ventilation |
| IMV | Intermittent Mandatory Ventilation |
| IPPV | Intermittent Positive Pressure Ventilation |
| IRDS | Infant Respiratory Distress Syndrome |
| IRV | Inverse Ratio Ventilation |
| | |
| KG | Körpergewicht |
| | |
| MMV | Mandatorische Minutenventilation |
| | |
| NIV | Negative Impedance Ventilation |
| NPPV | Noninvasive Positive Pressure Ventilation |
| NVC | Negative Ventilator Compliance |
| NVR | Negative Ventilator Resistance |
| | |
| PAV | Proportional Assist Ventilation |
| PC-IRV | Druckkontrollierte Inverse-Ratio-Ventilation |
| PCV | Pressure Controlled Ventilation |
| PEEP | Positive Endexspiratory Pressure |
| PEEPi | Intrinsischer PEEP |
| PPS | Proportional Pressure Support |
| PSV | Pressure Support Ventilation |
| | |
| SIMV | Synchronous Intermittent Mandatory Ventilation |
| SPA | Spontanatmung |
| STPD | Standard Temperature Pressure Dry |
| | |
| VA | Volume Assist |
| $\dot{V}_A/\dot{Q}$ | Ventilation-Perfusion-Verhältnis |
| VILI | Ventilator Induced Lung Injury |

# 1 Vorteile der Spontanatmung bei respiratorischem Versagen

Christian Putensen

## 1.1 Einleitung

Die Entwicklung der Beatmungstherapie resultierte in den letzten Jahren in einer fast unübersehbaren Anzahl von Beatmungsverfahren und -techniken mit dem Ziel die spontane Ventilation zu unterstützen. Viele dieser Beatmungsverfahren unterscheiden sich jedoch sowohl physikalisch als auch physiologisch nur minimal voneinander und dürften folglich kaum die klinischen Behandlungsergebnisse wesentlich verändern [1]. Mangels groß angelegter Vergleichsstudien bleibt es somit vielfach dem Kliniker überlassen, ob, wann und wie er die eine insuffiziente Spontanatmung unterstützenden Beatmungsverfahren einsetzt.

Traditionell wird zunächst im akuten respiratorischen Versagen eine kontrollierte maschinelle Beatmung angewandt, um die alveoläre Ventilation und Atemarbeit des Patienten komplett zu übernehmen bis die zugrunde liegende respiratorische Funktionsstörung (z. B. akutes Lungenversagen, chronisch obstruktive Lungenerkrankung) beseitigt oder gebessert ist [2–10]. Die Kriterien für die Beendigung der maschinellen Ventilation basieren im Wesentlichen auf der klinischen und oft auch subjektiven Beurteilung durch den behandelnden Intensivmediziner oder auf den immer öfter propagierten, standardisierten Entwöhnungsprotokollen [11, 12]. Die Entwöhnung von der maschinellen Beatmung selbst erfolgt entweder über Spontanatemversuche mittels T-Stück oder Continuous Positive Airway Pressure (CPAP) oder über eine graduelle Reduktion der maschinellen Ventilation durch Einsatz eines die Spontanatmung unterstützenden Beatmungsverfahrens [3, 6]. Ein Vorteil durch diese zuletzt genannten Verfahren konnte jedoch im Rahmen der Entwöhnung von der maschinellen Beatmung nur bei Patienten nachgewiesen werden, die eine unassistierte Spontanatmung nicht oder nicht ausreichend lange tolerierten [3, 6]. Obgleich die eine Spontanatmung unterstützenden Beatmungsverfahren initial entwickelt wurden, um die Entwöhnung von der maschinellen Beatmung zu beschleunigen, werden diese nun immer mehr als primäre Beatmungsverfahren selbst bei Patienten in der akuten Phase der pulmonalen Dysfunktion eingesetzt [13–15].

## 1.2 Kontrollierte versus eine spontane Ventilation unterstützende Beatmung

In der Vergangenheit wurden kontrollierte Beatmungsverfahren und die eine spontane Ventilation unterstützenden Atemhilfen als unabhängige Beatmungstechniken angesehen. Daraus resultierte bereits Ende der 70er Jahre eine Kontroverse über die Anwendung der kontrollierten maschinellen Beatmung (Controlled Mechanical Ventilation; CMV) und der Intermittent Mandatory Ventilation (IMV) als primäres Beatmungsverfahren [16, 17]. Tatsächlich aber unterscheiden sich CMV und IMV nur im Grad der Atemhilfe. Eine augmentierende Atemhilfe sollte die alveoläre Ventilation und Atemarbeit von 0 bis 100 % übernehmen können [18, 19]. So gesehen stellt die kontrollierte maschinelle Beatmung lediglich ein Extrem der Atemhilfe dar, wobei die gesamte erforderliche Ventilation und Atemarbeit vom Beatmungsgerät übernommen wird.

Bis dato konnte nicht gezeigt werden, dass die kontrollierte maschinelle Beatmung gegenüber einer die Spontanatmung unterstützenden Beatmung, die eine adäquate alveoläre Ventilation und reduzierte Atemarbeit gewährleistet, vorteilhafter ist [13]. Eine kontrollierte maschinelle Beatmung erscheint daher nur angezeigt, wenn beim Patienten eine Apnoe vorliegt oder diese aus therapeutischen Gründen induziert werden muss (z. B. bei intrakraniellem Druckanstieg, chirurgische Eingriffe).

## 1.3 Interaktion von spontaner und maschineller Ventilation

Um primär ein die insuffiziente Spontanatmung unterstützendes Beatmungsverfahren einsetzen zu können, sollte idealerweise die maschinelle Unterstützung der Spontanatmung stufenlos von 0 bis 100 % möglich sein. Nach der Art der Interaktion von spontaner und maschineller Ventilation können sämtliche derzeit verfügbaren die Spontanatmung unterstützenden Beatmungshilfen folgendermaßen eingeteilt werden:

**Modulation des Tidalvolumens ($V_T$) durch maschinelle Unterstützung jedes Atemzuges – assistierte Beatmung:**
Jeder spontanen Inspirationsbemühung folgt eine maschinelle Unterstützung durch das Beatmungsgerät. Obgleich die Art der maschinellen Unterstützung der

spontanen Inspiration bei den verschiedenen Beatmungsverfahren unterschiedlich ist, führt in jedem Fall eine Zunahme der Atemfrequenz des Patienten, bedingt durch einen gesteigerten Bedarf an Ventilation, zu einer Zunahme der maschinellen Unterstützung. Umgekehrt führt eine Abnahme der Atemfrequenz zu einer Reduktion der maschinellen Atemhilfe und wird im Falle einer Apnoe gleich Null. Daher erlauben diese Beatmungsverfahren keine stufenlose Unterstützung der spontanen Ventilation. Eine stabile Spontanatmung und ein genügend sensitiver Synchronisations-Mechanismus sind bei diesen Beatmungsverfahren Voraussetzung für eine adäquate alveoläre Ventilation und reduzierte Atemarbeit. Anwendung findet dieses Prinzip bei der assistierten maschinellen Beatmung (Assist Controlled Ventilation, ACV) [20], der druckunterstützten Beatmung (Pressure Support Ventilation, PSV) [21], der Proportional Assist Ventilation (PAV) [22], und der automatischen Tubuskompensation (Automatic Tubus Compensation, ATC) [23].

**Modulation des Atemminutenvolumens ($V_E$) durch intermittierende Applikation von maschinellen Atemhüben zusätzlich zu einer nicht unterstützten Spontanatmung:**
Die maschinelle Unterstützung der Ventilation ist konstant und unabhängig von den Inspirationsbemühungen des Patienten. Ein geänderter Bedarf an Ventilation führt zu keiner Änderung der maschinellen Unterstützung. Durch Regulation der maschinellen Beatmungsfrequenz ist aber eine stufenlose Unterstützung der Spontanatmung von 0 bis 100 % möglich. Im Falle einer Apnoe wird zumindest das eingestellte Atemminutenvolumen appliziert. Da die Spontanatmung jedoch nur zwischen den maschinellen Atemhüben zumeist auf einem CPAP erfolgen kann, nimmt die Möglichkeit der ungehinderten Spontanatmung mit zunehmender maschineller Ventilation ab. Beispiel für die Anwendung dieses Mechanismus ist die Intermittent Mandatory Ventilation (IMV) [5].

**Modulation des Atemminutenvolumens durch Wechsel zwischen zwei Atemdruckniveaus mit der Möglichkeit einer ungehinderten Spontanatmung zu jeder Phase des maschinellen Atemzyklus:**
Maschinelle und spontane Ventilation sind nicht aneinander gekoppelt. Ein geänderter Bedarf an Ventilation führt zu keiner Änderung der maschinellen Unterstützung. Durch Regulation der maschinellen Beatmungsfrequenz und der Beatmungsdrücke ist eine stufenlose Unterstützung der Spontanatmung von 0 bis 100 % möglich. Da die Spontanatmung durch den zeitgesteuerten Wechsel zweier CPAP-Niveaus unterstützt wird, ist eine nahezu ungehinderte Spontanatmung zu jeder Phase des maschinellen Atemzyklus möglich. Realisiert ist dieses Funktionsprinzip bei der Airway Pressure

Release Ventilation (APRV) [24, 25] und dem Biphasic Positive Airway Pressure (BIPAP) [26].

**Hybridformen kombinieren mehrere der oben angeführten Techniken:**
Dieses Funktionsprinzip ist bei vielen kommerziell erhältlichen Beatmungsverfahren wie IMV+PSV, IMV+ATC, Intermittent Mandatory Release Ventilation (IMPRV) [27], BIPAP+PSV, BIPAP+ATC und PAV+ATC realisiert. Obgleich in vielen Beatmungsgeräten schon verfügbar, ist für die wenigsten der eine Spontanatmung unterstützenden Beatmungsverfahren ein Vorteil für die Behandlung von Patienten dokumentiert. Dies gilt insbesondere für die immer öfter propagierten Kombinationen verschiedener eine Spontanatmung unterstützender Beatmungshilfen, durch die alle Vorteile des einzelnen Beatmungsverfahrens für den Patienten genutzt werden sollen. Es bleibt aber zu bezweifeln, ob die simple Kombination von Beatmungsverfahren lediglich deren positive Effekte addiert [1]. Im Gegenteil, es kann nicht ausgeschlossen werden, dass für einzelne Beatmungsverfahren nachgewiesene physiologische Effekte durch Kombination mit einer anderen Atemhilfe minimiert oder sogar aufgehoben werden. Beispielsweise kann unter IMPRV, einer Kombination von APRV+PSV, durch Applikation einer zusätzlichen Druckunterstützung am oberen CPAP-Niveau eine Überblähung von Lungenarealen und eine Totraumventilation mit verminderter $CO_2$-Elimination resultieren [28].

Sinnvoller erscheint die derzeit klinisch verfügbaren augmentierenden Beatmungsverfahren selektiv entsprechend der bei ihrer Anwendung beobachteten Effekte einzusetzen. Ziel ist demnach eine auf physiologische und pathophysiologische Grundlagen ausgerichtete Anwendung der die Spontanatmung unterstützenden Beatmungsverfahren.

## 1.4 Vorteile der erhaltenen Spontanatmung

### 1.4.1 Pulmonaler Gasaustausch

Froese und Bryan [29] zeigten anhand radiologischer Untersuchungen während reiner Spontanatmung und kontrollierter maschineller Beatmung eine unterschiedliche Verteilung der Ventilation (Abb. 1.1). Während Spontanatmung bewegen sich die posterioren muskulären Abschnitte des Diaphragmas stärker als die anterior gelegene Sehnenplatte [29]. Daher erfolgt in Rückenlage die Distribution der spontanen Ventilation bevorzugt zu den abhängigen Lungenregionen, die gleichzeitig auch mehr Perfusion aufweisen. Ist das Zwerchfell jedoch relaxiert, so wird es, bedingt durch das Gewicht des abdominellen Kompart-

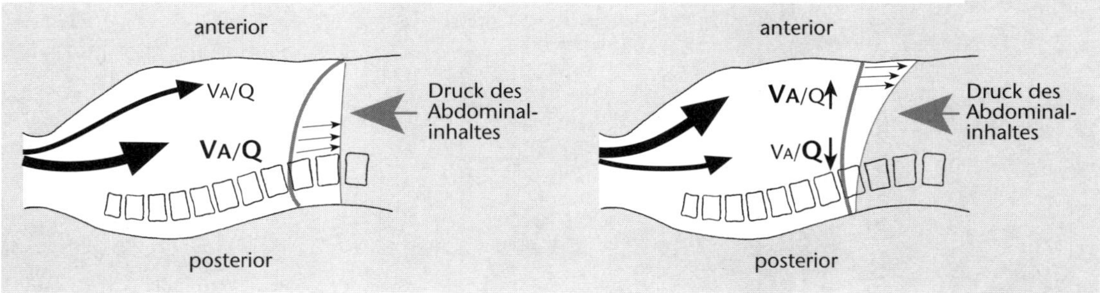


Abb. 1.1: Effekte der Spontanatmung und der kontrollierten Beatmung auf die Verteilung des Tidalvolumens. Schematischer Sagittalschnitt des Thorax.

ments, nach kranial gedrückt und das maschinelle Tidalvolumen bevorzugt in die anterioren, geringer perfundierten Lungenregionen verteilt [30]. Dies führt selbst bei Lungengesunden [31] und Patienten [32–34] unter maschineller Beatmung im Vergleich zur Spontanatmung zu minderbelüfteten respektive atelektatischen Lungenarealen in den dorsalen, zwerchfellnahen Lungenregionen verbunden mit einer Zunahme der venösen Beimischung, des Ventilations-Perfusions-Missverhältnisses und einer schlechteren arteriellen Oxygenierung. Vom Konzept her sollte eine Spontanatmung unter maschineller Beatmung minder- oder nicht belüfteten Lungenarealen in den posterioren Lungenarealen und der daraus resultierenden Gasaustauschstörung entgegenwirken [9]. Mehrere klinische Untersuchungen zeigten eine deutliche Verbesserung des Ventilation-Perfusion-Verhältnisses ($\dot{V}_A/\dot{Q}$) ohne ausgeprägte Zunahme des intrapulmonalen Shunts beim Wechsel von einer kontrollierten Beatmung zu einer assistierten Beatmungsform im Rahmen der Entwöhnung von der maschinellen Beatmung [35–37]. All diesen Untersuchungen gemeinsam war, dass die Patienten nur eine geringfügig eingeschränkte oder bereits wiederhergestellte Lungenfunktion aufwiesen und die assistierte Beatmung mit deutlich geringeren Atemwegsdrücken als die kontrollierte Beatmung durchgeführt wurde. Daher lässt sich anhand dieser Studien der Effekt einer erhaltenen Spontanatmung unter maschineller Beatmung auf minder- oder nicht belüftete Lungenareale und den pulmonalen Gasaustausch nicht eindeutig beantworten.

Eine ungehinderte Spontanatmung von 10 bis 30 % des gesamten $\dot{V}_E$ unter APRV/BIPAP führt bei Patienten mit schwerem akutem Lungenversagen (Acute Respiratory Distress Syndrome, ARDS) zu einer 10 bis 15%igen Reduktion des Blutflusses zu nicht belüfteten Lungenarealen (Shuntareale) ohne Ausbildung von minderbelüfteten Lungenarealen (low $\dot{V}_A/\dot{Q}$-Arealen) (Abb. 1.2) [15]. Gleichzeitig nimmt die arterielle Oxygenierung deutlich zu.

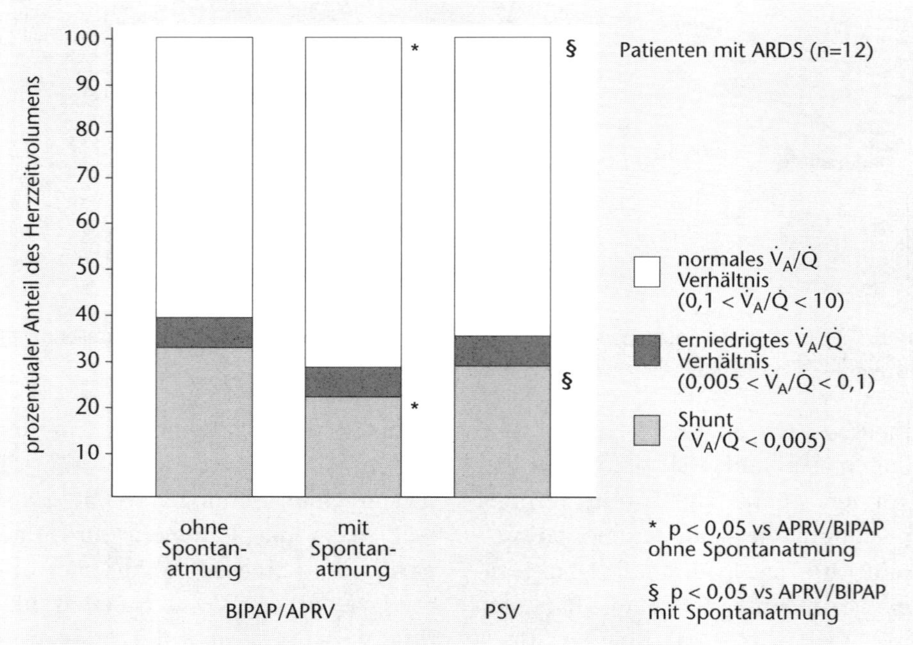


Abb. 1.2: Einfluss der Spontanatmung auf die Lungenperfusion unter verschiedenen Beatmungsverfahren bei Patienten mit ARDS.

Diese Beobachtung ist unabhängig davon, ob APRV/BIPAP mit oder ohne Spontanatmung bei gleichen Atemwegdrucklimits oder identischem $\dot{V}_E$ durchgeführt wird. Diese Ergebnisse bestätigen frühere tierexperimentelle Arbeiten [38–40], die ebenfalls eine Verbesserung des intrapulmonalen Shunts und der arteriellen Oxygenierung mit Spontanatmung unter APRV/BIPAP zeigten. Die Reduktion des intrapulmonalen Shunts und der Anstieg der arteriellen Oxygenierung in Verbindung mit einer größeren pulmonalen Compliance kann durch die Rekrutierung zuvor nicht ventilierter (atelektatischer) Lungenareale erklärt werden. Diese Annahme wird auch durch tierexperimentelle Ergebnisse unterstützt, die eine Abnahme der in der Computertomographie erkennbaren Atelektasen unter einseitiger Phrenikusstimulation während der Anästhesie zeigten [41]. Zudem könnte eine verbesserte Verteilung der pulmonalen Perfusion unter Spontanatmung mit APRV/BIPAP zur Verbesserung des intrapulmonalen Shunts und der arteriellen Oxygenierung beitragen. Spontanatmung unter APRV/BIPAP bedingt eine Abnahme nicht perfundierter, aber gut ventilierter Totraumareale [15]. Darüber hinaus verbessert die Spontanatmung mit APRV/BIPAP das $\dot{V}_A/\dot{Q}$-Verhältnis auch in den übrigen Lungenabschnitten. Klinische Untersuchungen zeigen, dass eine Spontanatmung unter APRV/BIPAP aber nicht notwendigerweise zu einer sofortigen Verbesserung des pulmonalen Gasaustausch führen muss [42]. Bei Patienten mit akutem Lungenversagen konnte eine kontinuierliche Abnahme der venösen Beimischung und ein Anstieg des $PaO_2$ innerhalb von 24 Stunden nach Beginn der Spontanatmung unter APRV/BIPAP festgestellt werden [42]. Diese Beobachtungen zeigen, dass eine ungehinderte, nicht assistierte Spontanatmung unter maschineller Ventilation mit APRV/BIPAP selbst bei schwerer pulmonaler Dysfunktion den Gasaustausch nachhaltig verbessern kann.

Eine assistierte Inspiration mit PSV führt im Vergleich zu einer kontrollierten maschinellen Beatmung bei Patienten mit ARDS zu keiner signifikanten Verbesserung des intrapulmonalen Shunts, des $\dot{V}_A/\dot{Q}$-Verhältnisses und des Gasaustausches, wenn die Atemwegdrucklimits oder das Exspirationsvolumen ($\dot{V}_E$) konstant gehalten werden [15]. Gleichfalls wird unter PSV bei Patienten mit akutem Lungenversagen keine Reduktion der Totraumventilation beobachtet. Offensichtlich kann der Spontanatemanteil unter assistierter Beatmung den negativen Auswirkungen des positiven Beatmungshubes auf das $\dot{V}_A/\dot{Q}$-Verhältnis nicht ausreichend entgegenwirken. Ein Erklärungsansatz hierfür könnte auch der Gasfluss gesteuerte Inspirationsabbruch unter PSV sein [21]. Bedingt durch den Abbruch der Inspiration bei 25 % des erreichten Spitzengasflusses kommt es endinspiratorisch zu keinem Druckausgleich zwischen Atemöffnung (Tubus, Trachealkanüle) und Alveole, wodurch eine Minderbelüftung insbesondere von Lungenarealen mit langsamer Zeitkonstante resultieren kann [43]. Daher erscheint eine primär assistierte Spontanatmung mit PSV bei Patienten mit schwerem ARDS nicht sinnvoll. Ob diese Resultate auch auf andere jede Inspiration unterstützende Beatmungsverfahren übertragen werden können, ist derzeit nicht ausreichend dokumentiert.

Da offensichtlich die Spontanatmung zur Rekrutierung initial atelektatischer Lungenareale beitragen kann [15, 42], sollte eine erhaltene, adäquat maschinell unterstützte Spontanatmung der herkömmlichen Beatmungsstrategie, einer kontrollierten Beatmung und nachfolgender Entwöhnung mittels Atemhilfen, im Hinblick auf den pulmonalen Gasaustausch überlegen sein. Vorläufige Untersuchungen zeigen, dass bei polytraumatisierten Patienten, die ein hohes Risiko aufweisen ein ARDS zu entwickeln, die erhaltene Spontanatmung mit APRV/BIPAP zu einer geringeren venösen Beimischung und einer besseren arteriellen Oxygenierung über einen Beobachtungszeitraum von mehr als 10 Tagen führte als eine initial kontrollierte Beatmung mit nachfolgender Entwöhnung [14, 44]. Die Häufigkeit von Atelektasen respektive pulmonaler Dysfunktion war unter erhaltener Spontanatmung mit APRV/BIPAP geringer [44]. Diese Resultate sind eindeutige Hinweise, dass selbst bei Patienten, die eine maschinelle Beatmung benötigen, eine erhaltene ungehinderte Spontanatmung der progredienten Verschlechterung des pulmonalen Gasaustausches infolge Alveolenkollaps entgegenwirken kann.

### 1.4.2 Atemarbeit

Ziel der maschinellen Unterstützung der Spontanatmung ist es, die infolge von einer pulmonalen oder extrapulmonalen Dysfunktion erhöhte Atemarbeit des Patienten auf ein normales respektive für den Allgemeinzustand des Patienten zumutbares Ausmaß zu senken [45]. Dieses Ziel hat oberste Priorität bei respiratorischem Versagen, das in erster Linie durch eine Insuffizienz der Atempumpe, bestehend aus der Thoraxwand inklusive Atemmuskeln und den steuernden respiratorischen Neuronen des zentralen Nervensystems, hervorgerufen wird [4].

Sämtliche Beatmungsverfahren, die das Atemminutenvolumen durch intermittierende Applikation von maschinellen Atemhüben modulieren (z. B. IMV, APRV/BIPAP), unterstützen die Spontanatemaktivität des Patienten nicht. Normalerweise erfolgt die Spontanatmung bei diesen Beatmungsverfahren auf einem CPAP-Niveau, wodurch bei Patienten mit einer infolge von exspiratorischem Alveolarkollaps oder Atelektasenbildung verminderten FRC eine Rekrutierung von Lungenvolumen und Senkung der Atemarbeit erreicht werden kann [46]. Atmet ein Patient mit einer verminderten FRC, ist ein höherer transpulmonaler Druck erforderlich, um ein normales Atemzugvolumen aufrecht zu erhalten. Ein erhöhter transpulmonaler Druck geht mit einer Zunahme der elastischen Atemarbeit einher. In dieser Situation wird der Patient das Atemzugvolumen reduzieren, die Atemfrequenz erhöhen und die Atemhilfsmuskulatur rekrutieren. Oft wird in dieser Situation versucht, die Atemarbeit durch den Einsatz einer maschinellen Ventilation herabzusetzen. Ein rationaleres Vorgehen ist jedoch die Erhöhung der FRC, beispielsweise durch Applikation von CPAP, womit eine Zunahme der Compliance und Abnahme der Atemarbeit einhergeht (Abb. 1.3) [46, 47]. Klinische Untersuchungen konnten zeigen, dass bei Patienten mit mildem bis schwerem akuten Lungenversagen, die rekrutierbare Lungenareale aufwiesen, der Sauerstoffverbrauch ($VO_2$) durch Spontanatmung mit IMV [48] oder APRV/BIPAP [15, 42, 49] nicht ansteigt. Wird bei solchen Patienten die nicht unterstützte Spontanatmung unter APRV/BIPAP mit einer assistierten Beatmung mit PSV verglichen, so zeigen sich keine signifikanten Unterschiede hinsichtlich des $VO_2$ [15, 42]. Ein direkter Vergleich von Atemarbeit unter APRV/BIPAP respektive IMV und assistierter Beatmung mit PSV erscheint aus methodischen und technischen Gründen schwierig. Bei Patienten mit primär insuffizienter Atempumpe, die Probleme mit der Entwöhnung von der maschinellen Beatmung infolge Muscle Fatigue haben, scheinen diese Beatmungsverfahren weniger geeignet zu sein [3, 50].

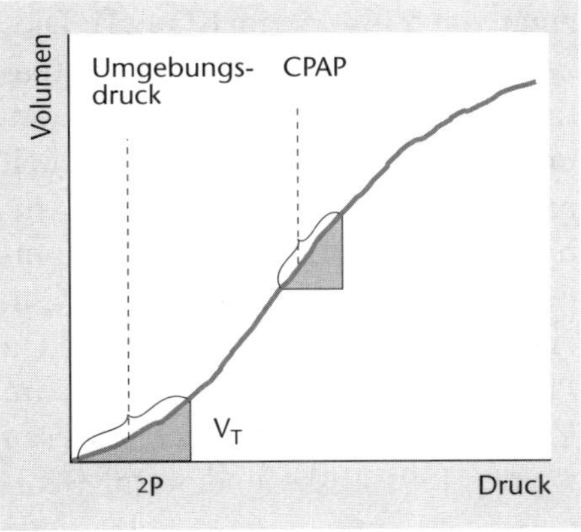


Abb. 1.3: Auswirkung von CPAP auf die elastische Atemarbeit.

Zielführender dürfte bei Patienten mit primär insuffizienter Atempumpe eine assistierte Beatmungsform sein, die die Atemarbeit für jede Spontanatemaktivität reduziert. Bei Patienten mit chronisch obstruktiver Lungenerkrankung (Chronic Obstructive Pulmonary Disease, COPD) konnten mehrere klinische Untersuchungen eine Abnahme der Atemarbeit und des $VO_2$ unter Steigerung der Druckunterstützung mit PSV aufzeigen [51–53]. Eine hohe Druckunterstützung unter PSV kann jedoch infolge des dadurch großen applizierten $V_T$ bei Patienten mit COPD und exspiratorischer Gasflusslimitation zu einer Zunahme des intrinsischen PEEP (PEEPi) führen. In diesem Fall können Patienten selbst bei massiver Atemanstrengung nicht den Atemwegsöffnungsdruck senken beziehungsweise einen inspiratorischen Gasfluss generieren, um den Triggermechanismus des Beatmungsgerätes auszulösen [54]. Trotz massiver Atemanstrengung erhält der Patient keine maschinelle Unterstützung („Missing Breaths“) der Atemaktivität und der $VO_2$ steigt. Das Vorliegen einer Differenz zwischen an den Atemexkursionen beobachteter und am Beatmungsgerät abgelesener Atemfrequenz ist ein Hinweis für „Missing Breaths“. Unter PSV kann auch das Abbruchkriterium der Insufflation von 25 % des maximalen inspiratorischen Gasflusses zur Asynchronie zwischen spontaner und maschineller Ventilation führen, wodurch Atemarbeit und $VO_2$ steigen [54]. Eine exakte Adjustierung der PSV und klinische Beobachtung des Patienten sind stets erforderlich, um diese inadäquaten Interaktionen von spontaner und maschineller Ventilation unter PSV zu vermeiden.

Im Gegensatz zur PSV wird bei der PAV kein konstanter Atemwegsdruck appliziert, sondern es erfolgt eine dynamische Anpassung der Druckunterstützung für jeden einzelnen Atemzug in Abhängigkeit von der Inspirationsbemühung des Patienten und den vorgewählten Proportionalitätsfaktoren zur selektiven Entlastung einer erhöhten

Elastance und Resistance [22]. Die Steuerung erfolgt hierbei über einen positiven Rückkopplungsmechanismus. Die Notwendigkeit der Kenntnis von Elastance und Resistance unter spontaner Ventilation zur exakten Einstellung von PAV limitiert derzeit deren breiten klinischen Einsatz.

Eine Zunahme des Ventilationsbedarfs unter PAV wird von Patienten vornehmlich mit einem Anstieg der Tidalvolumina beantwortet, während unter PSV mit konstanter Unterstützung jedes Atemzuges die Ventilation nicht durch Erhöhung von $V_T$ , sondern über eine Zunahme der Atemfrequenz gesteigert wurde [55]. Dies führte unter PSV zu einem Anstieg des PEEPi und damit zur Zunahme der Atemarbeit und Abnahme des Patientenkomforts im Vergleich zu PAV [55, 56].

Der endotracheale Tubus stellt unter maschinell unterstützter Spontanatmung abhängig vom Gasfluss und Tubusdurchmesser eine nicht zu vernachlässigende resistive Komponente dar, für die der Patient additiv Arbeit leisten muss. Die Abhängigkeit der Tubusresistance vom Gasfluss ist dabei nicht-linear [57]. Daher über- oder unterkompensiert die herkömmliche PSV durch Applikation eines konstanten Beatmungsdrucks in der Regel die durch den Tubuswiderstand bedingte Atemanstrengung [58]. Zur Kompensation des Tubuswiderstandes erhöht das Beatmungsgerät unter ATC den Atemwegsdruck in der Inspiration und senkt diesen in der Exspiration, sodass der Trachealdruck distal des Tubus vom Tubuswiderstand unabhängig wird [23]. Bei vollständiger Kompensation mittels ATC wäre der Patient gleichsam „elektronisch extubiert" [23]. Bei Patienten mit akutem respiratorischem Versagen konnte ATC die tubusbedingte additive Arbeit besser kompensieren als PSV mit steigender Druckunterstützung von 5 bis 15 $cmH_2O$ [23]. Dies zeigt, dass bei gesteigertem Ventilationsbedarf die konstante Druckunterstützung unter PSV eventuell nicht ausreicht, um alleine die tubusbedingte additive Arbeit zu kompensieren. Zudem konnte für ATC in einer Untersuchung an gesunden Probanden ein höherer Komfort im Vergleich zu PSV nachgewiesen werden [59]. Insbesondere für Beatmungsverfahren, die nicht jede Spontanatemaktivität des Patienten unterstützen, könnte mit ATC die tubusbedingte additive Arbeit gesenkt werden. Eine generelle Empfehlung zur Verwendung von ATC in Verbindung mit Beatmungsverfahren kann aber aufgrund fehlender Daten derzeit nicht gegeben werden.

### 1.4.3 Kardiovaskuläre Nebenwirkungen

Ein maschineller Atemhub bedingt eine Erhöhung des Atemwegs- und damit des intrathorakalen Druckes, wodurch der venöse Rückfluss von Blut zum Herzen vermindert wird

[60]. Dies verursacht in normo- und hypovolämen Patienten eine Reduktion der rechts- und linksventrikulären Füllung und resultiert in einer Abnahme des Schlagvolumens, des Herzzeitvolumens und der $O_2$-Transportkapazität. Um den systemischen Blutfluss während maschineller Beatmung wieder zu normalisieren, muss häufig Volumen appliziert werden und/oder eine pharmakologische Unterstützung des kardiovaskulären Systems erfolgen. Eine Reduktion der maschinellen Beatmung auf ein Ausmaß, das die vorhandene Spontanatmung adäquat unterstützt, sollte die kardiovaskulären Nebenwirkungen der maschinellen Beatmung reduzieren helfen [61].

Die periodische Reduktion des intrathorakalen Druckes infolge erhaltener Spontanatmung während maschineller Atemhilfe fördert den venösen Rückstrom zum Herzen sowie die rechts- und linksventrikuläre Füllung und kann dadurch das Herzzeitvolumen und die $O_2$-Transportkapazität steigern [62]. Experimentelle [38, 40, 63, 64] und klinische [15, 42, 62] Untersuchungen zeigen, dass eine Spontanatmung von 10 bis 40 % des gesamten $\dot{V}_E$ unter IMV und APRV/BIPAP bei unveränderten $\dot{V}_E$ oder Beatmungsdrücken zu einer Zunahme des Herzzeitvolumens führt. Eine gleichzeitige Zunahme des rechtsventrikulären enddiastolischen Volumens bei Spontanatmung unter APRV/BIPAP weist auf einen verbesserten venösen Rückstrom von Blut zum Herzen hin [15]. Im Gegensatz dazu führt die maschinelle Unterstützung jeder einzelnen Inspiration mit PSV bei identischen Atemwegsdrücken zu keiner oder einer nur geringen Zunahme des Herzzeitvolumens [15].

Theoretisch sollte sich die Augmentation des venösen Rückstromes zum Herzen und die Erhöhung der linksventrikulären Afterload infolge Reduktion des intrathorakalen Druckes negativ auf die kardiovaskuläre Funktion von Patienten mit linksventrikulärer Dysfunktion auswirken. Tatsächlich kann der abrupte Wechsel von CMV auf PSV bei gleichzeitiger Reduktion der Beatmungsdrücke zur Dekompensation einer vorbestehenden Herzinsuffizienz führen [65]. Bei adäquater Unterstützung der Spontanatmung und Anwendung ausreichender CPAP-Niveaus ist aber selbst bei Patienten mit akutem Myokardinfarkt und kardialem Versagen die Erhaltung der Spontanatmung nicht nachteilig und folglich auch nicht kontraindiziert [66–69].

### 1.4.4 Organperfusion

Eine maschinelle Beatmung kann über die Verminderung des Herzzeitvolumens und des venösen Rückstromes von Blut zum Herzen bei erhöhtem zentralen Venendruck die Durchblutung und folglich die Funktion anderer Organsysteme negativ beeinflussen.

In der *Niere* verursacht die Verminderung des Herzzeitvolumens und venösen Rückstromes über eine sympathiko-adrenerge Reaktion eine Vasokonstriktion der afferenten renalen Arteriolen mit Reduktion und Umverteilung des renalen Blutflusses von den kortikalen zu den juxtaglomerulären Nephronen [70]. Dadurch nimmt die glomeruläre Filtrationsrate und Natriumexkretion ab. Die Reduktion des renalen Blutflusses und vermehrtes Natriumangebot führen an der Macula densa gekoppelt mit der sympathiko-adrenergen Stimulation zur Aktivierung des Renin-Angiotensin-Aldosteronsystems, wodurch die renale Vasokonstriktion verstärkt wird und die glomeruläre Filtrationsrate und Natriumexkretion weiter abnimmt [71, 72].

Über die Stimulation von Barorezeptoren der Aorta, über eine Abnahme des transmuralen Blutdruckes und der Anzahl von Dehnungsrezeptoren im linken Vorhof sowie durch ein geringeres intrathorakales Blutvolumen wird Argininvasopressin freigesetzt, das zur Vasokonstriktion und Wasserrückresorption an den distalen Tubuli führt [73]. Gleichzeitig wird durch die geringere Dehnung der Vorhöfe weniger Atriales Natriuretisches Peptid, ein Antagonist des Argininvasopressin, ausgeschüttet [72, 74]. Die über eine rhythmische Reduktion des intrathorakalen Druckes bei erhaltener Spontanatmung bewirkte Zunahme des venösen Rückstromes und des Herzzeitvolumens sollte die Nierendurchblutung und -funktion unter Beatmung deutlich verbessern.

Bei Patienten mit akutem respiratorischem Versagen führte eine mit IMV unterstützte Spontanatmung zu einer Zunahme der glomerulären Filtrationsrate und Natriumexkretion [75, 76]. Diese Ergebnisse werden durch präliminäre Daten unterstützt, die bei Patienten mit akutem Lungenversagen unter Spontanatmung mit APRV/BIPAP eine Zunahme der Nierendurchblutung und glomerulären Filtrationsrate im Vergleich zu einer drucklimitierten Beatmung mit gleichen [77] Atemwegdrucklimits oder gleichem $\dot{V}_E$ zeigen. Hervorzuheben ist, dass zwar unter drucklimitierter Beatmung mit identischen Atemwegdrucklimits das Herzzeitvolumen, bedingt durch eine ausgeprägte Hyperkapnie, geringfügig höher ausfiel, aber die Nierendurchblutung und glomeruläre Filtrationsrate geringer als unter Spontanatmung mit APRV/BIPAP waren.

Ähnlich verursacht die Verminderung des Herzzeitvolumens und des venösen Rückstromes über eine sympathiko-adrenerge Reaktion eine Vasokonstriktion und Abnahme des Blutflusses in der Pfortader und folglich in der *Leber* [78, 79]. Der gleiche Mechanismus wurde auch für eine *verminderte Durchblutung des Splanchnikusgebietes* verantwortlich gemacht.

## 1.5 Adaptation an die maschinelle Beatmung

### 1.5.1 Unterdrückung der Spontanatmung

Eine kontrollierte Beatmungstherapie erfordert gegebenenfalls die Suppression der restlichen Spontanatmung. Dies kann durch Erniedrigung des $PaCO_2$ unter die Apnoe-Schwelle oder durch die Applikation von Pharmaka, die das Atemzentrum dämpfen und/oder die neuromuskuläre Transmission unterbrechen, erzielt werden. Hyperventilation verbunden mit einer respiratorischen Alkalose führt zu einer Abnahme des Herzzeitvolumens und der zerebralen Vasokonstriktion, erhöhtem $O_2$-Verbrauch des Gewebes, Bronchokonstriktion und schwerwiegenden Veränderungen des $\dot{V}_A/\dot{Q}$-Verhältnisses [80-82]. Eine Analgosedierung, die tief genug ist, den Atemantrieb zu unterdrücken, hat meist eine nicht unwesentliche hämodynamische Depression zur Folge. Darüber hinaus kann die langfristige Anwendung von Sedativa und Analgetika natürlich auch zu einem verzögerten Aufwachen führen [83]. Der Einsatz von Muskelrelaxantien, um eine kontrollierte Beatmung zu ermöglichen, erscheint ebenfalls sehr fragwürdig. Derzeit liegen keine Untersuchungen vor, die eine langfristige Applikation von Muskerelaxantien als unbedenklich einstufen. Im Gegenteil, in der letzten Zeit mehren sich Berichte, wonach die langfristige Anwendung von Muskelrelaxantien im Rahmen der maschinellen Beatmung auf der Intensivstation zu einer Atrophie der Muskulatur, Schädigung der neuromuskulären Endplatte und anderen Muskelfunktionsstörungen führen kann und somit die Entwöhnung von der maschinellen Beatmung verzögert oder gar verhindert [84–87].

### 1.5.2 Analgosedierung

Neben einer adäquaten Analgesie und Anxiolyse soll die Analgosedierung eine Adaptation des Patienten an die maschinelle Beatmung ermöglichen [83, 88]. In der Regel muss unter kontrollierter maschineller Beatmung eine Analgosedierung mit einem Ramsay Score von 5 erfolgen, was einem tief analgosedierten Patienten ohne Reaktion auf Ansprache oder Schmerzreiz entspricht. Demgegenüber kann unter einem die Spontanatmung unterstützenden Beatmungsverfahren ein Ramsay Score von 2 bis 3 angestrebt werden, was einen wachen, ansprechbaren und kooperativen Patienten bedeutet [88]. In einer retrospektiven Untersuchung an über 600 herzchirurgischen Patienten konnte eine Reduktion des Verbrauches an Analgetika und Sedativa unter frühzeitiger Spontanatmung mit APRV/BIPAP beobachtet werden [89]. Vorläufige Daten zeigen, dass bei polytraumatisierten Patienten die erhaltene Spontanatmung mit APRV/BIPAP zu einem deutlich geringeren Bedarf an Analgetika und Sedativa über einen Beobachtungszeitraum von mehr als 10 Tagen führte als eine initial kontrollierte Beatmung über 72 h mit nachfolgender Entwöhnung [14, 44]. Dies verdeutlicht, dass offensichtlich ein Großteil der applizierten Analgosedierung ausschließlich benutzt wird, um den Patienten an die kontrollierte maschinelle Beatmung zu adaptieren. Sowohl aus medizinischer als auch ökonomischer Sicht erscheint daher eine maschinelle Unterstützung der Spontanatmung sinnvoller.

## 1.6 Strategien der maschinellen Beatmung

### 1.6.1 Einstellung von Beatmungsdrücken und Tidalvolumina

Neue klinische Untersuchungen zeigen insbesondere bei Patienten mit akutem Lungenversagen unter maschineller Beatmung, die einen endexspiratorischen Alveolarkollaps und eine endinspiratorische Überdehnung der Lunge vermeidet, eine Verbesserung der arteriellen Oxygenierung, eine geringere Schädigung der Lungenstruktur und eine Reduktion der Mortalität [90, 91]. In diesem Zusammenhang muss nachdrücklich darauf hingewiesen werden, dass die Verbesserung des pulmonalen Gasaustausches erzielt wurde durch eine Spontanatmung unter APRV/BIPAP mit einem unteren CPAP-Niveau über dem unteren Inflektionspunkt und einem oberen CPAP-Niveau unter dem oberen Deflektionspunkt der statischen Druck/Volumen-Beziehung des respiratorischen Systems [15]. Zudem ist die pulmonale Compliance in diesem Beatmungsdruckbereich am höchsten, wodurch die Spontanatmung bei minimaler Atemanstrengung effizient ist [46]. Diese Daten verdeutlichen, dass eine erhaltene Spontanatmung selbst bei einer nach lungenmechanischen Kriterien optimierten maschinellen Beatmung den Gasaustausch ohne weitere Steigerung der Beatmungsdrücke verbessern kann. Bei einer Reduktion des Beatmungsdrucks um bis zu 12 $cmH_2O$ war eine erhaltene Spontanatmung unter APRV/BIPAP im Vergleich zu einer kontrollierten Beatmung zwar auch in der Lage, den Gasaustausch aufrecht zu erhalten, doch konnte hierunter langfristig die Entstehung von Atelektasen nicht verhindert werden [92, 93]. Daher kann eine erhaltene Spontanatmung nicht von einer optimierten Einstellung der Beatmungsparameter entbinden.

### 1.6.2 Erhalt der Spontanatmung

Basierend auf vorliegenden Daten kann geschlossen werden, dass selbst bei Patienten mit schwerer pulmonaler Funktionsstörung eine erhaltene Spontanatmung unter maschineller Ventilation nicht unterdrückt werden soll. Die unter erhaltener spontaner Ventilation mit maschineller Beatmung beobachtete Verbesserung von pulmonalem Gasaustausch, systemischem Blutfluss und Sauerstoffangebot an die Gewebe scheint sich auch im klinischen Verlauf zu manifestieren. Im Vergleich zu einer initialen kontrollierten Beatmung über 72 h mit anschließender Entwöhnung war eine erhaltene Spontanatmung unter APRV/BIPAP mit einer signifikant geringeren Dauer an Beatmungstagen, einer früheren Extubation und kürzeren Aufenthaltsdauer auf der Intensivstation verbunden [14]. Einschränkend muss in diesem Zusammenhang darauf hingewiesen werden, dass die positiven Effekte der Spontanatmung nur für einige der derzeit klinisch verfügbaren, die Spontanatmung unterstützenden Beatmungsverfahren dokumentiert ist. Beschränkt man sich auf Beatmungsverfahren, deren positive Effekte wissenschaftlich dokumentiert sind, so kann selbst bei Patienten mit schwersten pulmonalen Funktionsstörungen der primäre Einsatz von den die Spontanatmung unterstützenden Beatmungsverfahren erfolgen. Galt die zunächst kontrollierte Beatmung mit nachfolgender Entwöhnung mittels die Spontanatmung unterstützenden Beatmungsverfahren als der Standard in der Beatmungstherapie, so bedarf dieses Konzept angesichts der vorliegenden Daten einer Änderung. Eine primäre, laufend an die individuellen Bedürfnisse des Patienten angepasste, maschinelle Unterstützung der spontanen Ventilation sollte heute gängige Praxis sein.

## 1.7 Literatur

1. Räsänen J., J. B. Downs. 1991. Are new ventilatory modalities really different? Chest 100:299–300

2. Beydon L., M. Chasse, A. Harf, F. Lemaire. 1988. Inspiratory work of breathing during spontaneous ventilation using demand valves and continuous flow systems. Am Rev Respir Dis 138:300–304

3. Brochard L., A. Rauss, S. Benito, G. Conti, J. Mancebo, N. Rekik, A. Gaspereto, F. Lemaire. 1994. Comparison of three methods of gradual withdrawal from ventilatory support during weaning from mechanical ventilation. Am J Respir Crit Care Med 150:896–903

4. Cane R.D., B.A. Shapiro. 1985. Mechanical ventilatory support. JAMA 254:87–91

5. Downs J. B., E. J. Klein, D. Desautels, J. H. Modell, R. R. Kirby. 1973. Intermittent mandatory ventilation: a new approach to weaning patients from mechanical ventilators. Chest 64:331–335

6. Esteban A., F. Frutos, M. J. Tobin, I. Alia, J. F. Solsona, I. Valverdu, R. Fernandez, M. A. De La Cal, S. Benito, R. Tomas et al. 1995. A comparison of four methods of weaning patients from mechanical ventilation. N Engl J Med 332:345–350

7. Mancebo J. Ventilatory methods used to wean patients from mechanical ventila-

tion. In: Vincent JL (ed.), Yearbook of intensive care and emergency medicine 1995. Berlin, Heidelberg, New York, Springer-Verlag, 1995:218–226

8. Artigas A., G.R. Bernard, J. Carlet, D. Dreyfuss, L. Gattinoni, L. Hudson, M. Lamy, J.J. Marini, M.A. Matthay, M.R. Pinsky, R. Spragg, P.M. Suter. 1998. The American-European Consensus Conference on ARDS, part 2. Ventilatory, pharmacologic, supportive therapy, study design strategies and issues related to recovery and remodeling. Intensive Care Med 24:378–398

9. Weisman I. M., J. E. Rinaldo, R. M. Rogers, M. H. Sanders. 1983. Intermittent mandatory ventilation. Am Rev Respir Dis 127:641–647

10. Amato M. B., C. S. Barbas, D. M. Medeiros, G. Schettino, G. L. Filho, R. A. Kairalla, D. Deheinzelin, C. Morais, E. Oliviera Fernandes, T. Yae Takagaki et al. 1995. Beneficial effects of the „open lung approach“ with low distending pressures in acute respiratory distress syndrome. Am J Respir Crit Care Med 152:1835–1846

11. Kolef M. H., H. M. Horst, L. Prang, W. A. Brock. 1998. Reducing the duration of mechanical ventilation: three examples of change in the intensive care unit. New Horiz 6:52–60

12. Ely E. W., P. A. Bennet, D. L. Bowton, S. M. Murphy, A. M. Florance, E. F. Haponik. 1999. Large scale implementation of a respiratory therapist-driven protocol for ventilatory weaning. Am J Respir Crit Care 159:439–446

13. Downs J. B., M. C. Stock, B. Tabeling. 1982. Intermittent mandatory ventilation (IMV): a primary ventilatory support mode. Ann Chir Gyn 196:57–63

14. Putensen C., S. Zech , J. Zinserling. 1998. Effect of early spontaneous breathing during airway pressure release ventilation on cardiopulmonary function. Am J Respir Crit Care Med 157:A45

15. Putensen C., N. Mutz, G. Putensen-Himmer, J. Zinserling. 1999. Spontaneous breathing during ventilatory support improves ventilation-perfusion distributions in patients with acute respiratory distress syndrome. Am J Respir Crit Care Med 159:1241–1248

16. Downs J. B., M. E. Douglas. 1981. Intermittent mandatory ventilation: why the controversy. Crit Care Med 9:622–362

17. Petty T. L. 1981. Intermittent mandatory ventilation-reconsidered. Crit Care Med 9:620–621

18. Downs J. B., A. J. Block, K. B. Vennum. 1974. Intermittent mandatory ventilation in the treatment of patients with chronic obstructive pulmonary disease. Anesth Analg 53:437–443

19. Downs J. B., H. M. Perkins, J. H. Modell. 1974. Intermittent mandatory ventilation. An evaluation. Archi Surg 109:519–523

20. Marini J. J., R. M. Rodriguez, V. Lamb. 1986. The inspiratory workload of patient-initiated mechanical ventilation. Am Rev Respir Dis 134:902–909

21. Hansen J., M. Wendt, P. Lawin. 1984. Ein neues Weaning-Verfahren (inspiratory flow assistance-IFA). Anaesthesist 33:428–432

22. Younes M. 1992. Proportional assist ventilation, a new approach to ventilatory support. Am Rev Respir Dis 45:114–120

23. Fabry B., C. Haberthür, D. Zappe, J. Guttmann, R. Kuhlen, R. Stocker. 1997. Breathing pattern and additional work of breathing in spontaneously breathing patients with different ventilatory demands during inspiratory pressure support and automatic tube compensation. Intensive Care Med 23:545–552

24. Stock M. C., J. B. Downs, D. A. Frolicher. 1987. Airway pressure release ventilation. Crit Care Med 15:462–466

25. Downs J. B., M. C. Stock. 1987. Airway pressure release ventilation: a new concept in ventilatory support. Crit Care Med 15:459–461

26. Baum M., H. Benzer, C. Putensen, W. Koller, G. Putz. 1989. Biphasic positive airway pressure (BIPAP) - a new form of augmented ventilation. Anaesthesist 38:452–458

27. Rouby J. J., A. M. Ben, D. Jawish, A. Cherif, A. Andreev, S. Dreux, P. Viars. 1992. Continuous positive airway pressure (CPAP) vs. intermittent mandatory pressure release ventilation (IMPRV) in patients with acute respiratory failure. Intensive Care Med 18:69–75

28. Räsänen J. 1992. IMPRV – synchronized APRV, or more? Intensive Care Med 18:65–6

29. Froese A. B., A. C. Bryan. 1974. Effects of anesthesia and paralysis on diaphragmatic mechanics in man. Anaesthesiology 41:242–255

30. Reber A., U. Nylund, G. Hedenstierna. 1998. Position and shape of the diaphragm: implications for atelectasis formation. Anesthesia 53:1054–1061

31. Rheder K., T. J. Knopp, A. D. Sessler, E. P. Didier. 1979. Ventilation-perfusion relationship in young healthy awake and anesthetized-paralyzed man. J Appl Physiol 47:745–753

32. Gea J., J. Roca, A. Torres, A. G. Agusti, P. D. Wagner, R. R. Rodriguez. 1991. Mechanisms of abnormal gas exchange in patients with pneumonia. Anesthesiology 75:782–789

33. Wagner P. D., R. R. Rodriguez. 1991. Clinical advances in pulmonary gas exchange. AmRevRespirDis 143:883–888

34. Tokics L., G. Hedenstierna, A. Strandberg, B. Brisma, H. Lundquist. 1987. Lung collaps and gas exchange during general anesthesia: effect of spontaneous breathing, muscle paralysis and positive end-expiratory pressure. Anesthesiology 66:157–167

35. Beydon L., L. Cinotti, N. Rekik, P. Radermacher, S. Adnot, M. Meignan, A. Harf, F. Lemaire. 1991. Changes in the distribution of ventilation and perfusion associated with separation from mechanical ventilation in patients with obstructive pulmonary disease. Anesthesiology 75:730–738

36. Valentine D. D., M. D. Hammond, J. B. Downs, N. J. Sears, W. R. Sims. 1991. Distribution of ventilation and perfusion with different modes of mechanical ventilation. Am Rev Respir Dis 143:1262–1266

37. Santak B., P. Rademacher, W. Sandmann, K. J. Falke. 1991. Influence of SIMV plus inspiratory pressure support on $V_A/Q$ distributions during postoperative weaning. Intensive Care Med 17:136–140

38. Putensen C., J. Räsänen, F. A. Lopez. 1995. Interfacing between spontaneous breathing and mechanical ventilation affects ventilation-perfusion distributions in experimental bronchoconstriction. Am J Respir Crit Care Med 151:993–999

39. Putensen C., J. Räsänen, F. A. Lopez, J. B. Downs. 1994. Effect of interfacing between spontaneous breathing and mechanical cycles on the ventilation-perfusion distribution in canine lung injury. Anesthesiology 81:921–930

40. Putensen C., J. Räsänen, F. A. Lopez. 1994. Ventilation-perfusion distributions during mechanical ventilation with superimposed spontaneous breathing in canine lung injury. Am J Respir Crit Care Med 150:101–108

41. Hedenstierna G., L. Tokics, H. Lundquist, T. Andersson, A. Strandberg, B. Brismar. 1994. Phrenic nerve stimulation during halothane anesthesia. Effects of atelectasis. Anesthesiology 80:751–760

42. Sydow M., H. Burchardi, E. Ephraim, S.

Zielmann, T. A. Crozier. 1994. Long-term effects of two different ventilatory modes on oxygenation in acute lung injury. Comparison of airway pressure release ventilation and volume-controlled inverse ratio ventilation. Am J Respir Crit Care Med 149:1550–6

43. Marini J. J., P. 3. Crooke, J. D. Truwit. 1989. Determinants and limits of pressure-preset ventilation: a mathematical model of pressure control. J Appl Physiol 67:1081–92

44. Zech S. 1997. Auswirkung der frühen spontanen Ventilation während maschineller Beatmung mit Biphasic Positive Airway Pressure (BIPAP) auf die respiratorische Funktion. Dissertation an der Universität Innsbruck

45. Roussos C., P. T. Macklem. 1982. The respiratory muscles. N Engl J Med 307:786–797

46. Katz J. A., J. D. Marks. 1985. Inspiratory work with and without continuous positive airway pressure in patients with acute respiratory failure. Anesthesiology 63:598–607

47. Sturgeon C. J., M. E. Douglas, J. B. Downs, F. J. Dannemiller. 1977. PEEP and CPAP: cardiopulmonary effects during spontaneous ventilation. Anesth Analg 56:633–641

48. Räsänen J., K. Puhakka, M. Leijala. 1992. Spontaneous breathing and total body oxygen consumption in children recovering from open-heart surgery. Chest 101:662–667

49. Staudinger T., H. Kordova, M. Roggla, P. Tesinsky, G. J. Locher, K. Laczika, S. Knapp, M. Frass. 1998. Comparison of oxygen cost of breathing with pressure support ventilation and biphasic paositive airway pressure. Crit Care Med 26:1518–1522

50. Leung P., A. Jubran, M. J. Tobin. 1997. Comparison of assisted ventilator modes on triggering, patient effort, and dyspnea. Am J Respir Crit Care Med 155:1940–1948

51. Brochard L., A. Harf, H. Lorino, F. Lemaire. 1989. Inspiratory pressure support prevents diaphragmatic fatigue during weaning from mechanical ventilation. Am Rev Respir Dis 139:513–21

52. MacIntyre N. R. 1986. Respiratory function during pressure support ventilation. Chest 89:677–683

53. MacIntyre N. R., N. E. Leatherman. 1990. Ventilatory muscle loads and the frequency-tidal volume pattern during inspiratory pressure-assisted (pressure-supported) ventilation. Am Rev Respir Dis 141:327–331

54. Hubmayr R.D. 1994. Setting the ventilator. In: Tobin M.J. (ed.), Principles and practice of mechanical ventilation. McGraw-Hill, New York, pp 191–206

55. Ranieri V. M., S. Grasso, L. Mascia, S. Martino, T. Fiore, A. Brienza, R. Giuliani. 1997. Effects of proportional assist ventilation on inspiratory muscle effort in patients with chronic obstructive pulmonary disease and acute respiratory failure. Anesthesiology 86:79–91

56. Wrigge H., W. Golisch, J. Zinserling, M. Sydow, G. Almeling, H. Burchardi. 1999. Proportional assist versus pressure support ventilation: effects of breathing pattern and respiratory work of patients with chronic obstructive pulmonary disease. Intensive Care Med 25:790–798

57. Guttman J., L. Eberhard, B. Fabry, W. Bertschmann, G. Wolff. 1997. Continuous calculation of intratracheal pressure in the trachealy intubated patients. Anesthesiology 79:503–513

58. Bersten A. D., A. J. Rutten, A. E. Vedig. 1993. Efficacy of pressure support in compensating for apparatus work. Anaesthesia & Intensive Care 21:67–71

59. Guttman J., H. Bernard, G. Mols, A. Benzing, P. Hofmann, C. Haberthür, D.

Zappe, B. Fabry. 1997. Respiratory comfort of automatic tube compensation and inspiratory pressure support in conscious humans. Intensive Care Med 23:1119–1124

60. Pinsky M. R. 1984. Determinants of pulmonary arterial blood flow during respiration. J Appl Physiol 56:1237–1245

61. Kirby R. R., J. C. Perry, H. W. Calderwood, B. C. Ruiz, D. S. Lederman. 1975. Cardiorespiratory effects of high positive end-expiratory pressure. Anesthesiology 43:533–539

62. Downs J. B., M. E. Douglas, P. M. Sanfelippo, W. Stanford, M. R. Hodges. 1977. Ventilatory pattern, intrapleural pressure and cardiac output. Anesth Analg 56:88–96

63. Falkenhain S. K., T. E. Reilley, J. S. Gregory. 1992. Improvement in cardiac output during airway pressure release ventilation. Crit Care Med 20:1358–1360

64. Putensen C., M. A. Leon, H. G. Putensen. 1994. Timing of pressure release affects power of breathing and minute ventilation during airway pressure release ventilation. Crit Care Med 22:872–878

65. Lemaire F., J. L. Teboul, L. Cinotti, G. Giotto, F. Abrouk, G. Steg, M. I. Macquin, W. M. Zapol. 1988. Acute left ventricular dysfunction during unsuccessful weaning from mechanical ventilation. Anesthesiology 69:171–179

66. Nikki P., J. Tahvanainen, J. Räsänen, A. Makelainen. 1982. Ventilatory pattern in respiratory failure arising from acute myocardial infarction. II. $PtcO_2$ and $PtcCO_2$ compared to $PaO_2$ and $PaCO_2$ during IMV4 vs IPPV12 and PEEP0 vs PEEP10. Crit Care Med 10:79–81

67. Nikki P., J. Räsänen, J. Tahvanainen, A. Makelainen. 1982. Ventilatory pattern in respiratory failure arising from acute myocardial infarction. I. Respiratory and hemodynamic effects of IMV4 vs IPPV12 and PEEP0 vs PEEP10. Crit Care Med 10:75–8

68. Räsänen J., P. Nikki. 1982. Respiratory failure arising from acute myocardial infarction. Ann Chirurg Gyn 196:43–47

69. Räsänen J., J. Heikkila, J. Downs, P. Nikki, I. Vaisanen, A. Viitanen. 1985. Continuous positive airway pressure by face mask in acute cardiogenic pulmonary edema. Am J Cardiol 55:296–300

70. Many J., R. Justice, H. B. Hechtman. 1979. Abnormalities in organ blood flow distribution during positive end-expiratory pressure. Surgery 85:425–431

71. Annat G., J. P. Viale, X. B. Bui, A. O. Hadj, D. Benzoni, M. Vincent, C. Gharib, J. Motin. 1983. Effect of PEEP ventilation on renal function, plasma renin, aldosterone, neurophysins and urinary ADH, and prostaglandins. Anesthesiology 58:136–41

72. Rossaint R., D. Jorres, M. Nienhaus, K. Oduah, K. Falke, G. Kaczmarczyk. 1992. Positive end-expiratory pressure reduces renal excretion without hormonal activation after volume expansion in dogs. Anesthesiology 77:700–708

73. Marquez J. M., M. E. Douglas, J. B. Downs, W. H. Wu, E. L. Mantini, E. J. Kuck, H. W. Calderwood. 1979. Renal function and cardiovascular responses during positive airway pressure. Anesthesiology 50:393–398

74. Scholz J., F. Bednarz, N. Roewer, R. Schmidt, J. Schulte am Esch. 1990. The effects of incremental PEEP on atrial natriuretic peptide, right atrial pressure and the size of the right atrium in anesthetized patients. Anasth Intensivtherapie, Notfallmedizin 1:20–24

75. Steinhoff H., K. Falke, W. Schwarzhoff. 1982. Enhanced renal function associated with intermittent mandatory ventilation in acute respiratory failure. Intensive Care Med 8:69–74

76. Steinhoff H. H., R. J. Kohlhoff, K. J. Falke. 1984. Facilitation of renalfunction by intermittent mandatory ventilation. Intensive Care Med 10:59–65

77. Hering R., H. Wrigge, D. Peters, J. Zinserling, T. von Spiegel, C. Putensen. 2000. Spontaneous breathing with Airway Pressure Release Ventilation improves renal perfusion and function in patients with acute lung injury. Am J Respir Crit Care Med 161:A549.

78. Bonnet F., C. Richard, P. Glaser. 1982. Changes in hepatic flow induced by continuous positive pressure ventilation in critical ill patients. Crit Care Med 15:106–112

79. Arvidsson D., S. Lindgren, P. Almqvist, K. E. Andersson, U. Haglund. 1990. Role of the renin-angiotensin system in liver blood flow reduction produced by positive end-expiratory pressure ventilation. Acta Chirurgi Scand 156:353–358

80. Hudson L. D., R. S. Hurlow, K. C. Craig, D. J. Pierson. 1985. Does intermittent mandatory ventilation correct respiratory alkalosis in patients receiving assisted mechanical ventilation? Am Rev Respir Dis 132:1071–1074

81. Domino K. B., Y. Lu, B. L. Eisenstein, M. P. Hlastala. 1993. Hypocapnia worsens arterial blood oxygenation and increases $V_A/Q$ heterogenity in canine pulmonary edema. Anesthesiology 78:91–99

82. Culpepper J. A., J. E. Rinaldo, R. M. Rogers. 1985. Effect of mechanical ventilator mode on tendency towards respiratory alkalosis. Am Rev Respir Dis 132:1075–1077

83. Wheeler A. P. 1993. Sedation, analgesia, and paralysis in the intensive care unit. Chest 104:566–577

84. Hsiang J. K., R. M. Chesnut, C. B. Crisp, M. R. Klauber, B. A. Blunt, L. F. Marshall. 1994. Early, routine paralysis for intracranial pressure control in severe head injury: is it necessary? Crit Care Med 22:1471–1476

85. Hansen-Flaschen J. H., S. Brazinsky, C. Basile, P. N. Lanken. 1991. Use of sedating drugs and neuromuscular blocking agents in patients requiring mechanical ventilation for respiratory failure. JAMA 266:2870–2875

86. Lumb P. D. 1989. Sedatives and muscle relaxants in the intensive care unit. In: Shoemaker W.C. and Thompson W.L. (eds.) Critical Care Medicine: State of the Art. III. Fullerton, Fullerton pp 145–171.

87. Rossiter A., P. F. Souney, S. McGowan, P. Carvajal. 1991. Pancuronium-induced prolonged neuromuscular blockade. Crit Care Med 19:1583–1587

88. Burchardi H., J. Rathgeber, M. Sydow. The concept of analgo-sedation depends on the concept of mechanical ventilation. In: Vincent JL (ed..), Yearbook of intensive care and emergency medicine 1995 Berlin, Heidelberg, New York: Springer-Verlag, 1995:155–164.

89. Rathgeber J., B. Schorn, V. Falk, S. Kazmaier, T. Spiegel, H. Burchardi. 1997. The influence of controlled mandatory ventilation (CMV), intermittent mandatory ventilation (IMV) and biphasic intermittent positive airway pressure (BIPAP) on duration of intubation and consumption of analgesics and sedatives. A prospective analysis in 596 patients following adult cardiac surgery. Eur J Anaesthesiol 14:576–582

90. The Acute Respiratory Distress Syndrome Network. 2000. Ventilation with lower tidal volumes as compared with traditional tidal volumes for acute lung injury and the acute respiratory distress syndrome. N Engl J Med 342:1301–1308

91. Amato M. B., C. S. Barbas, D. M. Meddeiros, R. B. Magaldi, G. P. Schettino, G. Lorenzi-Fiho, R. A. Kairalla, D. Deheinzellin, C. Munzo, R. Oliveira et al. 1998. Effect of protective-ventilation strategy on mortality in the adult respira-

tory distress syndrome. N Engl J Med 338:347–354

92. Cane R. D., W. T. Peruzzi, B. A. Shapiro. 1991. Airway pressure release ventilation in severe acute respiratory failure [see comments]. Chest 100:460–463

93. Florete O. J., M. J. Banner, T. E. Banner, J. C. Rodriguez, R. R. Kirby. 1989. Airway pressure release ventilation in a patient with acute pulmonary injury. Chest 96:679–682

# 2 Synchronous Intermittent Mandatory Ventilation (SIMV) und Pressure Support Ventilation (PSV)

Michael Quintel und Thomas Lücke

## 2.1 (Synchronisierte) intermittierende mandatorische Beatmung

Englisch: (Synchronous) Intermittent Mandatory Ventilation – (S)IMV

Das Prinzip der intermittierenden mandatorischen Beatmung (Intermittent Mandatory Ventilation, IMV) wurde bereits 1955 von Bjork und Engström entwickelt [1]. Klinisch eingeführt wurde der Modus Anfang der Siebziger Jahre durch Kirby und Downs und Kollegen [2, 3]. Bei dieser Beatmungsform kann der Patient zwischen fixierten, voreingestellten Überdruck-Atemhüben spontan atmen. Die Anzahl der mandatorischen (obligaten) Atemhübe kann frei bestimmt werden. Somit kann IMV einerseits den Charakter einer kontrollierten Beatmung annehmen, indem eine hohe Frequenz der obligaten Atemhübe gewählt wird und nahezu keine spontane Atemaktivität des Patienten erfolgt. Andererseits ist eine mehr oder weniger reine Spontanatmungsaktivität des Patienten mit IMV möglich bei der Wahl einer niedrigen Frequenz der obligaten Atemhübe, was theoretisch bis zu einer IMV Rate von 0 durchführbar ist. Die klassische IMV nutzte für die spontanen Atemzüge einen mit einem unidirektionalen Ventil ausgestatteten Seitenarm mit kontinuierlichem Frischgasfluss aus einem Reservoir, dagegen wurden die mandatorischen Atemhübe durch das eigentliche Beatmungsgerät appliziert. Probleme in der Interaktion zwischen Patient und Beatmungsgerät und mangelnde Adaptation an die aktuellen jeweiligen Erfordernisse führten zur Entwicklung der synchronisierten IMV, dem SIMV-Modus. Diese Form der Beatmung, die zunächst auch als Intermittent Demand Ventilation (IDV) oder Intermittent Assisted Ventilation (IAV) bezeichnet wurde, synchronisiert die obligat applizierten Atemhübe mit der inspiratorischen Anstrengung des Patienten [4]. Die Applikation der voreingestellten Überdruck-Atemhübe erfolgt nicht, wie bei der klassischen IMV, unbeeinflusst von der Atmungsaktivität des Patienten. Vielmehr aktiviert der Patient die steuernden (Demand-)Ventile entweder durch das Erzeugen einer Druckdifferenz (pressure-triggered SIMV) oder durch Beeinflussung des Gasflusses (flow-triggered SIMV). Die eingestellten Atemhübe können entweder mit einem vorgegebenen Tidalvolumen (volumenkontrolliert, flusslimitiert, volumen- oder zeitgesteuert) oder mit einem vorbestimmten Druck (druckkontrolliert oder drucklimitiert, zeitgesteuert) erfolgen [5]. Die Applikation der mandatorischen Atemzüge kann nach Wahl der Frequenz und des Tidalvolumens auf einem beliebig einstellbaren PEEP-Niveau stattfinden. Die spontanen Atemzüge des Patienten können dabei ohne weitere Unterstützung oder aber mit einer frei einstellbaren Druckunterstützung (Pressure Support Ventilation, PSV) appliziert werden. Die Druckunterstützung dient entweder nur dazu, die fluss-abhängigen, resistiven Widerstände des künstlichen Luftwegs zu kompensieren oder aber sie stellt tatsächlich eine zusätzliche, variable Unterstützung der inspiratorischen Anstrengungen des Patienten bei jedem spontanen Atemzug dar. Dabei besteht sowohl bei den fixiert eingestellten Atemzügen als auch bei jedem spontanen Atemzug unabhängig von der Anwendung einer Druckunterstützung das eingestellte PEEP-Niveau fort.

### 2.1.1 Der SIMV-Atemzyklus

Der SIMV Algorithmus ist so konzipiert, dass in jedem Fall die Zufuhr eines kontrollierten Atemhubes pro SIMV-Atemzyklus gewährleistet ist. Dieser Atemhub wird entweder vom Patienten selbst (*assistierter, synchronisierter* Atemhub) oder aber vom Gerät ausgelöst, wenn im vorgegebenen Zeitfenster keine Atemanstrengungen des Patienten erfolgten (*rein maschineller* Atemhub) (Abb. 2.1). Es existieren keine einheitlichen Algorithmen, so dass die konkrete Realisierung dieses Modus und auch die verwendete Nomenklatur zwischen den einzelnen Geräteherstellern variieren kann.

Das Prinzip lässt sich jedoch wie folgt beschreiben: Die Dauer eines SIMV-Zyklus in Sekunden ergibt sich aus der Division von 60 Sekunden durch die eingestellte SIMV-Frequenz (60 s/eingestellte SIMV-Frequenz). Der Atemzyklus besteht definitionsgemäß aus zwei Teilen. Der erste Teil ist das Intervall, das für die kontrollierte Verabreichung eines Atemhubes reserviert ist (*kontrolliertes Intervall*). Sobald ein vom Patienten ausgelöster Atemhub erfolgt, endet das kontrollierte Intervall und das Beatmungsgerät wechselt in den zweiten Teil des SIMV-Zyklus, das *Spontanatmungs-Intervall*. Während dieser Spontanatmungsphase kann der Patient entweder ohne oder aber mit einer, zuvor eingestellten, inspiratorischen Druckunterstützung beliebig selbst atmen. Erkennt das Beatmungsgerät

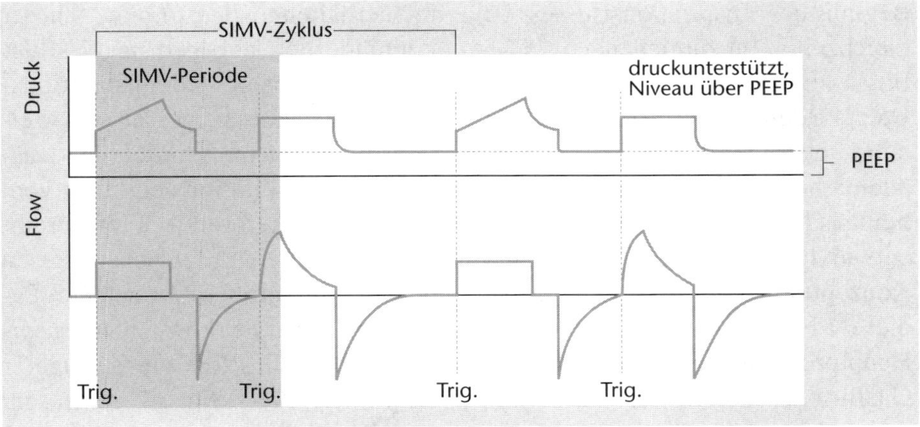


Abb. 2.1: Schematische Darstellung des SIMV-Modus (volumenkontrolliert, druckunterstützte Spontanatmung).

während des *kontrollierten Intervalls* keine Atemanstrengung des Patienten, wird am Ende dieses Intervalls ein kontrollierter Beatmungshub abgegeben, danach erfolgt der Wechsel in das Spontanatmungs-Intervall.

## 2.1.2 Druck- und flow-getriggerte SIMV

Die Synchronisation eines kontrollierten Atemhubs mit der eigenen Atemanstrengung des Patienten erfolgt im SIMV-Algorithmus über die Aktivierung einer entsprechenden Triggerfunktion. Dabei muss die jeweilige Atemanstrengung einen vorgegebenen Schwellenwert erreichen, die Inspiration wird dann entweder durch den entstehenden Druckabfall (Drucktrigger) oder die gemessene Veränderung des Gasflusses (Flowtrigger) ausgelöst.

### Drucktrigger

Bei der Drucktriggerung werden Atemhübe auf der Basis von Drücken, die an zwei Stellen im Patientenschlauchsystem gemessen werden, ausgelöst. Sobald der Atemwegsdruck um den eingestellten Wert des Drucktriggers unter der Basislinie fällt, löst das Beatmungsgerät eine vom Patienten initiierte Inspiration aus. Je stärker die inspiratorische Atembemühung des Patienten und je kleiner der eingestellte Schwellenwert für den Drucktrigger, desto leichter wird die Inspiration ausgelöst.

In älteren Beatmungsgeräten war für die druckgetriggerte SIMV ein exzessiver Abfall des endexspiratorischen Drucks bis zur Triggerung erforderlich (bis zu 8 $cmH_2O$), gleichzeitig bestand eine erhebliche Zeitverzögerung von bis zu 0,7 Sekunden zwischen dem Beginn der Inspirationsbemühung und dem

Beginn des Inspirationsflusses bei gleichzeitig unzureichendem Gasfluss zu Beginn der Inspiration. Diese Bedingungen resultierten in einer erheblichen Steigerung der Atemarbeit und des Sauerstoffverbrauchs [5–8]. Fortschritte und Neuentwicklungen in der Steuerung und Konzeption von Ventilen haben diese Nachteile minimiert, das Hauptproblem eines unzureichenden Gasflusses unmittelbar nach Öffnung des Ventils konnte jedoch bislang nicht vollständig befriedigend gelöst werden [9]. Ranieri und Mitarbeiter konnten in einer eleganten Studie eindrucksvoll zeigen, dass das Prinzip der Drucktriggerung auch bei modernen Respiratoren der Flowtriggerung hinsichtlich der Atemarbeit und der Patienten-Ventilator-Interaktion sowohl für mandatorische Hübe als auch für spontane, ggf. druckunterstützte Atemzüge unterlegen ist [10].

## Flowtrigger

Bei der Flowtriggerung ermittelt das Beatmungsgerät den vom Patienten abgeforderten Inspirationsflow. Sobald dieser die vom Anwender eingestellte Flowschwelle überschreitet, löst das Beatmungsgerät eine mandatorische Inspiration aus. In den Beatmungsgeräten verschiedener Hersteller sind dabei zwei unterschiedliche Techniken realisiert.

Beim sogenannten Basisflowverfahren wird am Ende der Exspiration ein konstanter Gasfluss durch das Patientenschlauchsystem aufrechterhalten (*Basisflow*). Dieser kontinuierlich abgegebene Gasfluss wird mit Sensoren im Inspirationsteil des Systems gemessen, ein weiterer Flow-Sensor ermittelt den Gasfluss im Exspirationsteil. Der vom Patienten abgeforderte Flow ergibt sich als Differenz zwischen diesen beiden Messgrößen. Atmet der Patient ein, wird bei konstantem inspiratorischem Gasflow ein geringerer exspiratorischer Fluss gemessen. Das Beatmungsgerät leitet eine Inspiration ein, sobald dieser vom Patienten eingeatmete Flow den eingestellten Schwellenwert für den Flowtrigger erreicht oder überschreitet (*Flusssensitivität = Basisflow-Exspirationsflow*). Die flowgetriggerte SIMV hat somit zwei Triggervariablen, den Basisflow und die Flowsensitivität.

Der Hauptunterschied und wahrscheinlich entscheidende Vorteil gegenüber der Drucktriggerung, ergibt sich aus der Tatsache, dass dem Patienten bei Flowtriggerung während des Intervalls zwischen dem Beginn der Inspirationsbemühung und dem Einsetzen des inspiratorischen Gasflusses (*post-trigger phase*) ein kontinuierlicher „druckloser Basisflow" zur Verfügung steht [11–14]. Verbesserte Dosierventile mit kurzer Reaktionszeit erlauben bei der Flowtriggerung den Verzicht auf einen Basisflow ohne dabei die Atemarbeit des Patienten zu erhöhen [13]. Dabei wird zunächst ein Frischgasfluss wie unter konventioneller CPAP-Atmung (*demand flow*) bereitgestellt. Überschreitet der vom

Patienten abgeforderte Flow die eingestellte Schwelle, wird vom Beatmungsgerät ein mandatorischer Atemhub abgegeben.

### 2.1.3 Indikationen und Effekte der (S)IMV-Beatmung

Grundsätzlich kann (S)IMV-Beatmung anstelle eines vollständig kontrollierten Beatmungsmusters wie der reinen volumen- oder druckkontrollierten Beatmung also als primäre Beatmungsform eingesetzt, oder aber als Beatmungsmodus zur Entwöhnung angewandt werden.

#### (S)IMV-Beatmung als Grundbeatmungsmuster

Der Einsatz der (S)IMV-Beatmung als primäre Beatmungsform bietet zumindest einige theoretische Vorteile gegenüber einem rein obligaten Beatmungsmuster im volumen- oder druckkontrollierten Modus. Der einzige durch den Algorithmus der SIMV-Beatmung selbst induzierte Vorteil besteht jedoch in der Synchronisation der mandatorischen Atemzüge mit möglichen oder gewünschten spontanen Atemanstrengungen des Patienten. Damit wird die Applikation eines maschinellen Atemhubes in der Exspirationsphase eines solchen spontanen Atemzuges verhindert und die Interaktion zwischen Patient und Beatmungsgerät verbessert. Alle übrigen postulierten oder nachgewiesenen Vorteile entstehen ausschließlich durch die intermittierenden spontanen Atemzüge des Patienten. Mit einem steigenden Anteil spontaner Atemaktivität und einer Abnahme des mandatorischen oder kontrollierten Anteils der SIMV-Beatmung erlangen diese Vorteile somit immer mehr Bedeutung. Dabei konnten in einigen Studien im Vergleich zur rein kontrollierten Beatmung Hinweise auf folgende Vorteile gefunden werden: ein niedrigerer Atemwegsmitteldruck, ein erniedrigter Sauerstoffverbrauch ($VO_2$), eine verbesserte intrapulmonale Gasverteilung und die Prävention der muskulären Atrophie und Diskoordination [15]. Im direkten Vergleich zur Pressure Support Ventilation (PSV) als primärer Beatmungsform konnten Valentine und Mitarbeiter bei Patienten nach kardiochirurgischen Eingriffen keinen Unterschied im Hinblick auf den Atemwegsmitteldruck, den Sauerstoffverbrauch ($VO_2$) und die intrapulmonale Gasverteilung beobachten [16]. Allerdings gibt es derzeit weder überzeugende experimentelle Daten noch Ergebnisse von klinischen Studien, die einen Vorteil des SIMV-Modus als primäres Beatmungsmuster im Vergleich zur kontrollierten Beatmung oder anderen assistierten Beatmungsformen belegen würden.

#### (S)IMV-Beatmung als Beatmungsmuster zum Weaning

Üblicherweise kommen als „etablierte“ Verfahren zur Entwöhnung von der maschinellen Unterstützung der Atmung das T-Stück bzw. der wiederholte T-Stück-Versuch, die druckunterstützte Beatmung (Pressure Support Ventilation, PSV) und der SIMV-Modus zur Anwendung. Gegenüber der Entwöhnung über das T-Stück bietet die (S)IMV-Beatmung den Vorteil der Sicherheit einer Apnoebeatmung und den theoretischen Vorteil, der aus der Anwendung eines kontinuierlichen positiven Druckniveaus und der intermittierenden Applikation von Atemzügen mit definiertem Volumen resultiert. In der Praxis konnten diese theoretischen Vorteile nie durch entsprechende Studienergebnisse belegt werden. Eine kürzlich publizierte Metaanalyse von Butler und Mitarbeitern zur Entwöhnung von der Beatmung zeigte im Gegenteil, dass die SIMV-Beatmung von den drei geschilderten Verfahren dasjenige ist, das zumindest tendenziell zu längeren Entwöhnungsphasen führt als die beiden Alternativverfahren T-Stück und PSV [17]. Besonders Drucktrigger-gesteuerte SIMV kann zu einer erheblichen Zunahme der Atemarbeit führen, gleichzeitig konnten Imsand und Mitarbeiter zeigen, dass die elektrische Aktivität des Diaphragmas zwischen kontrollierten und vom Patienten ausgelösten SIMV-Atemzügen kaum variiert [18]. Somit kann auch, zumindest bei einer relevanten Rate von mandatorischen SIMV-Atemzügen, ein „Trainingseffekt" angezweifelt werden. Die nicht zeitgerechte, an das tatsächliche Vermögen des Patienten angepasste Reduktion der mandatorischen SIMV-Atemzüge und damit der vorgegebenen Unterstützung erklärt vermutlich die Beobachtung, dass der SIMV-Modus im Vergleich zu den gebräuchlichen alternativen Entwöhnungsverfahren (T-Stück, PSV) längere Entwöhnungszeiten induziert [19,20].

## 2.2 Druckunterstützte Beatmung

Englisch: Pressure Support Ventilation (PSV) *Syn: Assisted Spontaneous Breathing (ASB)*

Das Grundprinzip der Unterstützung einer jeden spontanen Atemanstrengung des Patienten mit einem voreingestellten Druck oder Hilfsdruck wurde bereits Anfang der Sechziger Jahre von Tyler und Grape beschrieben [21]. PSV steht derzeit in allen modernen Ventilatoren als optionale Beatmungsform zur Verfügung und stellt mit Sicherheit den populärsten Modus der partiellen ventilatorischen Unterstützung sowohl in der Frühphase der respiratorischen Insuffizienz als auch während der Entwöhnung von der mechanischen Beatmung dar.

Bei dieser Beatmungsform wird jeder Atemzug durch eine inspiratorische Anstrengung des Patienten ausgelöst und mit einem vorgewählten Niveau druckunterstützt. Nach Öffnung eines Ventils erfolgt eine maschinelle inspiratorische Gasströmung, so dass der proximale Atemwegsdruck rasch auf das vorgewählte Niveau angehoben und während der gesamten Inspirationsdauer konstant gehalten wird [22]. In diesem Modus entsteht damit ein dezellerierender Gasfluss (Abb. 2.2).

Bei PSV-Beatmung wird somit ein größerer Teil des Atemmusters durch den Patienten selbst bestimmt. Der unterstützte Atemzug wird nicht nur durch den Patienten ausgelöst, sondern auch terminiert. Dabei dient abhängig vom Typ des Beatmungsgeräts zumeist der Abfall des inspiratorischen Spitzenflusses auf einen vorgegebenen oder frei wählbaren Schwellenwert als Indikator für die beginnende Erschlaffung der Atemmuskulatur. Danach erfolgt die passive Exspiration bis auf ein voreingestelltes endexspiratorisches Druckniveau (PEEP). Bei der druckunterstützten Beatmung werden die Frequenz und die Zykluslänge vom Patienten selbst bestimmt, der Grad der Druckunterstützung ist vorgegeben. Das Hubvolumen unter PSV hängt von der Mechanik des respiratorischen Systems (*Compliance von Lunge und Thorax, Atemwegswiderstand*), dem zeitlichen Verlauf des Atemzyklus und dem Ausmaß der Patient-Ventilator-Synchronisation ab [22–25].

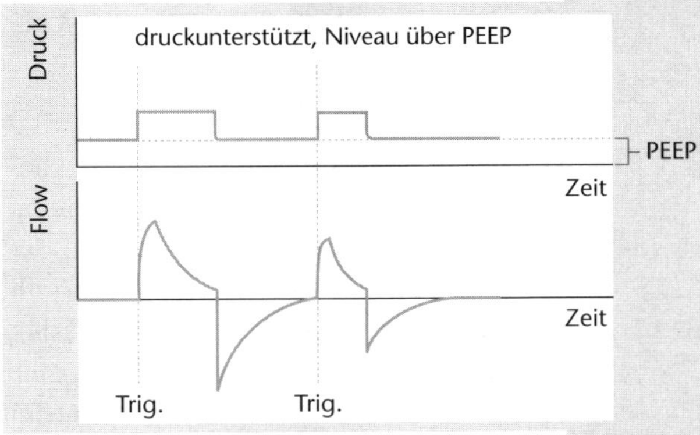


Abb. 2.2: Schematische Darstellung des PSV- oder ASB-Modus.

### 2.2.1 Variablen der PSV

Bei PSV lassen sich somit drei Größen unterscheiden, durch deren Variation die Auswirkungen der PSV auf die Atemarbeit und die Patienten-Ventilator-Synchronisation für eine vorgegebene Druckunterstützung beeinflusst werden können: Die Triggerung der Inspiration, die Geschwindigkeit des inspiratorischen Druckanstiegs und die Identifikation des Endes der Inspiration.

#### Triggerphase

Wie für die SIMV beschrieben wird auch im PSV-Modus eine Druck- oder Flowtriggerung eingesetzt, um den Inspirationsfluss zu initiieren. Die Triggersensitivität ist innerhalb bestimmter Grenzen frei wählbar, das Ausmaß der erforderlichen Anstrengung seitens des Patienten kann indes zwischen verschiedenen Geräten bei identischen Einstellungen erheblich variieren [26].

## Druckanstiegsgeschwindigkeit (Druckanstiegszeit, Flussakzeleration)

Mit der Einstellung der Druckanstiegsgeschwindigkeit/Flussakzeleration wird festgelegt, wie schnell das Beatmungsgerät den voreingestellten Druck erreicht. Durch die Veränderung dieses Parameters lässt sich die Atemarbeit, das Atemmuster und die Patient-Ventilator-Synchronisation entscheidend beeinflussen. Bonmarchand et al. [27] konnten zeigen, dass eine Verlängerung der Druckanstiegszeit (d. h. eine Verminderung des Spitzenflusses) bei COPD-Patienten unter PSV nahezu in allen Fällen zu einer Steigerung der Atemarbeit führte und oftmals ein Gefühl der „Luftnot" hervorrief. Dies bestätigte die Ergebnisse früherer Untersuchungen [28, 29], die die herausragende Bedeutung eines hohen inspiratorischen Flusses (*steile Druckanstiegskurve*) für die Verminderung der Atemarbeit besonders bei Patienten mit niedriger Compliance belegten. Mittlerweile wurden servokontrollierte Geräte konzipiert, die einen rechteckigen Druckverlauf generieren. Bei Patienten mit niedrigem Bedarf an Spitzenfluss (d. h. kleine Patienten mit geringem Atemantrieb) kann eine zu hohe Spitzenflussrate andererseits zu einer vorzeitigen Beendigung der Inspiration bei dann unverhältnismäßig kleinen Hubvolumina und zu einer zunehmenden Dyssynchronisation zwischen Patient und Beatmungsgerät führen. Eine genaue Beobachtung des Patienten und seines Atemmusters sowie eine kontinuierliche Anpassung des Beatmungsgeräts an die sich ändernden Bedürfnisse des Patienten ist somit gerade in diesem vermeintlich „einfachen" Modus der PSV unerlässlich.

## Erkennung des Inspirationsendes (Zeitsteuerung)

Während PSV wird die Umschaltung auf die Exspiration durch einen Abfall des inspiratorischen Spitzenflusses auf einen systemspezifischen Grenzwert gesteuert. Der kritische Abfall des Inspirationsflusses dient als Signal für den Beginn der Entspannung der inspiratorischen Muskulatur. Dieser Schwellenwert für den Umschaltvorgang, der der Sensitivität des Exspirationstriggers entspricht, ist im Regelfall nicht veränderbar. Zumeist dient als Grenzwert ein festgelegter Prozentsatz des Spitzenflusses (z. B. 25 % des inspiratorischen Spitzenflusses), manchmal dienen auch absolute Flusswerte (zwischen 2 und 6 l/min) als Kriterium für den Umschaltvorgang.

Darüber hinaus kann das Erkennen eines geringfügigen „Überdrucks" (1–3 $cmH_2O$) über dem voreingestellten Druckniveau, dessen Entstehung eine plötzliche Exspirationsbemühung des Patienten erfordert, alleine oder gemeinsam mit den beschriebenen Flussgrößen als Umschaltkriterium dienen. Daneben ist in den meisten Beatmungsgeräten ein oberes Zeitlimit für die Inspiration vorgegeben. Dieses Kriterium dient als Sicherheitsmechanismus für den Fall, dass eine Leckage im System vorhanden ist und damit die Fluss- bzw. Druckkriterien versagen [23].

Die neueste Generation von Beatmungsgeräten verfügt teilweise über einen einstellbaren Exspirationstrigger oder alternativ über eine automatische Leckagekompensation. Bei einem einstellbaren Exspirationstrigger wird ein bestimmbarer Prozentsatz des inspiratorischen Spitzenflusses gewählt. Je höher der Exspirationstrigger eingestellt wird, desto kürzer wird die Inspirationszeit. Grundsätzlich sollte der Exspirationstrigger so eingestellt werden, dass die Inspirationszeit weder verlängert noch verkürzt wird. Jedoch gilt auch hier, dass die kontinuierliche Beobachtung des Patienten und seines Atemmusters unabdingbar ist. Bei der automatischen Leckagekompensation erkennt das Beatmungsgerät die Differenz zwischen tatsächlichem inspiratorischem Flow und gemessenem mittlerem exspiratorischem Flow als Leckage. Die Flowmessung dieses Leckageflusses wird direkt genutzt, denn damit kann sowohl ein inspiratorisches „Autotriggern“ als auch die fehlende Erkennung der Exspiration vermieden werden.

Wie zuvor beschrieben kann unter PSV mit Hilfe der Druckanstiegszeit der inspiratorische Spitzenfluss und damit die effektive Inspirationszeit beeinflusst werden.

## 2.2.2 Physiologische Effekte der PSV

PSV in seiner Funktion als „augmentierter Spontanatmungsmodus“ wird in ihrer Qualität von dem Maß bestimmt, indem sie dem Patienten erlaubt, ein „physiologisches“ Atemmuster beizubehalten oder wiederzuerlangen. Inwieweit der Patient die Parameter Atemfrequenz, Inspirationszeit, Exspirationszeit und Hubvolumen unter PSV tatsächlich selbst kontrolliert, hängt wesentlich von der individuellen Einstellung der wählbaren Parameter (Druckunterstützung, Trigger, Druckanstiegsgeschwindigkeit, Umschaltkriterien) ab. Als Kriterien für den „erfolgreichen“ Einsatz der PSV können somit das Atemmuster des Patienten, Variablen des Gasaustauschs und die zu leistende Atemarbeit herangezogen werden.

### Beeinflussung der Atemarbeit/Veränderungen des Atemmusters

PSV unterstützt die Atemmuskulatur mit dem Ziel, die Atemarbeit auf ein „physiologisches“ Maß zu reduzieren. In einer Reihe von Studien wurde die Atemarbeit unter PSV untersucht [29–33]. Zusammenfassend zeigten diese Studien eine positive Korrelation zwischen dem Niveau der gewählten Druckunterstützung und dem erzielten Hubvolumen sowie eine negative Korrelation zur Atemfrequenz und verschiedenen Indizes der Atemarbeit (z. B. Druck-Zeit-Produkt, transdiaphragmale Druckschwingungen, EMG-Aktivität des Diaphragmas). Da gerade in Phasen eines komplizierten Weaningprozesses die gesteigerte Atemarbeit zu einer erheblichen Steigerung des Sauerstoffverbrauchs und zum Anstieg der Plasmakatecholaminspiegel führen kann, stellt somit PSV gerade bei Patienten mit eingeschränkter kardiozirkulatorischer Reserve eine wichtige therapeutische Option dar [34–36].

Klinisch können die Atemfrequenz und das Hubvolumen zur Bestimmung des optimalen PSV-Niveaus herangezogen werden [31]. Dabei gelten z. B. Spontanatmungsfrequenzen <30/min und Hubvolumina >5ml/kg als akzeptierte Zielgrößen.

#### Gasaustausch

Die benefiziellen Effekte der PSV auf den Gasaustausch beruhen primär auf einer gesteigerten alveolären Ventilation aufgrund des veränderten Atemmusters (23). Ein gesteigertes Hubvolumen unter PSV führt durch eine Verminderung der relativen Totraumventilation ($V_D/V_T$) zu einer gesteigerten, effektiven alveolären Ventilation trotz eines häufig unveränderten Atemminutenvolumens. Andere Faktoren, die unter PSV die arteriellen Blutgase beeinflussen, sind die Erhöhung der funktionellen Residualkapazität durch Erhöhung des Atemwegsmitteldrucks, die Abnahme des Sauerstoffverbrauchs und des Totraums sowie Veränderungen in der Ventilations-Perfusions-Verteilung [15,37].

Eine Erhöhung des Druckniveaus führt häufig zu einem Abfall des $PaCO_2$ und einer langsamen Korrektur einer respiratorische Azidose bei Patienten mit hyperkapnischer respiratorischer Insuffizienz. Bei postoperativen Patienten wurde unter PSV jedoch auch eine milde Hyperventilation mit respiratorischer Alkalose beobachtet. Dies kann jedoch durch eine Reduzierung des Druckniveaus korrigiert werden [25,29].

### 2.2.3 Indikationen, Vor- und Nachteile der PSV

#### Indikationen

Die PSV ermöglicht eine variable Unterstützung der Atmung von einer nahezu vollständigen Übernahme der ventilatorischen Funktion bei erhaltenem Atemantrieb in der Frühphase der akuten respiratorischen Insuffizienz, die eine vollständige Kompensation der resistiven und elastischen Widerstände des respiratorischen Systems erfordert, bis hin zu einer reinen Kompensation des Tubuswiderstandes in der Spätphase des Weaning-Prozesses. PSV kann allein oder in Kombination mit andern Modi (z. B. SIMV, BiPAP, APRV, BiLevel) angewandt werden.

### Vorteile

In den letzten Jahren ist ein stetiger Trend hin zu einer Erhaltung bzw. möglichst frühen Wiederherstellung der Spontanatmung beim kritisch kranken Patienten zu beobachten. Die Spontanatmung als „therapeutisches Prinzip“ wird von einer Reihe von Argumenten gestützt. Sie erfordert weniger Sedierung und keine Muskelrelaxation aufgrund der besseren Synchronisation zwischen Patient und Ventilator, sie steigert den Patientenkomfort und die Schlafqualität und induziert im Vergleich zur kontrollierten Beatmung niedrigere Beatmungsdrücke [38–41]. Die Zwerchfellaktivität mit ihrem günstigen Einfluss auf die Entstehung vor allem basaler Atelektasen bleibt erhalten, bei manchen Patienten verbessert PSV darüber hinaus im Vergleich zur kontrollierten Beatmung die Oxygenierung [41–43]. In einer Studie mit PSV konnte sogar eine schnellere Entwöhnung vom Beatmungsgerät realisiert werden [19].

### Nachteile

Neben diesen Vorteilen bestehen jedoch bei PSV auch drei modusimmanente Nachteile, die sich bei Patienten mit ausgeprägten pulmonalen Problemen negativ auswirken können [22]:

1. Unter PSV wird die Flussabhängigkeit des Tubuswiderstandes nicht berücksichtigt. Der Zusammenhang zwischen dem Druckabfall über dem Endotrachealtubus und dem Fluss in Inspiration und Exspiration ist linear und wird darüber hinaus von der Länge und dem Innendurchmesser des Tubus beeinflusst. Eine voreingestellte, fixierte Druckunterstützung wird den flussabhängigen und damit stets variierenden Tubuswiderstand kaum exakt kompensieren können.
2. Der Beginn von In- und Exspiration wird, wie beschrieben, von einem Trigger-Kriterium bestimmt. Verschiedene, oft nur schwer zu erkennende und beeinflussbare Umstände können zu erheblichen Problemen mit dem jeweiligen Trigger und damit zu Dyssynchronisation und Fehltriggerung führen. Fabry et al. beobachteten im PSV-Modus bei bis zu 80 % der Patienten mit akuter respiratorischer Insuffizienz Inspirationsanstrengungen, die nicht vom Gerät erkannt und unterstützt wurden [44].
3. Ein weiterer Nachteil der PSV besteht in der Diskrepanz zwischen der fest eingestellten Druckunterstützung und dem variablen Atemmuster des Patienten. Da die Höhe des Atemzugvolumens bei einer voreingestellten Druckunterstützung, wie dargestellt, überwiegend von den lungenmechanischen Eigenschaften des Patienten bestimmt wird, ist eine Erhöhung des Atemzugvolumens nur durch eine überproportionale Mehranstrengung des Patienten möglich. Diese Limitierungen der PSV werden durch das methodische Problem, die

mechanischen Eigenschaften (Elastance und Resistance) von Lunge und Thoraxwand unter den Bedingungen der Spontanatmung exakt zu messen, hervorgerufen. Dieses messtechnische Defizit stellt ein zentrales Problem bei jeder Form der unterstützten Spontanatmung dar. Die Verwendung einer Ösophagusdrucksonde ermöglicht die Erfassung von Phasen der Desynchronisation, ein genereller klinischen Einsatz kann für derartige Sonden allerdings bislang nicht empfohlen werden.

### Ausblick

Das primäre Ziel augmentierter Spontanatmungsmodi ist die Reduktion erhöhter elastischer und resistiver Widerstände auf ein „physiologisches" Maß. Gerade diese Widerstände können aber in der klinischen Routine nur unbefriedigend gemessen werden. Somit bleibt in der Praxis nur die kontinuierliche Beobachtung des Patienten und damit die Anpassung des Beatmungsgeräts an die „mutmaßlichen" Bedürfnisse des Patienten (Atemfrequenz <30/min, Hubvolumen >5 ml/kg). Darüber hinaus dienen Gasaustauschparameter, Kreislaufparameter und das subjektive Wohlbefinden des Patienten als Anhaltsgrößen für eine möglichst „optimale" Augmentierung der Spontanatmung der Patienten. Aufgrund der teilweise erheblichen Unterschiede in der Arbeitsweise der einzelnen Beatmungsgeräte ist besonders für die Spontanatmungsmodi ein genaues Verständnis der gerätespezifischen Eigenheiten unabdingbar.

Inwieweit neuere Formen der augmentierten Spontantmung wie die automatische Tubuskompensation (ATC) oder die Proportional Assist Ventilation (PAV) diese Nachteile minimieren bzw. ganz beseitigen können, bleibt abzuwarten [45].

## 2.3 Literatur

1. Björk VO, Engström CG. The treatment of ventilatory insufficiency after pulmonary resection with tracheostomy and prolonged artificial ventilation. J Thorac Surg 1955; 30:356–367
2. Kirby RR, Robinson EJ, Shulz J, de Lemos R. Continuous flow as an alternative to assisted or controlled ventilation in infant. Anesth Analg 1972; 51:871–875
3. Downs JB, Klein EF Jr., Desautels D, Modell JH, Kirby RR. Intermittent mandatory ventilation: a new approach to weaning patients from mechanical ventilators. Chest 1973; 64:331–335
4. Shapiro BA, Harrison RA, Walton JR, Davison R. Intermittent demand ventilation (IDV): a new technique for support ventilation in critically ill patients. Respir Care 1976; 21:521–525
5. Christopher KL, Neff TA, Bowman JL, Eberle DJ, Irvin CG, Good JT Jr. Demand and continuous flow intermittent mandatory ventilation systems. Chest 1985; 87:625–630
6. Cox D, Niblett DJ. Studies on continuous positive airway pressure

breathing systems. Br J Anaesth 1984; 56:905–911

7. Viale JP, Annat G, Bertrand O, Godard J, Motin J. Additional inspiratory work in intubated patients breathing with continuous positive airway pressure systems. Anesthesiology 1985; 63:536–539

8. Henry WC, West GA, Wilson RS. A comparison of the cost of breathing between a continuous flow CPAP system and a demand flow CPAP system. Respir Care 1983; 28:1273–1281

9. Sassoon CSH. Mechanical ventilator design and function: the trigger variable. Respir Care 1992; 37:1056–1069

10. Giuliani R, Mascia L, Recchia F, Caracciolo A, Fiore T, Ranieri VM. Patient-ventilator interaction during synchronized intermittent mandatory ventilation. Am J Respir Crit Care Med 1995; 151:1–9

11. Sassoon CSH, Lodia RH, Rheeman CH, Kuei JH, Light RW, Mahutte CK. Inspiratory muscle work of breathing during flow-by, demand-flow and continuous flow systems in patients with chronic obstructive pulmonary disease. Am Rev Respir Dis 1992; 145:1219–1222

12. Sassoon CS, Del Rosario N, Fei R, Rheeman CH, Gruer SE, Mahutte CK. Influence of pressure- and flow-triggered synchronous intermittent mandatory ventilation on inspiratory muscle work. Crit Care Med 1994; 22:1933–1941

13. Aslanian P, El Atrous S, Isabey D, Valente E, Corsi D, Harf A, Lemaire F, Brochard L. Effects of flow triggering on breathing effort during partial ventilatory support. Am J Respir Crit Care Med 1998; 157:135–143

14. Polese G, Massara A, Poggi R, Brandolese R, Brandi G, Rossi A. Flow triggering reduces inspiratory effort during weaning from mechanical ventilation. Intensive Care Med 1995; 21:682–686

15. Sassoon CSH. Intermittent mandatory ventilation. In: Tobin MJ (ed): Principles and practice of mechanical ventilation. McGraw-Hill, New York, 1994, pp 221–237

16. Valentine DD, Hammond MD, Downs JB, Sears NJ, Sims WR. Distribution of ventilation and perfusion with different modes of mechanical ventilation. Am Rev Respir Dis 1991; 143:1262–1266

17. Butler R, Keenan SP, Inman KJ, Sibbald WJ, Block G. Is there a preferred technique for weaning the difficult-to-wean patient? A systematic review of the literature. Crit Care Med 1999; 27:2331–2336

18. Imsand C, Feihl F, Perret C, Fitting JW. Regulation of inspiratory neuromuscular output during synchronized intermittent mechanical ventilation. Anesthesiology 1994; 80:13–22

19. Brochard L, Rauss A, Benito S, Conti G, Mancebo J, Rekik N, Gasparetto A, Lemaire F. Comparison of three methods of gradual withdrawal from ventilatory support during weaning from mechanical ventilation. Am J Respir Crit Care Med 1994; 150:896–903

20. Esteban A, Frutos F, Tobin MJ, Alia I, Solsona JF, Valverdu I, Fernandez R, de la Cal MA, Benito S, Tomas R et al. A comparison of four methods of weaning patients from mechanical ventilation. N Engl J Med 1995; 332:345–350

21. Tyler JM, Grape B. The influence of mechanical assistance to respiration on the ventilatory response to carbon dioxide in emphysema. Am Rev Respir Dis 1962; 86:29–36

22. Brochard L. Pressure support ventilation. In: Tobin MJ (ed): Principles and practice of mechanical ventilation. McGraw-Hill, New York, 1994, pp 239–257

23. Tokioka H, Saito S, Kosaka F. Effect of pressure support ventilation on breathing pattern and respiratory work. Intensive Care Med 1989; 15:491–494

24. Navi S, Bruschi C, Fracchia C, Braschi A, Rubini F. Patient-ventilator interaction and inspiratory effort during pressure support ventilation in patients with different pathologies. Eur Respir J 1997; 10:177–183

25. Lofaso F, Isebey D, Lorino H, Harf A, Scheid P. Respiratory response to positive and negative inspiratory pressure in humans. Respir Physiol 1992; 89:75–88

26. Mancebo J, Amaro P, Mollo JL, Lorino H, Lemaire F, Brochard L. Comparison of the effects of pressure support ventilation delivered by three different ventilators during weaning from mechanical ventilation. Intensive Care Med 1995; 21:913–919

27. Bonmarchand G, Chevron V, Chopin C, Jusserand D, Girault C, Moritz F, Leroy J, Pasquis P. Increased initial flow rate reduces inspiratory work of breathing during pressure support ventilation in patients with exacerbation of chronic obstructive pulmonary disease. Intensive Care Med 1996; 22:1147–1154

28. Cinnella G, Conti G, Lofaso F, Lorino H, Harf A, Lemaire F, Brochard L. Effects of assisted ventilation on the work of breathing: volume-controlled versus pressure-controlled ventilation. Am J Respir Crit Care Med 1996; 153:1025–1033

29. Brochard L, Pluskwa F, Lemaire F. Improved efficacy of spontaneous breathing with inspiratory pressure support. Am Rev Respir Dis 1987; 136:411–415

30. Diehl JL, Isabey D, Desmarais G, Brochard L, Harf A, Lofaso F. Physiological effects of alveolar, tracheal and "standard" pressure supports. J Appl Physiol 1999; 87:428–437

31. Brochard L, Harf A, Lorino H. Inspiratory pressure support prevents diaphragmatic fatigue during weaning from mechanical ventilation. Am Rev Respir Dis 1989; 139:513–521

32. Van de Graaff WB, Gordey K, Dornseif SE, Dries DJ, Kleinman BS, Kumar P, Mathru M. Pressure support: changes in ventilatory pattern and components of the work of breathing. Chest 1991; 100:1082–1089

33. Hörmann C, Baum M, Luz G, Putensen C, Putz G. Tidal volume, breathing frequency and oxygen consumption at different pressure support levels in the early stage of weaning in patients without chronic obstructive pulmonary disease. Intensive Care Med 1992; 18:226–230

34. Lemaire F, Teboul JL, Cinotti L, Giotto G, Abrouk F, Steg G, Macquin-Mauvier I, Zapol WM. Acute left ventricular dysfunction during unsuccessful weaning from mechanical ventilation. Anesthesiology 1988; 69:171–179

35. Hubmayr RD, Loosbrock LM, Gillepsie JD, Rodarte JR. Oxygen uptake during weaning from mechanical ventilation. Chest 1988; 94:1148–1155

36. Oh TE, Bhatt S, Lin ES, Hutchinson RC, Low JM. Plasma catecholamines and oxygen consumption during weaning from mechanical ventilation. Intensive Care Med 1991; 17:199–203

37. Beydon L, Cinotti L, Rekik N, Rademacher P, Adnot S, Meignan M, Harf A, Lemaire F. Changes in the distribution of ventilation and perfusion associated with separation from mechanical ventilation in patients with obstructive pulmonary disease. Anesthesiology 1991; 75:730–738

38. MacIntyre NR. Respiratory function during pressure support ventilation. Chest 1989; 87:677–683

39. Stewart KG. Clinical evaluation of pressure support ventilation. Br J Anaesth 1989; 63:362–364

40. Zeravik J, Borg U, Pfeiffer UJ. Efficacy of pressure support ventilation dependent on extravascular lung water. Chest 1990; 97:1412–1419

41. Lessard MR, Brochard L. Assisted ventilation during weaning. Curr Opin Anaesthesiology 1991; 4:266–271

42. Kanak R, Fahey PJ, Vanderwarf C. Oxygen cost of breathing changes dependent upon mode of mechanical ventilation. Chest 1985; 87:126–127

43. Hedenstierna G, Tokics L, Lundquist H, Andersson T, Strandberg A, Brismar B. Phrenic nerve stimulation during halothane anesthesia. Effects on atelectasis. Anesthesiology 1994; 80:751–760

44. Fabry B, Guttmann J, Eberhard L, Bauer T, Haberthür C, Wolff G. An analysis of desynchronisation between patient and ventilator during inspiratory pressure support. Chest 1995; 107:1387–94

45. Stocker R, Fabry B, Eberhard L, Haberthür C. Support of spontaneous breathing in the intubated patient: Automatic tube compensation (ATC) und proportional assist ventilation (PAV). Acta Anaesthesiol Scand 1997; 111:123–128

# 3 Biphasic Positive Airway Pressure (BIPAP) und Airway Pressure Release Ventilation (APRV)

Michael Sydow

## 3.1 Biphasic Positive Airway Pressure (BIPAP)

### 3.1.1 Definition

Der Beatmungsmodus BIPAP wurde Ende der achtziger Jahre von der Innsbrucker Arbeitsgruppe um H. Benzer und M. Baum entwickelt [2]. BIPAP ist die Abkürzung von „biphasic positive airway pressure" und stellt eine konsequente Weiterentwicklung des „monophasischen" CPAP (continuous positive airway pressure) dar. Wie bei CPAP ist auch bei BIPAP das Beatmungssystem „offen", so dass jederzeit eine volle Spontanatemtätigkeit möglich ist. Das heißt praktisch, dass wie bei CPAP auch bei BIPAP der Atemwegsdruck während einer „Spontan"-Inspiration bzw. Exspiration so nachgeregelt wird, dass er theoretisch immer auf einem eingestellten Wert bleibt. In der Praxis können abhängig von der Qualität des Ventilsystems kleine Druckschwankungen natürlich nicht vermieden werden. Fällt z.B. während einer spontanen Inspiration der Atemwegsdruck, so wird Gas so rasch nachgeliefert, dass der Druck sofort wieder auf dem eingestellten Niveau ist. Kommt es dagegen während einer Exspiration zu einem Druckanstieg, so öffnet sich das „CPAP"-Ventil soweit, dass der eingestellte Druck erhalten bleibt.

Im Gegensatz zu CPAP mit nur einem Atemwegsdruckniveau handelt es sich bei BIPAP um einen zeitlich einstellbaren Wechsel zweier Druckniveaus bzw. CPAP-Level. Dieser zyklische Wechsel von zwei CPAP-Niveaus erweitert die Möglichkeiten von BIPAP gegenüber dem reinen CPAP enorm. Durch die konstante Atemwegsdruckerhöhung unter CPAP wird das endexspiratorische Lungenvolumen (funktionelle Residualkapazität, FRC) erhöht. Entsprechend führt der Wechsel der CPAP-Level unter BIPAP zu einem Wechsel zweier FRC-Niveaus. Dies ist aber letztendlich einer maschinellen Beatmung gleichzusetzen. BIPAP ist daher eine zeitgesteuerte und drucklimitierte bzw. – präziser ausgedrückt – eine druckgeregelte maschinelle Beatmungsform, die wegen des „offenen" Systems jederzeit die Spontanatmung zulässt. BIPAP gehört damit klassisch zum Formenkreis der spontanatmungsunterstützenden Beatmungsmodi.

Durch unterschiedliche Zeitmuster der CPAP-Wechsel lässt sich mit BIPAP eine Anzahl konventioneller Beatmungsformen imitieren [6]. Der Wechsel der Druckniveaus bei BIPAP entspricht im Grundprinzip einer druckkontrollierten Beatmung. BIPAP ist also auch ohne Spontanatmung als rein maschinelle Beatmung zu nutzen. Der Unterschied zur konventionellen druckkontrollierten Beatmung (Pressure Controlled Ventilation, PCV) besteht jedoch darin, dass bei BIPAP das Beatmungssystem immer „offen“ ist, so dass bei BIPAP jederzeit zusätzlich Spontanatmung möglich ist (Abb. 3.1 und Abb. 3.2). Der Patient behält potentiell die Kontrolle über seine eigene Spontanatmung, gleichzeitig wird er aber auch zusätzlich, im Sinne von unterstützend, beatmet.

### 3.1.2 Nomenklatur kommerzieller BIPAP-Systeme

Mit der technischen Entwicklung von Beatmungsgeräten sind immer auch merkantile Interessen verbunden. Dies äußert sich in letzter Zeit so in der Medizintechnik, dass nicht

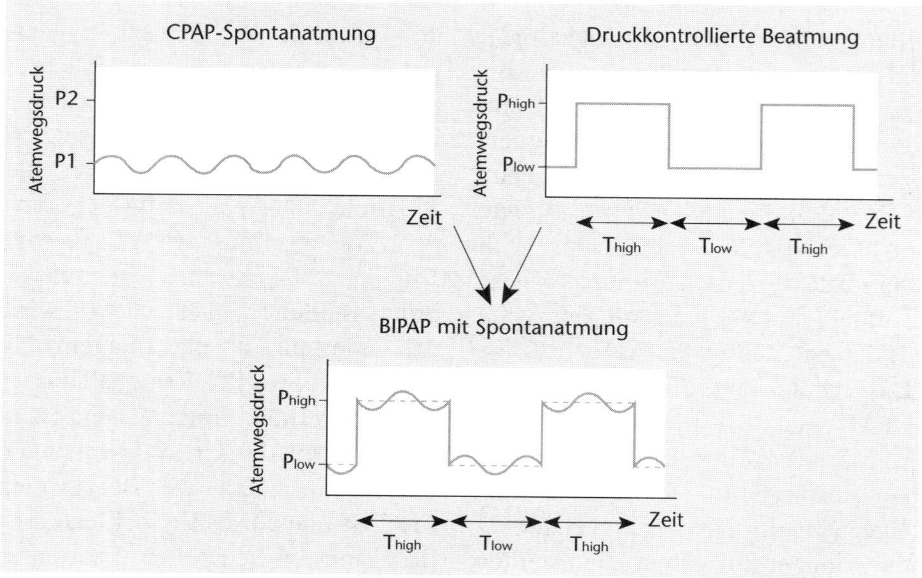


Abb. 3.1: Kombination von Spontanatmung und druckorientierter Beatmung unter BIPAP.
Oben links ist die reine spontane Ventilation dargestellt. Oben rechts ist die Basiseinstellung von BIPAP als zeitgesteuerte, druckbegrenzte Beatmung (wie PCV) gezeigt. Hier ist exemplarisch ein BIPAP-Zeitverhältnis von 1:1 gewählt. Die Kombination von maschineller und spontaner Ventilation ist dann darunter zu sehen. Die maschinelle (PCV-)„Basisventilation" hat auch die Funktion einer Art Sicherheitsbeatmung, falls der Patient aus irgendwelchen Gründen nicht ausreichend atmen sollte.

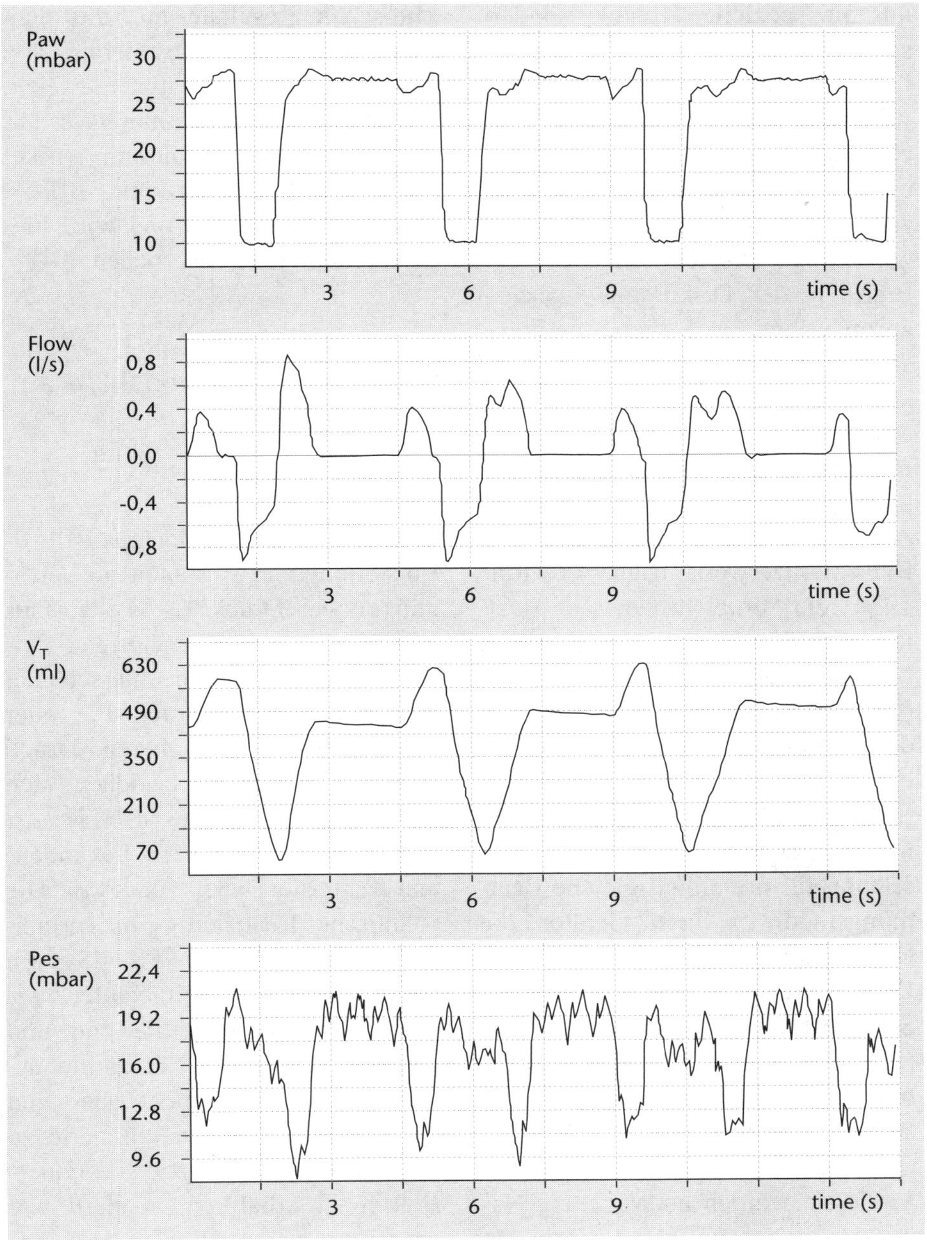


Abb. 3.2: Spontanatmung unter BIPAP (Originalaufzeichnung).
Dargestellt ist der Atemwegsdruck (Paw; gemessen am Endotrachealtubus), der Gasfluss (flow), der Pleuradruck (Pes; gemessen mit Ösophaguskatheter) und das Atemzugvolumen $V_T$ (integriert aus der Gasflusskurve). Beachte die Gleichmäßigkeit der Spontanatmung und relative „Phasenunabhängigkeit" von den Druckwechseln der maschinellen Beatmung! Aufgrund der kurzen Drucknachlasszeit ($T_{low}$) wird das eingestellte untere Druckniveau nicht erreicht (beachte auch den sog. Restfluss während des Drucknachlasses). BIPAP-Einstellung: $P_{high}$ 27 mbar; $P_{low}$ 7 mbar; $T_{high}$ 4 s; $T_{low}$ 1s (hier als APRV-Einstellung). Spl: spontane Inspiration.

nur die spezielle Technik, sondern selbst die Namen von Beatmungsformen patentiert oder lizenziert worden sind, um als „Markenzeichen" zum Verkauf beizutragen. Die bis auf einen winzigen orthographischen Unterschied identische Bezeichnung BIPAP bzw. BiPAP® führte in der Diskussion zwischen europäischen und nordamerikanischen Intensivmedizinern jahrelang zu fatalen Missverständnissen. Denn etwa zeitgleich zur Entwicklung von BIPAP in Innsbruck durch Benzer und Baum sowie der kommerziellen Anwendung im Beatmungsgerät Evita (Drägerwerke, Lübeck) wurde 1989 ein druckgesteuertes Beatmungsverfahren zur nichtinvasiven Maskenbeatmung von der Fa. Respironics (Murrysville, PA, USA) in den USA zur Heimbeatmung bei chronisch Lungenkranken eingeführt. Umgekehrt war es anderen Medizingerätefirmen rechtlich nicht erlaubt, für prinzipiell gleiche Beatmungsmodi in ihren Geräten die Bezeichnung BIPAP anzuwenden. Ein entsprechender Modus hat beim Servo 300 die Bezeichnung BiVent (Siemens-Elema, Solna, Schweden) bzw. beim Bennett 840 den Titel BiLevel (Mallinckrodt-Nellcor-Puritan-Bennett, Carlsbad, CA, USA). Vielleicht werden noch weitere Namensgebungen anderer Firmen den Intensivmediziner verwirren und die Kommunikation erschweren. Im vorliegenden Artikel wird aber weiterhin nur von BIPAP gesprochen, ohne damit implizieren zu wollen, dass die Einstellungen bzw. klinischen Resultate nur mit dem Beatmungsmodus eines Gerätes von nur einer Firma zu realisieren seien. Einzig das Heimbeatmungsverfahren BiPAP® ist in diesem Artikel nicht gleichzusetzen mit BIPAP, BiLevel, BiVent etc. und wird hier auch nicht weiter besprochen.

### 3.1.3 Einstellung von BIPAP am Respirator

#### Grundeinstellung

Klassischerweise stehen zur BIPAP-Einstellung vier Variablen zur Verfügung: zwei Druck-(CPAP-)Niveaus und die beiden dazugehörigen Zeiten. Bei den Drücken unterscheidet man einen unteren Druck ($P_{low}$ oder PEEP) und einen oberen Druck ($P_{high}$). Die Zeiten beziehen sich dann auf diese Drücke, d. h. $T_{low}$ ist die Dauer von $P_{low}$ (in Sekunden) und $T_{high}$ die Dauer von $P_{high}$. Die technische Realisierung ist prinzipiell als Continuous-Flow-System möglich, bei dem zeitgetaktet zwischen zwei CPAP-Ventilen hin- und hergeschaltet wird. Das Continuous-Flow-System verbraucht aber viel Gas und ist technisch schwierig zu überwachen. Es ist z. Zt. kommerziell nicht erhältlich, sondern war nur von einigen Untersuchern anfangs in Eigenbau entwickelt worden. In verschiedenen Respiratoren ist der BIPAP-Modus als Demand-Ventil-System inkorporiert.

Durch Variation der beiden Druckniveaus und besonders der entsprechenden Zeiten dieser Druckphasen können mit BIPAP je nach Indikation sowohl verschiedene Atemmuster eingestellt als auch der Anteil der maschinellen Beatmung von 0 % (reine CPAP-Spontanatmung) bis 100 % (reine druckkontrollierte Beatmung) kontinuierlich angepasst werden (Tab. 1). Als 1989 BIPAP zum ersten Mal in einen kommerziell erhältlichen Respirator eingebaut wurde (Evita 1, Drägerwerke, Lübeck), sind durch Weiterentwicklung der Beatmungsgeräte die Einstellungsvariablen z. T. mehrfach verändert worden wie z. B. in der Weise, dass statt der beiden Druckniveauzeiten direkt die Frequenz und das Inspirations-Exspirations-Verhältnis (I:E) eingestellt werden konnten. Hierauf soll aber nicht weiter eingegangen werden, da sich hieraus keine prinzipiellen Änderungen ergeben. Weiterhin kann BIPAP neuerdings auch mit anderen Modi (z. B. Pressure Support Ventilation, PSV; s. Kap. 2.2) oder neuen Zusätzen (Automated Tube Compensation, ATC; s. Kap. 5.2) kombiniert werden. Auf die Beschreibung aller dieser Kombinationsmöglichkeiten wird aus Platzgründen verzichtet. Vom heutigen Erfahrungsstand kann auch noch kein Urteil darüber abgegeben werden, ob diese Kombinationen irgendeinen Vorteil gegenüber dem reinen BIPAP bieten.

Tab. 1: Unterschiedliche Einstellungen von BIPAP (modifiziert nach Hörmann C et al. 1994).

| |
|---|
| 1. **CMV-BIPAP:** reine zeitgesteuerte, druckkontrollierte Beatmung ohne Spontanatmungsaktivität. |
| 2. **IMV-BIPAP:** oberes CPAP-Niveau ($P_{high}$) kürzer als unteres CPAP-Niveau ($P_{low}$). Spontanatmungsaktivität nur auf dem unteren Niveau; bei Spontanatmung Synchronisierung der maschinellen Inspiration (Wechsel von $P_{low}$ zu $P_{high}$) mit spontaner Inspiration wie SIMV; aufgrund der kurzen Dauer von $P_{high}$ hier keine spontane Exspiration auf dem oberen Druckniveau. |
| 3. **APRV-BIPAP oder IRV-BIPAP:** oberes CPAP-Niveau ($P_{high}$) länger als unteres CPAP-Niveau ($P_{low}$); Spontanatmung findet nur auf dem hohen CPAP-Niveau statt ($P_{low}$ ist zu kurz!); Synchronisation mit Spontanatmung bei Wechsel von $P_{low}$ zu $P_{high}$. |
| 4. **Eigentlicher (genuiner) BIPAP:** oberes CPAP-Niveau ( $P_{high}$) etwa gleich lang wie unteres CPAP-Niveau; Spontanatmung findet auf beiden CPAP-Niveaus statt. |
| 5. **Reiner CPAP:** Bei dieser „extremen" Einstellung von BIPAP sind $P_{low}$ und $P_{high}$ identisch; die entsprechenden Zeiten ($T_{low}$ und $T_{high}$) spielen hier keine Rolle. |
| 6. **BIPAP mit zusätzlicher Pressure Support Ventilation auf dem unterem CPAP-Niveau (z. B. in EVITA 2 und 4):** Hier kann wie bei SIMV bei entsprechend langem unterem CPAP-Niveau eine Druckunterstützung als zusätzliche Inspirationshilfe eingestellt werden. |
| 7. **IMPRV** (Intermittent Mandatory Pressure Release Ventilation) ist eine etwas später entwickelte Abwandlung des BIPAP, bei der jeder spontane Atemzug auf beiden CPAP-Niveaus mit zusätzlicher, leichter Druckunterstützung augmentiert wird. Letztendlich wird damit aber wieder der Atemwegsdruck weiter angehoben. Diese Form von BIPAP ist z. Zt. nur im CESAR Ventilator inkorporiert. |

Primär war BIPAP von Baum und Mitarbeitern beschrieben worden, um die Beatmung während der Entwöhnung vom Respirator kontinuierlich und fließend anpassen zu können und so das Weaning zu erleichtern [2]. Hierauf hin wurde BIPAP allerdings anfangs nur als Weaning-Modus verstanden. Es dauerte einige Zeit, bis die Vorteile dieses neuen Beatmungsverfahrens mit der Möglichkeit der kontinuierlichen Kombination von Spontanatmung und maschineller Beatmung besonders auch bei Patienten mit moderatem und schwerem ARDS genutzt wurden [9, 10].

### Unterschiedliche BIPAP-Einstellungen

Die Variationsmöglichkeit dieser neuen Beatmungsform erschwert auf den ersten Blick das Verständnis. Außerdem ist auch die Interaktion zwischen maschineller und spontaner Ventilation verwirrend, zumal sich beide Komponenten gegenseitig beeinflussen. Die vielen unterschiedlichen Einstellmöglichkeiten von BIPAP machen es notwendig, immer auch die angewandte Einstellung mit anzugeben, da sonst Verständnisschwierigkeiten oder gar Missverständnisse resultieren. Denn eine BIPAP-Einstellung, die ähnlich einer konventionellen PCV ist, ist völlig anders zu beurteilen, als eine Einstellung, die einer Airway Pressure Release Ventilation (APRV) entspricht.

Tabelle 1 spiegelt den Versuch einer Systematik von verschiedenen BIPAP-Einstellungen wider [6]. Sie unterscheiden sich hauptsächlich durch die Zeitmuster und den Anteil bzw. die Art der Spontanatmung des Patienten. Letztendlich ist diese Einteilung aber willkürlich, und die Übergänge sind fließend.

Die Auswahl der BIPAP-Einstellung hängt von der pulmonalen Situation und dem Ziel der Beatmung ab. Die beschriebenen Beispiele geben nur Richt- und Orientierungswerte an. Sie sind immer beim Patienten individuell durch einen erfahrenen Intensivmediziner zu überprüfen. Zusätzlich muss bedacht werden, dass eine identische BIPAP-Einstellung bei unterschiedlichen Lungenpathologien unterschiedliche Effekte auf die Spontanatmungsaktivität haben kann. Dies erfordert um so mehr eine individuelle Anpassung an den jeweiligen Ventilations- und Oxygenierungsbedarf.

## 3.1.4 Grundsätzliche atemmechanische Prinzipien von BIPAP

Um das Verständnis für BIPAP zu erleichtern, werden im Folgenden die beiden Anteile von BIPAP – der maschinelle und der Spontanatemanteil – getrennt beschrieben. Während bei einem konventionellen Beatmungsmodus die Frequenz, das Atemzugvolumen, der Gasfluss und das I:E-Verhältnis direkt eingestellt werden kann, resultieren bei BIPAP diese Variablen indirekt durch Auswahl der beiden Drücke und der entsprechenden Zeiten für die Druckniveaus. Dies erfordert für die Beatmungseinstellung ein gewisses Umdenken. Zusätzlich werden die Verhältnisse durch eine evtl. vorhandene Spontanatmung des Patienten noch mehr kompliziert. Daher sollen nachfolgend die wesentlichen Prinzipien der einzelnen Einflüsse näher erläutert werden. Später wird auf die gegenseitigen Interaktionen beider Anteile eingegangen.

## Der maschinelle Beatmungsanteil von BIPAP

Wie schon eingangs erwähnt, ist BIPAP eine druckorientierte Beatmungsform. Daher gelten prinzipiell auch alle Eigenschaften einer druckkontrollierten Beatmung. Ist die Spontanatmung völlig ausgeschaltet (z.B. in Narkose, tiefer Sedierung oder Relaxierung), so handelt es sich bei BIPAP auch simpel um eine PCV mit all ihren Vor- und Nachteilen.

Das Atemzugvolumen ($V_T$) ergibt sich aus dem Produkt des treibenden Drucks (= Differenz zwischen Atemwegsdruck, $P_{aw}$, und alveolärem Druck, $P_{alv}$) und der Compliance des respiratorischen Systems ($C_{rs}$) nach der Formel:

$$V_T = (P_{aw} - P_{alv}) \times C_{rs}$$

Bei PCV ohne Spontanatmung wird sowohl $P_{aw}$ als auch $P_{alv}$ allein durch Einstellung am Respirator vorgegeben. $P_{aw}$ entspricht dabei dem Inspirationsdruck oder $P_{high}$. $P_{alv}$ ist dem unteren Druckniveau ($P_{low}$) oder ggf. bei kurzem $T_{low}$ einem intrinsischen PEEP gleichzusetzen.

Die Atemfrequenz unter BIPAP ($AF_{bip}$) wird durch die Zykluszeit (= $T_{low}$ + $T_{high}$) bestimmt. Die BIPAP-Frequenz, d.h. die Häufigkeit des Wechsels von $T_{low}$ nach $T_{high}$ errechnet sich nach der Formel:

$$AF_{bip} = \frac{60}{(T_{low} + T_{high})}$$

Hierbei werden $T_{low}$ und $T_{high}$ in Sekunden angegeben.

Das maschinelle Minutenvolumen (VE) ergibt sich bei fehlender Spontanatmung wie auch bei anderen kontrollierten Beatmungsverfahren aus dem Produkt von Frequenz × Atemzugvolumen.

Der Atemwegsmitteldruck ($Paw_{mean}$) ist das Integral des Atemwegsdrucks über die Zeit und gilt als wichtige Determinante der Oxygenierung. Unter BIPAP kann $Paw_{mean}$ einfach berechnet werden, da die Druckkurve ein Rechteckmuster hat. Daher gilt vereinfachend:

$$Paw_{mean} = \frac{(P_{high} \times T_{high} + P_{low} \times T_{low})}{(T_{high} + T_{low})}$$

$Paw_{mean}$ lässt sich durch einzelne oder kombinierte Veränderung aller 4 Einstellvariablen verändern. Die Erhöhung von $P_{high}$ und $P_{low}$ und die Verlängerung von $T_{high}$ oder Verkürzung von $T_{low}$ steigern jeweils einzeln oder in Kombination den

$Paw_{mean}$. Das Atemzeitverhältnis (I:E) unter BIPAP ohne Spontanatmung ist, entsprechend wie bei konventioneller Beatmung, das Verhältnis zwischen $T_{high}$ und $T_{low}$.

Die Berechnung aller aufgeführten Variablen in der oben beschriebenen Form ist strenggenommen nur für die „reine“ maschinelle Beatmung ohne Spontanatmungsaktivität gültig. Einzig die Berechnung des Atemwegmitteldrucks gilt auch bei zusätzlicher Spontanatmung. Atmet der Patient selbst, so wird die Situation komplizierter. Dies wird im Abschnitt „Spontanatmungsanteil unter BIPAP“ dargestellt.

### Modifizierte, neue Einstellung der Beatmungsparameter unter BIPAP

Die neueren Beatmungsgeräte der Reihe Evita (Evita 2 und 4, Drägerwerke, Lübeck) haben eine modifizierte Einstellmöglichkeit gegenüber den klassischen 4 Variablen $P_{high}$, $T_{high}$, $P_{low}$ und $T_{low}$, wie sie oben erklärt wurde. Bei der Evita 2 und 4 kann ähnlich wie bei der konventionellen Beatmung die maschinelle BIPAP-Frequenz und das Atemzeitverhältnis eingestellt werden. Hieraus ergeben sich dann $T_{high}$ und $T_{low}$, die als resultierende Zeiten im Display angezeigt werden. Auch wird $P_{high}$ als oberer Inspirationsdruck eingestellt und $P_{low}$ wird als PEEP-Wert ausgewählt.

Der Grund für diese „neue“ Einstellungsphilosophie lag wohl an der vielerorts als Nutzungshemmnis empfundenen Einstellung des klassischen BIPAP allein über 2 Drücke mit den entsprechenden Zeiten. Allerdings muss ein echter Vorteil der BIPAP-Einstellung gemäß den „alten“, konventionellen Variablen bezweifelt werden. Durch die simple, weil bekannte, Einstellung von Frequenz und I:E-Verhältnis entfällt oft die wichtige Überlegung, wieviel „Zeit“ aufgrund der individuellen Zeitkonstante des respiratorischen Systems notwendig ist, bis ein Ausgleich zwischen dem alveolären Druck und $P_{high}$ bzw. $P_{low}$ eingetreten ist. Pathophysiologische Gedanken, die man sich unter der klassischen BIPAP-Einstellung noch machen musste, können wie bei der konventionellen Beatmung nach dem Muster der „Grünen-Punkt-Einstellung“ mental von vielen jungen (und sicher auch vielen alten) Intensivmedizinern verdrängt werden. So gesehen ist die neue Einstellung ähnlich wie bei der konventionellen Beatmung intellektuell eher als Rückschritt anzusehen und Beatmung wird weiterhin von vielen angewendet und „eingestellt“, aber nicht verstanden.

Des Weiteren kann BIPAP als „BIPAP-SIMV“ mit einer Druckunterstützung auf dem unteren Druckniveau kombiniert werden. Der Sinn dieser Möglichkeit bleibt völlig unklar, da eine solche Einstellung sich quasi nicht mehr von einem PC-SIMV-Modus unterscheidet. Anstatt „BIPAP-SIMV“ mit einer zusätzlichen Druckunterstützung einzustellen, würde man beim klassischen

Tab. 2: Determinanten der maschinellen Ventilation bei BIPAP.

| |
|---|
| **1.** Das maschinelle **Atemzugvolumen** ($V_T$) ist determiniert durch die Druckdifferenz zwischen $P_{high}$ und $P_{low}$ entsprechend der Formel: $V_T$ = Compliance × ($P_{high}$ + $P_{low}$). (Der Einfluss des Atemwegswiderstands wurde hier vereinfachend unberücksichtigt gelassen.) |
| **2.** Einfluss eines **erhöhten Atemwegswiderstands**:<br>**a)** Bei kurzem $T_{high}$ verhindert ein evtl. hoher inspiratorischer Atemwegswiderstand die Angleichung des applizierten Atemwegsdrucks ( $P_{high}$) an den alveolären Druck, d.h., das $V_T$ ist dann geringer als nach obiger Formel berechnet. Dies ist wichtig bei akuter Atemwegsobstruktion (z.B. Status asthmaticus).<br>**b)** Ein kurzes $T_{low}$ verhindert die vollständige Entleerung der Lunge bis zum Relaxationsvolumen, d.h. es entsteht endexspiratorisch ein intrinsischer PEEP. Dadurch wird die „effektive" Druckdifferenz zwischen $P_{high}$ und $P_{low}$ vermindert. Dies führt zur Verminderung des maschinellen Anteils des $V_T$ und zur Erhöhung des mittleren alveolären Drucks. |
| **3.** Die maschinelle **Atemfrequenz**/min ($AF_{bip}$) ergibt sich aus der Zykluszeit für einen maschinellen Atemzug, die sich durch einfache Addition von $T_{low}$ und $T_{high}$ errechnet: $AF_{bip} = \frac{60}{(T_{low} + T_{high})}$ |

BIPAP durch Veränderung der Phasenzeiten oder der Drücke den maschinellen Unterstützungsgrad ohne Schwierigkeiten an die Patientenbedürfnisse anpassen können. BIPAP wird hier nur noch aus missverstandenen Nutzerwünschen als Marketingetikett missbraucht.

## Der Spontanatmungsanteil unter BIPAP

Wenn BIPAP wie ein reiner CPAP-Modus eingestellt ist, indem z.B. beide Druckniveaus identisch sind, so ergeben sich quasi alle Variablen außer dem Atemwegsmitteldruck allein aus der Spontanatmungsaktivität des Patienten. Der Patient bestimmt in Abhängigkeit seiner Atemmuskelkraft und seines Ventilationsbedarfs alle Variablen wie Atemfrequenz, Atemzugvolumen (und damit das Minutenvolumen) und das Atemzeitverhältnis.

Sind dagegen $P_{high}$ und $P_{low}$ unterschiedlich, und der Patient atmet auch selbst, so ergibt sich eine Kombination von maschineller Beatmung und Spontanatmung. Dies führt entsprechend der Eigenaktivität sowie der BIPAP-Einstellung zu Atemmustern, die sich in charakteristischer Weise von der „reinen" druckkontrollierten Beatmung unterscheiden.

### Determinanten der Spontanatmungsaktivität

1. *Die Aktivität des Atemzentrums*: Grundsätzlich wird die Spontanatmung immer über das Atemzentrum geregelt, dies gilt auch für eine Situation unter maschineller Beatmung. Verschiedene Reize bzw. Maßnahmen verstärken oder supprimieren die Aktivität des Atemzentrums.

Zu einer erhöhten Aktivität führen z.B. physiologische Reize wie ein erhöhter $PaCO_2$ bzw. ein erniedrigter pH. Über eine „artefizielle" Änderung dieser Parameter hat eine maschinelle Beatmung somit Einfluss auf die Spontanatmungsaktivität. So induziert eine Reduktion einer maschinellen Beatmung eine Hypoventilation mit steigendem $PaCO_2$, die der Patient durch Steigerung seiner Eigenatmung zu kompensieren versucht. Umgekehrt sinkt bei maschineller Hyperventilation der $PaCO_2$, was zu einer Unterdrückung des Atemzentrums führt. Neben der Beeinflussung durch die maschinelle Beatmung greifen z. B. auch Opioide oder Sedativa, in diesem Fall hemmend, auf die Ventilation ein.

2. *Die Muskelkraft des Patienten*: Liegt eine pathologische Schwächung der Muskelkraft vor, ist der Patient nur noch begrenzt, im Extremfall einer medikamentösen Muskelrelaxierung trotz eines gesteigerten Atemantriebs zu keiner Eigenatmung fähig. Auch kommt es z. B. bei einer schweren Sepsis zur Störung der neuromuskulären Funktionen und damit zu einer Einschränkung der Spontanatmung, obwohl das Atemzentrum selbst eine hohe Aktivität aufweist.

## Individuelle atemmechanische Einflussgrößen der Spontanatmung

Auch individuelle atemmechanische Eigenschaften des respiratorischen Systems haben in Zusammenhang mit der BIPAP-Einstellung einen Einfluss auf das Ausmaß der spontanen Inspirationskraft. Von besonderer Bedeutung sind hier die Höhe und Dauer von $P_{high}$.

Patienten mit restriktiver Lungenpathologie (z. B. ARDS) können häufig besser auf einem hohen CPAP-Niveau (= hoher $P_{high}$) atmen, da sich dann das respiratorische System auf einem steileren, günstigeren Abschnitt der Druck-Volumen-Kurve befindet. Für diese Patienten kann daher eine längere $P_{high}$-Phase mit nur kurzer $P_{low}$-Phase die Spontanatmung erleichtern.

Im Gegensatz dazu führt bei Patienten mit obstruktiver Lungenerkrankung eine Erhöhung des Lungenvolumens durch eine verlängerte $P_{high}$-Phase zu einer Erschwernis der Inspiration. Da außerdem bei diesen Patienten nicht die FRC-Erhöhung, sondern die Ventilationsunterstützung im Vordergrund der Beatmungstherapie steht, sollte $P_{high}$ hier nur kurz sein wie bei IMV-BIPAP. Patienten mit chronisch obstruktiver Lungenerkrankung (COPD) können leichter auf einem niedrigen CPAP-Niveau (z. B. 5 mbar) spontan atmen, so dass $P_{low}$ in diesem Fall länger sein sollte.

## Atemzugvolumen, Atemfrequenz, Atemzeitverhältnis bei erhaltener Spontanatmung unter BIPAP

Die atemmechanischen Variablen wie Atemzugvolumen, Atemfrequenz und Atemzeitverhältnis sind bei erhaltener Spontanatmung unter

BIPAP als unterschiedliche Kombination beider Anteile, d.h. der maschinellen Beatmung sowie der Spontanatmung, zu betrachten. Hierbei gilt für das $V_T$ auch wie unter maschineller Beatmung beschrieben, dass die Druckdifferenz zwischen $P_{high}$ und $P_{low}$ den Respiratoranteil des $V_T$ bestimmt. Wenn der Patient aber gleichzeitig eine spontane Inspiration durchführt, so vergrößert er diese primäre Druckdifferenz durch eine zusätzliche Erniedrigung von Palv, was konsekutiv zu einem höheren $V_T$ führt. Andererseits kann durch eine Spontanatmungsaktivität auch ein kleineres $V_T$ resultieren als unter reiner kontrollierter Beatmung. Dies ist dann der Fall, wenn eine spontane Exspiration (= Erhöhung von Palv) mit einer maschinellen Inspiration zusammenfällt. Durch die exspiratorische Erhöhung von Palv wird die Druckdifferenz zwischen $P_{high}$ und $P_{low}$ effektiv verringert, so dass der treibende Druck für das $V_T$ niedriger wird.

Das $V_T$ bei erhaltener Spontanatmung unter BIPAP ist letztendlich abhängig davon, ob synchron mit dem Wechsel von $P_{low}$ nach $P_{high}$ auch eine spontane Inspiration erfolgt oder nicht, oder aber nur eine spontane Inspiration auf einem der beiden CPAP-Niveaus stattfindet. Des Weiteren wird die effektive Druckdifferenz zwischen $P_{low}$ und $P_{high}$ durch eine inkomplette Exspiration (= intrinsic PEEP bzw. Erhöhung von Palv) bei kurzer $T_{low}$ vermindert. Schematisch werden die Druck- und Gasflusskurven bei

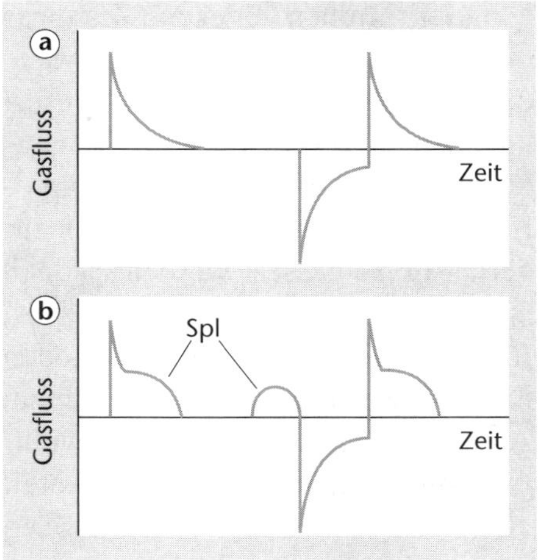


Abb. 3.3: Schematischer Verlauf der Gasflusskurven bei BIPAP (hier: IRV-BIPAP bzw. APRV) ohne und mit Spontanatmung
a) Ohne Spontanatmung ist wie bei PCV der Gasfluss exponentiell auf Null abfallend.
b) Mit Spontanatmung kommt es zu einer charakteristischen Verformung der inspiratorischen Flusskurve bei Druckniveauwechsel; des Weiteren zeigt ein zusätzlicher Inspirationsfluss unabhängig davon eine Spontanatmungsaktivität an. Beachte, dass nach der Kombination einer maschinellen und spontanen Inspiration keine Exspiration stattfindet, sondern eine weitere Inspiration, die allerdings flacher ist. Spl: spontane Inspiration.

BIPAP ohne und mit Spontanatmung in den Abbildungen 3.3a und 3.3b dargestellt. In der Praxis ist eine Spontanatmungsaktivität am graphischen Display sehr viel leichter anhand der Gasflusskurven zu erkennen.

### Getrennte Berechnung des maschinellen und spontanen Atemanteils

Im Rahmen des Beatmungsmonitorings wird an manchen Respiratoren der spontane Anteil des Atemminutenvolumens getrennt vom gesamten

Minutenvolumen angezeigt. Es muss eindringlich davor gewarnt werden, diese quantitativen Angaben zu ernst zu nehmen. Zwar kann das gesamte Atemminutenvolumen exspiratorisch (und auch inspiratorisch) zuverlässig gemessen werden, jedoch ist es den im Respirator zur Verfügung stehenden Messmethoden nicht möglich, zwischen spontanem Atemzug- bzw. Atemminutenvolumenanteil und maschinellem Anteil zu trennen. Die angegebenen Größen können bestenfalls als grobe Schätzung betrachtet werden.

Ebenso ist es durch die im Respirator vorhandenen Monitoringverfahren nicht möglich, genau die spontane Atemfrequenz zu bestimmen, die sich mit der eingestellten BIPAP-Frequenz überlagert. Die separate Bestimmung der Spontanatemfrequenz könnte nur über eine Pleura- oder Ösophagusdruckmessung geschehen. Verläuft die Spontanatmung synchron mit den Druckniveauwechseln, ergibt sich kein Unterschied zur BIPAP-Frequenz. Häufig folgt aber eine zusätzliche spontane Inspiration nach kurzem Intervall nach einem Druckwechsel von $P_{low}$ nach $P_{high}$, ohne dass zwischen maschineller und spontaner Inspiration eine Exspiration stattgefunden hat. In diesem Fall kann der Respirator die zusätzliche Inspiration nicht separat erfassen und rechnet sie frequenzmäßig der maschinellen Inspiration zu. Sicher und genau ist daher nur die „gute alte" klinische Auszählung der Inspirationsbemühungen über die Beobachtung der Aktivität der respiratorischen Muskulatur.

### Das Atemzeitverhältnis (I:E) unter BIPAP mit Spontanatmung

Das Atemzeitverhältnis oder I:E-Verhältnis gibt das Zeitverhältnis zwischen der Inspiration und Exspiration an. Per definitionem ist unter der maschinellen Beatmung die Inspirationsdauer als Zeit zwischen den Gasflussrichtungsänderungen definiert, in denen der Gasfluss „nicht negativ" ist (d.h., wenn das Gas in Richtung Lunge fließt). Auch eine inspiratorische Pause (d.h. kein Gasfluss) wird der Inspiration zugerechnet, da zwar der Gasfluss null ist, aber noch kein Richtungswechsel stattgefunden hat. Vice versa wird die Exspirationsphase als Zeit definiert, in der das Gas aus der Lunge heraus fließt inklusive einer exspiratorischen Pause, während der der Gasfluss null ist, aber noch kein Gasflussrichtungswechsel stattgefunden hat. Diese Erklärungen muten simpel und redundant an, sind aber für das Verständnis der nachfolgend beschriebenen Verhältnisse unter BIPAP wichtig, da nach meinen Erfahrungen hier immer wieder Missverständnisse auftreten.

Wie oben schon erwähnt, ergibt sich das I:E-Verhältnis bei BIPAP ohne Spontanatmung aus dem Verhältnis von $T_{high}$ zu $T_{low}$. Unter diesen Bedingungen stimmt das I:E-Verhältnis auch noch mit der vorher beschriebenen Definition über die

Gasflussrichtungen überein: Atemgas fließt nach dem Wechsel von $T_{low}$ zu $T_{high}$ in die Lunge bzw. nach dem Wechsel von $T_{high}$ zu $T_{low}$ aus der Lunge. Findet aber nun z.B. auf einem Druckniveau ein kompletter Spontanatemzyklus statt, so hat das Verhältnis von $T_{high}$ zu $T_{low}$ nichts mehr mit dem tatsächlichen I:E-Verhältnis zu tun. Besonders deutlich wird dies, wenn man $T_{low}$ zunehmend verkürzt, bis das I:E-Verhältnis irgendwann einmal „unendlich" wäre (nämlich dann, wenn $T_{low}$ unendlich kurz ist und im Nenner als Null erscheint). Diese BIPAP-Einstellung entspräche einem reinen CPAP, wo das I:E-Verhältnis nur noch durch die spontanen In- und Exspirationszeiten definiert wird. Letztendlich sind die Verhältnisse einer konventionellen druckkontrollierten Inverse-Ratio-Ventilation (PC-IRV) nur sehr eingeschränkt auf BIPAP übertragbar.

Eigene Untersuchungen an beatmeten Patienten, die teilweise spontan atmeten, konnten zeigen, dass z.B. trotz einer $T_{high}/T_{low}$-Einstellung von z.B. 4 s/1 s – was einem konventionellen I:E-Verhältnis von 4:1 entspricht – die gemessenen Inspirationszeiten durchschnittlich um 1,6 s und die mittleren Exspirationszeiten ebenfalls bei 1,6 s lagen [11]. Dies entspricht fast einem „normalen" Atemzeitverhältnis. Da unter BIPAP aufgrund des „offenen" CPAP-Prinzips auch auf dem oberen Druckniveau eine spontane Exspiration möglich ist, kann dadurch die Exspirationszeit länger sein als die untere Druckniveauzeit. Der spontan atmende Patient bestimmt hier „sein" individuelles I:E-Verhältnis im großen Ausmaß selbst. Für die klinische Praxis gilt, dass aufgrund der uneingeschränkt möglichen Spontanatmung unter BIPAP die Patienten selbst bei unphysiologischem umgekehrten Atemzeitverhältnis (IRV-BIPAP, APRV) nicht tief sediert oder gar relaxiert werden müssen.

### Inverse Ratio Ventilation und intrinsischer PEEP unter BIPAP

Es stellt sich daher die berechtigte Frage, was das Atemzeitverhältnis unter BIPAP mit Spontanatmung überhaupt aussagt. Das physiologische I:E-Verhältnis beträgt etwa 1:1,5 bis 1:2. Bei nicht zu hoher Atemfrequenz ist hierbei die Exspirationszeit lang genug, dass eine vollständige Exspiration bis zum sogenannten Relaxationsvolumen stattfinden kann. Bei der Beatmungstherapie des IRDS (infant respiratory distress syndrome) und später auch des ARDS wurde zunächst das Lungenvolumen durch einen zusätzlichen PEEP erhöht. In den 70er Jahren wurden Therapieerfahrungen berichtet, bei denen die Oxygenierung durch eine Umkehrung des Atemzeitverhältnisses („Inverse Ratio Ventilation", IRV) verbessert werden konnte [5]. In einer teilweise sehr emotional geführten wissenschaftlichen Diskussion wurde in den 80er Jahren die Erhöhung des Atemwegsmitteldrucks als wichtigste Ursache der Oxygenierungsverbesserung unter IRV bezeichnet [7]. Andere Autoren sahen die unvollständige Exspiration mit dem Auftreten eines intrinsischen PEEP und der resultierenden Erhöhung der FRC als wichtige Determinante der alveolären Rekrutierung und damit der Oxygenierungsverbesserung [1]. Ein intrinsischer PEEP ist allerdings unter kontrollierter Beatmung ganz anders zu bewerten als bei einem „offenen" CPAP-System, wie es bei BIPAP der Fall ist. Nimmt man, wie oben beschrieben, als „Extrem" von BIPAP eine Einstellung mit einem unendlich kurzen $T_{low}$ an, dann existiert nur noch ein einziges Druckniveau und der intrinsische PEEP wäre gleich dem CPAP-Niveau (d.h. dem Druck von $P_{high}$). Unter CPAP kann das Lungenvolumen aber unter aktiver Exspiration erniedrigt werden, so dass nicht mehr ohne weiteres von einer dynamischen Lungenüberblähung gesprochen werden kann. In diesem Sinn ist eine Verlängerung von $T_{high}$ bzw. eine Verkürzung von $T_{low}$ unter BIPAP bei vorhandener Spontanatmung mehr als eine Erhöhung des Atemwegmitteldrucks und weniger als eine „IRV"-Einstellung anzusehen.

### Der Atemwegsmitteldruck unter BIPAP

Wie schon oben erklärt wurde, verändern sich fast alle atemmechanischen Variablen unter BIPAP außer den Atemwegsdrücken, je nachdem ob Spontanatmung vorliegt oder nicht. Daher bleibt auch im Idealfall der Atemwegsmitteldruck ($Paw_{mean}$) von der Spontanatmung unbeeinflusst. Der Grund hierfür liegt in der druckorientierten Steuerung von BIPAP. Über die Variation des Atemwegsmitteldrucks kann die alveoläre Rekrutierung maßgeblich beeinflusst werden. Allerdings sollten wegen der pathophysiologischen Besonderheiten des akuten Lungenversagens (ALV) nur bestimmte Einstellungen zur Erhöhung des $Paw_{mean}$ angewendet werden (s. Abschnitt 3.1.5). Auch ist es aufgrund der Vorteile der erhaltenen Spontanatmung wichtig, dass die veränderte Einstellung nicht gleichzeitig zu Hyperventilation und damit indirekten Unterdrückung der Spontanatmung führt. Der einfachste Weg, $Paw_{mean}$ zu erhöhen, besteht in der parallelen Anhebung von $P_{high}$ und $P_{low}$. In diesem Fall wird das $V_T$ bzw. der Grad der ventilatorischen Unterstützung nicht verändert. Die zweite Möglichkeit ist, $T_{high}$ zu verlängern. Hierdurch wird die BIPAP-Frequenz verringert, so dass der Anteil der maschinellen Ventilation reduziert wird. Kann oder soll der Patient nicht kompensatorisch mehr selbst atmen, müsste $T_{low}$ ebenfalls verkürzt werden. Es muss dann aber bedacht werden, dass dies $Paw_{mean}$ zusätzlich erhöht. Aufgrund der neueren Erkenntnisse zum „ventilator induced lung injury" (VILI) bzw. Volutrauma unter Beatmung [4] (s.

dazu Kap. 3.2) ist es nicht wünschenswert, den $Paw_{mean}$ durch alleinige Anhebung von $P_{high}$ umzusetzen. In diesem Fall würde nämlich aufgrund der steigenden Druckdifferenz zwischen $P_{high}$ und $P_{low}$ das Atemzugvolumen erhöht und damit eine potentielle Überblähung mit Traumatisierung der alveolokapillären Membran verstärkt.

### 3.1.5 Auswahl und Indikationen verschiedener BIPAP-Einstellungen

#### Die unkomplizierte postoperative Nachbeatmung

Für die unkomplizierte postoperative Nachbeatmung bietet sich besonders IMV-BIPAP oder die klassische, auch „genuiner" BIPAP genannte Einstellung an. Eine mögliche, typische Einstellung für IMV-BIPAP ist z. B. $T_{high}$ 2–4 s, $T_{low}$ 4–8 s (= IMV-Frequenz zwischen 5 und 10/min), $P_{low}$ 5 mbar (als Basis-PEEP) und $P_{high}$ 15–25 mbar über $P_{low}$, abhängig vom resultierenden $V_T$.

Unser Vorgehen bzgl. der Respiratorentwöhnung (Weaning) sieht bei zunehmender Spontanatmung primär die Reduktion der maschinellen Beatmung durch Verringerung von $P_{high}$ auf einen Wert zwischen 10 und 20 mbar vor, während $P_{low}$ meistens als basaler „PEEP" bei einem Wert um 5 mbar konstant bleibt. Danach wird $T_{low}$ verlängert, um die IMV-Frequenz auf 4–6/min zu senken. Atmet der Patient dann nach einer weiteren Reduktion von $P_{high}$ auf Werte um 10 mbar auch weiterhin suffizient, so kann er in der Regel problemlos extubiert werden.

Beim „klassischen" BIPAP sind die Einstellungen der Druckniveaus ähnlich, die Zeiten werden allerdings hier in einem Verhältnis von 1:1 eingestellt. Bei Reduktion der BIPAP-Frequenz wird daher nicht nur $T_{low}$, sondern auch gleichzeitig $T_{high}$ verlängert.

#### Akutes Lungenversagen, ARDS

Bei ARDS und anderen Formen des akuten Lungenversagens hat aufgrund unserer Erfahrung BIPAP-APRV bzw. Inverse-Ratio-BIPAP die größten Vorteile. Es kommt hier darauf an, den Atemwegsmitteldruck zu erhöhen und das alveoläre Rekruitment durch die Beatmungseinstellung zu unterstützen. Eine typische Einstellung für APRV-BIPAP ist z. B. $T_{high}$ 2–5 s, $T_{low}$ 0,5–1,5 s (= APRV-Frequenz zwischen 9 und 24/min), $P_{low}$ 5 mbar und $P_{high}$ 15–35 mbar über $P_{low}$, abhängig vom resultierenden $V_T$ und dem notwendigen Atemwegsmitteldruck.

Bei APRV können kurze und sehr kurze maschinelle Exspirationszeiten (1,5 s bis herab zu 0,5 s) eingesetzt werden. Diese Beatmungsform mit Zeitverhältnissen von 4 bis 6:1 und mehr wird von manchen Intensivmedizinern als „extrem" angesehen. Es nähert sich von seiner Druckcharakteristik immer mehr einer CPAP-Einstellung an und kann daher in der Regel nur mit gleichzeitig vorhandener Spontanatmung eingesetzt werden. Bezüglich der Klassifikation als „extremes" I:E-Verhältnis sei auf die Ausführungen oben unter „Inverse Ratio Ventilation und intrinsischer PEEP unter BIPAP" hingewiesen. APRV kann unserer Erfahrung nach sowohl bei leichtem bis mittelschwerem Lungenversagen als auch bei den hochgradig restriktiven Lungenveränderungen des schweren akuten Lungenversagens erfolgreich eingesetzt werden.

## COPD

Bei chronisch obstruktiver Lungenerkrankung (COPD) steht nicht die alveoläre Rekrutierung, sondern die Ventilationshilfe bei Versagen der Atemmuskulatur im Vordergrund. Daher sollte hier eher ein nicht zu langes $T_{high}$ mit dafür längerem $T_{low}$ eingestellt werden. Die Höhe von $P_{high}$ bestimmt dann zusammen mit der maschinellen Zykluszeit den Grad der Ventilationshilfe. Eine längere Phase des unteren CPAP-Niveaus ist notwendig, um eine bei COPD unerwünschte Überblähung zu vermeiden. Da eine Überblähung die Spontanatmung dieser Patienten prinzipiell erschwert, erscheint aus diesen Gründen ein langes $P_{high}$ nicht günstig. Eine typische Einstellung von BIPAP zur Unterstützung der Ventilation wäre z.B. IMV-BIPAP (s.o.). Bei der EVITA 2 (Drägerwerke, Lübeck) lässt sich diese Zeiteinstellung sogar noch mit einer Druckunterstützung auf dem unteren CPAP-Niveau kombinieren. Allerdings bleibt abzuwarten, ob dies wirklich von klinischer Relevanz ist.

Man muss sich aber im Klaren darüber sein, dass bei COPD nicht nur eine lange exspiratorische Zeitkonstante vorliegt, die eine relativ lange Exspirationszeit verlangt, bis eine vollständige Exspiration stattgefunden hat – d.h. bis zum Druckausgleich zwischen $P_{alv}$ und Umgebungsdruck bzw. externem PEEP. Gleichzeitig liegt auch in der Regel eine verlängerte inspiratorische

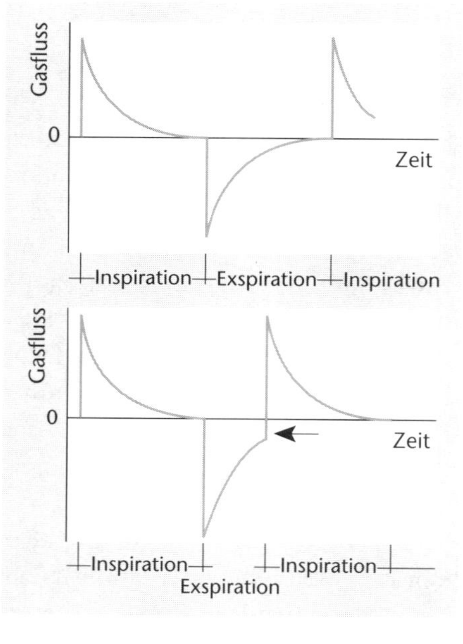


Abb. 3.4: Kontrolle von $T_{high}$ und $T_{low}$ anhand der Gasflusskurve (Schematische Darstellung). Der exponentielle Kurvenverlauf mit Angleichung an Null beweist, dass zwischen $P_{alv}$ und dem Druck im Beatmungssystem (= $P_{high}$ bzw. $P_{low}$) ein Druckausgleich stattgefunden hat. Dagegen weist ein Abbruch der Gasflusskurve (sog. Restfluss, s. Pfeil) darauf hin, dass der intrapulmonale Druck mit dem Druck im Beatmungssystem nicht identisch ist.

Zeitkonstante vor. Soll nun die gesamte Druckdifferenz zwischen $P_{low}$ und $P_{high}$ für die Inspirationsunterstützung zur Verfügung stehen, so muss die Inspirationsdauer (hier: $T_{high}$) ausreichend lang sein, damit eine Angleichung von $P_{alv}$ und $P_{high}$ stattfinden kann. Hilfreich ist hier bei der Einstellung die Kontrolle der Gasflusskurven, wie beispielhaft in Abbildung 3.4 gezeigt ist.

## BIPAP als „Weaning"-Verfahren

Entwöhnung oder Weaning von der Beatmungstherapie bedeutet eine schrittweise Reduktion der maschinellen Unterstützung der Gasaustauschfunktion (z. B. PEEP bzw. CPAP oder Ventilationshilfe) inklusive Reduktion der erhöhten $F_IO_2$ bis hin zur Extubation des Patienten. Die Entwöhnung hat vorsichtig, angepasst und schrittweise zu geschehen. Voraussetzung ist eine ausreichende Kraft der Atemmuskulatur für die Spontanatmung und/oder die weitgehende Restitution des Lungenparenchyms. Entsprechend der BIPAP-Einstellung aufgrund der primären Indikation und des Therapieziels (alveoläre Rekrutierung oder Ventilationshilfe) ist die Art des Weaning unter BIPAP graduell unterschiedlich. Aufgrund theoretischer Überlegungen und eigener Erfahrungen sind verschiedene Weaningkonzepte möglich. Allerdings kann das Weaning je nach Erfahrung des Intensivmediziners auch anders aussehen.

### Weaning unter BIPAP bei vorwiegendem Oxygenierungsversagen

Da bei Oxygenierungsversagen das vorrangige Ziel der Beatmung in der alveolären Rekrutierung besteht, kann in der Regel nach erfolgreicher Wiedereröffnung der Alveolen der Atemwegsmitteldruck gesenkt werden, denn zum Offenhalten wird weniger Druck benötigt als zum Eröffnen. Daher steht bei der Entwöhnung bei Patienten mit ALV bzw. ARDS neben der Reduktion der $F_IO_2$ insbesondere die schrittweise Reduktion des PEEP/CPAP bzw. des Atemwegsmitteldrucks im Vordergrund. Zunächst sollte unter der primären BIPAP-Einstellung eine $F_IO_2$ unter 0,5 erreicht sein, bis durch Reduktion von $P_{high}$ der Atemwegsmitteldruck langsam gesenkt wird. Das Zeitmuster sollte dabei nicht so sehr verändert werden, so dass kurze Drucknachlasszeiten und dadurch ein gewisser zusätzlicher „selektiver" PEEP erhalten bleiben. Dies soll der in dieser Phase meist immer noch vorhandenen, momentanen Tendenz des Alveolarkollaps vorbeugen. Wenn eine $F_IO_2$ von etwa 0,3 und ein $P_{high}$ um 10 mbar erreicht sind, steht einer Extubation des Patienten in der Regel nichts mehr im Wege.

### Weaning unter BIPAP bei vorwiegendem Ventilationsversagen

Ist BIPAP vorwiegend als Ventilationsunterstützung (z. B. als IMV-

BIPAP) eingesetzt, so verläuft die Entwöhnung analog dem Weaning wie bei (S)IMV unter konventioneller Beatmung. Das heißt: Durch Verlängerung von $T_{low}$ wird die IMV-Frequenz verringert und durch Reduktion von $P_{high}$ der Unterstützungsgrad der IMV-Atemzüge, also der maschinelle Anteil des Atemzugvolumens, zurückgenommen. Welcher von beiden Schritten zuerst verändert wird, ist jeweils individuell zu entscheiden. $P_{low}$ bzw. $T_{high}$ bleiben hier meist unverändert. Ist die Spontanatmung des Patienten unter 2–3 IMV-Atemzügen und einer geringen Druckdifferenz immer noch suffizient, dann darf man davon ausgehen, dass der Patient auch ohne weitere Ventilationsunterstützung ausreichend atmen kann.

## Der Wechsel von konventioneller Beatmung zu BIPAP

Bevor man sich für einen Wechsel von einer konventionellen Beatmung zu BIPAP entscheidet, sollte man sich darüber im Klaren sein, dass die Vorteile von BIPAP in der zusätzlich möglichen Spontanatmung liegen. Bis auf wenige spezielle Situationen, z. B. tiefe Sedierung bei Neurotraumapatienten, ist Spontanatmung in den allermeisten Fällen möglich. Ist diese Voraussetzung gegeben, so ist ein Wechsel zu BIPAP einfach. Am Anfang steht die Überlegung, welche vorrangigen Beatmungsziele bei einer vorliegenden Lungenpathologie angestrebt werden und ob die Einstellung der konventionellen Beatmung auch schon diesen Beatmungszielen entspricht (vgl. hierzu auch Abschnitt 3.1.5). Handelt es sich um eine obstruktive Lungenfunktionsstörung, so sollte die Exspirationsdauer ausreichend lang sein, um keine dynamische Überblähung zu erzeugen, d. h. das I:E-Verhältnis sollte in der Regel ≤ 1:2 sein. Gleichzeitig muss die Ventilationsunterstützung ausreichend sein, d. h. Atemfrequenz und Atemzugvolumen müssen ausreichend hoch sein. Handelt es sich dagegen um eine Oxygenierungsstörung im Rahmen eines akuten Lungenversagens, so muss der PEEP und der Atemwegsmitteldruck ausreichend hoch sein, um eine alveoläre Rekrutierung zu unterstützen bzw. einem Alveolarkollaps vorzubeugen. Wenn diese Einstellungsvoraussetzungen bei der konventionellen Beatmung korrekt vorliegen, so korrespondieren verschiedene Variablen der konventionellen Einstellung mit den Einstellparametern bei BIPAP.

### Von konventioneller druckkontrollierter Beatmung zu BIPAP

Am einfachsten ist es, wenn eine druckkontrollierte Beatmung zu BIPAP umgestellt werden soll. Hier wird der PEEP als $P_{low}$ und der Inspirationsdruck als $P_{high}$ eingestellt. Die Zeiten $T_{high}$ und $T_{low}$ sind die Zeiten der Inspiration ($T_I$) und Exspiration ($T_E$). Diese müssen ermittelt werden und ergeben sich aus der Atemfrequenz sowie dem I:E-Verhältnis. Zuerst wird die Zykluszeit in Sekunden (= $T_I + T_E$) errechnet: $T_I + T_E = 60$ / Atemfrequenz [s]. Bei bekannter Zykluszeit und bekanntem I:E-Verhältnis ergeben sich dann $T_{high}$ und $T_{low}$. Für eine Einstellung mit einer AF von 10/min und einem I:E = 1:2 ergibt sich eine Zykluszeit von 6 Sekunden und ein $T_I$ von 2 s bzw. ein $T_E$ von 4 s.

#### Von konventioneller volumenkontrollierter Beatmung zu BIPAP

Die Umstellung der Zeiten geschieht nach identischen Prinzipien wie unter druckkontrollierter Beatmung beschrieben. Bei den Druckeinstellungen ist wiederum $P_{low}$ identisch mit dem PEEP unter konventioneller Beatmung. Für $P_{high}$ wird der Plateaudruck eingestellt, der unter volumenkontrollierter Beatmung gemessen wird. Am Ende der Umstellung empfiehlt es sich, das neue Atemzugvolumen unter BIPAP mit der Voreinstellung unter volumenkontrollierter Beatmung zu vergleichen und die Druckeinstellung unter BIPAP gegebenenfalls anzupassen.

Um nun die Vorteile der Spontanatmung unter BIPAP zu nutzen, muss auch sichergestellt werden, dass seitens des Patienten ein „Bedarf" an Spontanatmung besteht. Das bedeutet für die Praxis, dass nicht die gesamte Ventilationsarbeit vom Beatmungsgerät übernommen wird. Besonders eine Hyperventilation muss vermieden werden. Die meisten Intensivpatienten erhalten eine leichte Grundsedierung und werden auch häufig analgetisch mit Opioiden therapiert. Diese Substanzen verändern aber die $CO_2$-Reaktivität des Atemzentrums, so dass Spontanatmungsaktivität erst bei einem leicht erhöhten $PaCO_2$ zu registrieren ist. Daher sollte eine BIPAP-Einstellung gewählt werden, bei der ein leicht erhöhter $PaCO_2$ (40–50 mmHg) resultiert. Auf der anderen Seite muss natürlich auch gewährleistet sein, dass der Patient auch in der Lage ist, spontan zu atmen. Das heißt, dass eine Relaxierung oder zu tiefe Sedierung nicht mehr vorhanden sein darf. Sind diese Voraussetzungen erfüllt, so kann versucht werden, wie unter dem Abschnitt *Weaning* beschrieben, den maschinellen Anteil von BIPAP angepasst und unter Kontrolle zu reduzieren. Ist wiederum eine stärkere Unterstützung notwendig, so geht der Weg in die umgekehrte Richtung.

### BIPAP als primäre Einstellung

Wird bei einem Patienten die Indikation zur Beatmung gestellt, so kann BIPAP ohne weiteres als erster und auch gegebenenfalls auch einziger Modus angewendet werden. Für postoperative Patienten, die häufig aufgrund ihres Narkose- und/oder Relaxantienüberhanges keine Spontanatmung zeigen, bietet sich die klassische BIPAP-Einstellung geradezu an. Die BIPAP-Frequenz wird z.B. mit 10–15/min eingestellt, was bei einem gleichen Zeitverhältnis von $T_{high}$ zu $T_{low}$ zu Phasenzeiten zwischen 2 und 3 s führt. Dann wird als $P_{low}$ („PEEP") je nach Notwendigkeit zur Atelektasenprophylaxe ein Wert zwischen 5 und 10 mbar eingestellt. Die Höhe von $P_{high}$ richtet sich nach dem resultierenden maschinellen Atemzugvolumen, angestrebt wird ein Wert zwischen 5 und 8 ml/kg KG. Erfahrungsgemäß liegt $P_{high}$ abhängig von der Compliance des respiratorischen Systems ca. 8–15 mbar über $P_{low}$. Jetzt muss noch wie bei jeder anderen Beatmungseinstellung auch die Ventilation anhand einer Blutgasanalyse kontrolliert werden, wobei der $PaCO_2$ beim noch narkotisierten Patienten um 40 mmHg liegen sollte. Wird der Patient zunehmend wach, so steigt auch physiologischerweise sein Ventilationsbedarf, den er dann automatisch ohne weitere Adaptation der Beatmungseinstellung durch zusätzliche Spontanatmung kompensieren wird. Die nun mögliche Entwöhnung kann nach den oben beschriebenen Prinzipien durchgeführt werden.

Patienten, die aufgrund einer akuten respiratorischen Insuffizienz beatmungspflichtig werden, können natürlich ebenfalls primär mit BIPAP beatmet werden. Die BIPAP-Einstellung richtet sich dann nach der zugrunde liegenden Lungenpathologie (obstruktiv oder restriktiv) und wurde oben unter Abschnitt 3.1.5 erläutert.

### 3.1.6 Literatur


1. Baum M, Benzer H, Mutz N, Pauser G, Tonczar L (1980) Inversed Ratio Ventilation (IRV). Die Rolle des Atemzeitverhältnisses in der Beatmung beim ARDS. Anaesthesist 29:592–5966

2. Baum M, Benzer H, Putensen C, Koller W, Putz G (1989) Biphasic positive airway pressure (BIPAP) – eine neue Form der augmentierenden Beatmung. Anaesthesist 38:452–458

3. Baum M, Mutz NJ, Hörmann C (1993) BIPAP, APRV, IMPRV: Methodological concept and clinical impact. In: Vincent JL (Hrsg.): Yearbook of intensive care and emergency medicine 1993. Springer, Berlin Heidelberg New York, S. 514–526

4. Dreyfuss D, Saumon G (1998) Ventilator-induced lung injury. Am J Respir Crit Care Med 157:294–323

5. Herman S, Reynolds EO (1973) Methods for improving oxygenation in infants mechanically ventilated for severe hyaline membrane disease. Arch Dis Child 48:612–617

6. Hörmann C, Baum M, Putensen C, Mutz NJ, Benzer H (1994) Biphasic positive airway pressure (BIPAP) - a new mode of ventilatory support. Eur J Anaesth 11:37–42

7. Pesenti A, Marcolin R, Prato P, Borelli M, Riboni A, Gattinoni L (1985) Mean airway pressure vs. positive end-exspiratory pressure during mechanical ventilation. Crit Care Med 13:34–37

8. Putensen C (1995) Partial ventilatory support: pathophysiologic effects of interfacing spontaneous and mechanical ventilation. In: Vincent JL (Hrsg.): Yearbook of intensive care and emergency medicine 1995. Springer, Berlin Heidelberg New York, S. 141–154

9. Putensen C, Mutz NJ, Putensen-Himmer G, Zinserling J (1999) Spontaneous Breathing During Ventilatory Support Improves Ventilation-Perfusion Distribu-

tions in Patients with Acute Respiratory Distress Syndrome. Am J Respir Crit Care Med 159:1241–1248

10. Sydow M, Burchardi H, Ephraim E, Zielmann S, Crozier TA (1994) Long term effects of two different ventilatory modes on oxygenation in acute lung injury. Comparison of airway pressure release ventilation and volume controlled inverse ratio ventilation. Am J Respir Crit Care Med 149:1550–1556

11. Sydow M, Golisch W, Buscher H, Thies K, Burchardi H (1999) Effect of different release times on spontaneous breathing pattern during Airway Pressure Release Ventilation. Am J Respir Crit Care Med 159:A50

## 3.2 Airway Pressure Release Ventilation

Um Airway Pressure Release Ventilation („Drucknachlassbeatmung“) konzeptionell zu verstehen, sollen am Anfang dieses Kapitels kurz allgemeine Grundsätze der maschinellen Beatmungstherapie herausgearbeitet werden. Darauf aufbauend wird der Hintergrund von APRV und der Unterschied zu konventioneller maschineller Beatmung erklärt. Anschließend werden praktische Hinweise zu der Einstellung und Anwendung in der klinischen Praxis gegeben.

### 3.2.1 Grundsätze der maschinellen Beatmung

#### Unterstützung des Gasaustauschs bei sogenannter „konventioneller" Beatmung

Ein respiratorisches Versagen lässt sich in ein Oxygenierungsversagen und ein Ventilationsversagen unterscheiden. Obwohl sich diese Unterteilung in der klinischen Praxis meistens nicht streng durchhalten lässt, ist sie aus didaktischen Gründen sinnvoll.

Das klassische Beispiel eines *Oxygenierungsversagens* ist das akute Lungenversagen (acute lung injury, ALI) oder das ARDS (acute respiratory distress syndrome). Pathophysiologisch liegt dem Oxygenierungsversagen ein Verlust der gasaustauschenden Oberfläche mit einer Verminderung der funktionellen Residualkapazität in der Lunge zugrunde. Häufigste Ursache hierfür ist ein Alveolenkollaps oder ein intraalveoläres Ödem. Dieses führt zu einem intrapulmonalen rechts-links-Shunt, d. h. einer Perfusion von nicht ventilierten Lungenarealen.

Ziel der Beatmungstherapie ist in dieser Situation die Wiedergewinnung von gasaustauschender Oberfläche in der Lunge, d. h. ein alveoläres Rekruitment. Alveoläres Rekruitment wird im Rahmen der Beatmungstherapie durch kontinuierliche Anhebung des Atemwegsdrucks während In- und Exspiration erreicht. Unter maschineller Beatmung wird dieser Druckanteil als PEEP (positive endexspiratory pressure), unter Spontanatmung als CPAP (continuous positive airway pressure) bezeichnet.

Neben dem Oxygenierungsversagen entwickelt sich bei ALI und ARDS in aller Regel auch eine *ventilatorische Insuffizienz*. Ursache dafür ist eine erhöhte Totraumventilation sowie die gesteigerte elastische Atemarbeit aufgrund der erniedrigten Compliance. Daher muss bei ALI früher oder später nicht nur die Oxygenierungsfunktion der Lunge, sondern auch die Ventilation, das heißt der konvektive Gastransport in die Lunge und die $CO_2$-Elimination, unterstützt werden. Unter konventioneller maschineller Beatmung wird hierzu ein intermittierender positiver Atemwegsdruck (Intermittent Positive Pressure Ventilation, IPPV) während der Inspiration eingesetzt, der die treibende Kraft für den Gasfluss in die Lunge ist.

## PEEP zur Oxygenierungsverbesserung versus intermittierender Inspirationsdruck zur Ventilationsunterstützung

Bei konventioneller maschineller Beatmung kann man also zwischen zwei Anteilen des Beatmungsdrucks unterscheiden: einerseits ein phasenweise wechselnder Druck (IPPV), der während der Inspirationsphase gegenüber der Exspirationsphase erhöht ist, und andererseits ein über dem gesamten Beatmungszyklus kontinuierlich erhöhter Druck (CPAP bzw. PEEP). Letzterer führt zu einer parallelen Erhöhung der Druckkurve über dem gesamten Atemzyklus.

Ein erhöhter intrathorakaler Druck durch PEEP bzw. CPAP und die damit verbundene Erhöhung der funktionellen Residualkapazität (FRC) führt jedoch nicht nur zu Shuntreduktion sondern auch zu einer Überblähung offener Alveolen [2]. Dies behindert die Kapillarperfusion in diesen überblähten Lungenbereichen und erhöht so den Totraumanteil der Ventilation. Der auf diesen basal erhöhten Druck intermittierend noch superponierte phasische Druck für die Ventilation überdehnt die Alveolen noch mehr. Diese zusätzliche Überdehnung der alveolokapillären Membran trägt zu einer weiteren Belastung der traumatisierten Lunge bei [5].

Anhand einer statischen Druck-Volumen-Beziehung des respiratorischen Systems kann man die Druckbereiche identifizieren, die für die maschinelle Beatmung zur Ventilation eingestellt werden sollten (Abb. 3.5). Um eine Überblähung mit den entsprechenden unerwünschten Folgen für das Lungenparenchym zu vermeiden, sollte grundsätzlich der endinspiratorische Beatmungsdruck unterhalb des oberen, abflachenden Teils der Druck/Volumen-Kurve (Überblähungsbereich) der Lunge bleiben. Auf der anderen Seite ist anzustreben, dass der Bereich für die Ventilation im steilsten Abschnitt der PV-Kurve liegt, wo der

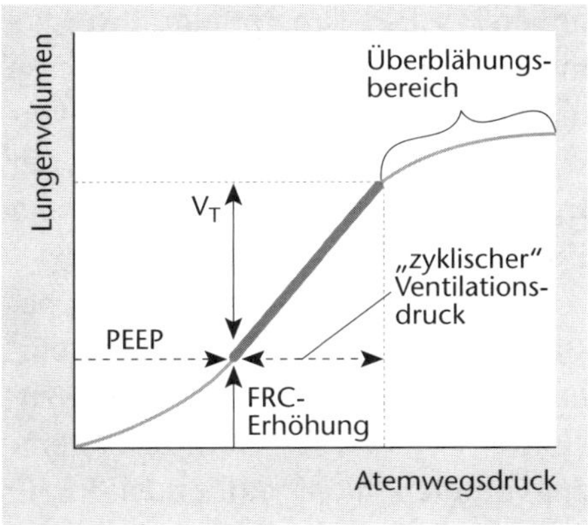


Abb. 3.5: Konkurrenz von PEEP (positive endexspiratory pressure) und Ventilationsdruck in Abhängigkeit von der Compliance (V/T) bei konventioneller Beatmung. Bei optimaler Einstellung der Beatmung findet die Ventilation im steilen, mittleren Abschnitt der Druck-Volumen-Kurve statt (fetter Balken), da dies die größte Volumenänderung bei kleinster Druckbelastung bedeutet. Der PEEP soll dabei das Lungenvolumen auf ein Niveau anheben, das dem Abschnitt oberhalb des anfänglich flachen Teils der Kurve entspricht. Der zur Ventilation notwendige zyklische Beatmungsdruck muss nach oben hin begrenzt sein, also unterhalb des Überblähungsbereiches liegen. Bei einer Erhöhung des PEEP müsste demnach eine Reduktion des Ventilationsdrucks folgen, um eine Überblähung zu vermeiden. $V_T$ = Atemzugvolumen.

Wirkungsgrad der Ventilationsarbeit am höchsten ist.

Ist bei akutem Lungenversagen zur alveolären Rekrutierung dann ein erhöhter PEEP notwendig, muss gleichsam das Atemzugvolumen reduziert werden, um innerhalb der durch die PV-Kurve vorgegebenen Grenzen zu bleiben. Bei der konventionellen maschinellen Beatmung stehen daher PEEP und zyklischer Ventilationsdruck (bzw. Atemzugvolumen) quasi in Konkurrenz zueinander.

Um diesen Konflikt des intrapulmonalen positiven Drucks zwischen der Erhöhung des Lungenvolumens durch CPAP zur Oxygenierungsverbesserung und zyklischer Beatmung zur Ventilationsunterstützung bzw. $CO_2$-Elimination zu vermeiden, entwickelten Downs und Mitarbeiter mit der *Airway Pressure Release Ventilation* ein neues Beatmungsverfahren [4, 9]. Nachfolgend soll der Hintergrund bzw. der „Entwicklungsweg" von APRV beschrieben werden.

### 3.2.2 Hintergrund und theoretisches Konzept von APRV

Der positive Effekt eines PEEP auf die Oxygenierung beim akuten Lungenversagen führte in den 70er Jahren zu vielen Versuchen, die „optimale" Höhe des PEEP zu bestimmen [10]. Die Arbeitsgruppe von Civetta und Kirby berichteten über erstaunliche Erfolge bei der Behandlung von ARDS-Patienten mit einem Einsatz eines sog. „Super-PEEP". Dieser betrug bei ihren Patienten zwischen 20 und 40 (!) mbar [7]. Allerdings waren auch die negativen Wirkungen, wie Beeinträchtigung des Herzzeitvolumens (HZV) und die höhere Inzidenz von Barotraumen durch einen hohen PEEP bekannt. Downs et al. konnten nun nachweisen, dass trotz eines hohen PEEP bei gleichzeitiger Spontanatmungsaktivität das HZV weniger beeinträchtigt wird als unter kontrollierter Beatmung [3]. Dies führte bei dieser Arbeitsgruppe zum konsequenten Einsatz der Intermittend Mandatory Ventilation (IMV), des zum damaligen Zeitpunkt einzigen Beatmungsmodus, der bei maschineller Ventilationsunterstützung auch die Spontanatmung ermöglichte. Die Spontanatmung unter IMV kompensiert durch Negativierung des intrathorakalen Drucks die negativen Kreislaufwirkungen des PEEP auf den venösen Rückstrom und verbessert so das HZV. Zusätzlich kann die Invasivität der maschinellen Beatmung zurückgenommen werden, da ein Teil der Ventilation durch den Patienten selbst übernommen wird. Allerdings wurde immer noch als unbefriedigend empfunden, dass die verbliebene ventilatorische Unterstützung durch maschinelle Beatmung als zusätzlicher inspiratorischer Atemwegsdruck auf einen sehr hohen PEEP superponiert werden musste. Denn dieses superponierte maschinelle Atemzugvolumen verstärkte regional die Überblähung der fragilen Lunge mit der Gefahr einer Barotraumatisierung.

Der Weg aus diesem Dilemma bestand nun aus der Idee, die maschinelle Beatmung gleichsam „umzukehren". Bei APRV wird das Atemzugvolumen nicht auf einen PEEP bzw. CPAP aufaddiert, sondern durch *phasische Druckentlastung* von einem höheren CPAP-Niveau auf ein niedrigeres gebracht (daher auch: *„Drucknachlassbeatmung"*). Das obere Druckniveau ist der CPAP, der zur Oxygenierungsverbesserung angestrebt wird. Somit kann ein recht hohes CPAP-Niveau ohne die zusätzliche Überblähung durch superponierte maschinelle Atemzüge eingesetzt werden. Das Beatmungsschema von APRV im Vergleich zu dem konventionellen

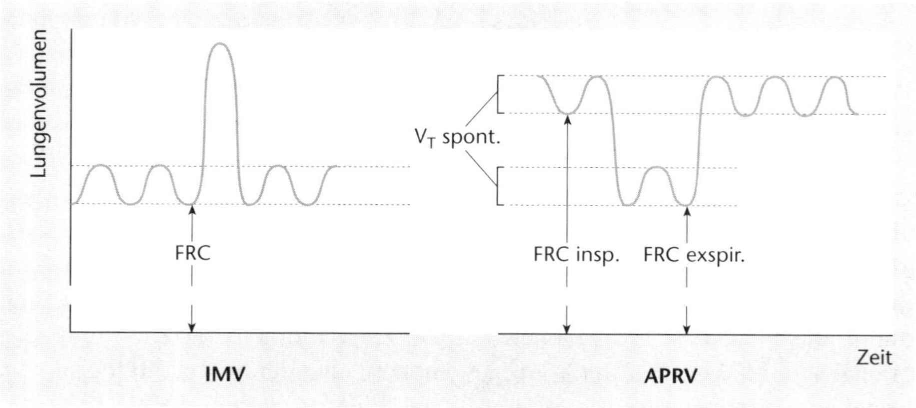


Abb. 3.6: Prinzip von APRV im Gegensatz zu IMV. Volumen/Zeit-Diagramm. Bei IMV wird das maschinelle Atemzugvolumen (VT) auf die FRC superponiert mit dem Risiko einer möglichen Überblähung bei hohem PEEP. Unter APRV kann die FRC vergrößert werden (durch einen relativ hohen CPAP) ohne die Gefahr der Überblähung, da die Ventilation durch kurzen Drucknachlass unterstützt wird.

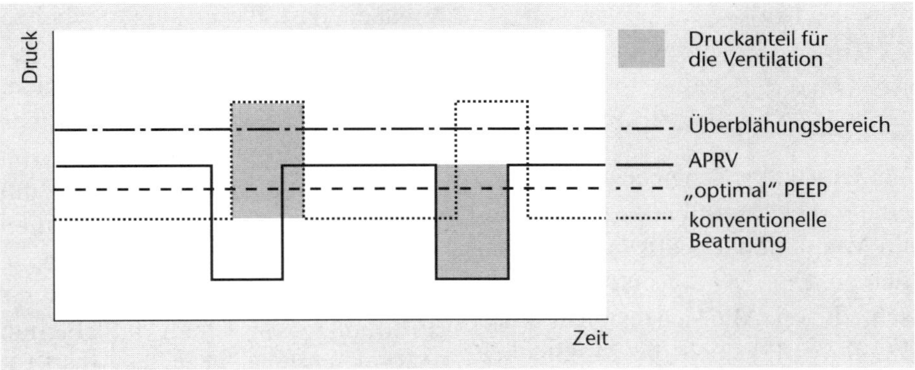


Abb. 3.7: Prinzip von APRV im Gegensatz zu IMV. Druck/Zeit-Diagramm. Erläuterungen siehe Text.

Beatmungsmodus IMV ist in Abbildung 3.6 gezeigt, Abbildung 3.7 macht den unterschiedlichen Druckverlauf unter IMV und APRV deutlich. Bei APRV handelt es sich aber dennoch nicht einfach um ein „umgekehrtes" Beatmungsmuster. Ein ganz wesentlicher Aspekt von APRV ist der Erhalt der Spontanatmung mit seinen positiven Auswirkungen für den Kreislauf und die Ventilationsverteilung im Gegensatz zu einer kontrollierten maschinellen Beatmung.

### 3.2.3 Unterschiede zu konventionellen Beatmungsformen

#### Differenzierung zwischen APRV und BIPAP

APRV gleicht in vielen Dingen einer BIPAP-Beatmung. Beide Beatmungsformen sind druckorientiert und beide sind „offene" Systeme. Das heißt spontane Atemaktivät ist wie bei einem CPAP-System jederzeit möglich, mehr noch: Spontanatmung ist ein wesentlicher Bestandteil bei beiden Beatmungsmodi. BIPAP und APRV wurden etwa zeitgleich in den 80er Jahren von verschiedenen Arbeitsgruppen entwickelt. APRV war von der Zielrichtung mehr auf das akute Lungenversagen und hier insbesondere auf die Applikation eines hohen PEEP mit gleichzeitiger Reduktion der Beatmungsinvasivität gerichtet [Downs JB 1987]. Bei BIPAP stand mehr die Idee eines „universellen" Beatmungsmodus mit der Möglichkeit der kontinuierlichen Kombinierbarkeit von maschineller Beatmung und Spontanatmung im Vordergrund [Baum M 1989]. Es zeigte sich aber hier, dass selbst bei unterschiedlichen Ansätzen dennoch das gleiche erreicht wurde. Letztendlich kann APRV als eine Sonderform bzw. eine spezielle Einstellung von BIPAP aufgefasst werden.

### Unterschiede zwischen APRV und konventionellen Beatmungsformen beim akuten Lungenversagen

Vordergründig scheinen APRV und eine druckkontrollierte Inverse-Ratio-Ventilation (PC-IRV) sehr ähnlich zu sein. Der wesentliche Unterschied von APRV gegenüber einer PC-IRV ist jedoch die Möglichkeit der unabhängigen, zusätzlich möglichen Spontanatmung während des gesamten maschinellen Beatmungszyklus unter APRV. Erst die zusätzliche Spontanatmung erlaubt die Reduktion des zur Ventilation notwendigen Anteils des Beatmungsdrucks. Dadurch kann das obere Druckniveau auf den für das alveoläre Rekruitment notwendigen Druck ausgerichtet werden (s.u.). Dieses eingestellte obere Druckniveau ist dann abgesehen von den geringen Schwankungen aufgrund der Spontanatmungsaktivität immer auch der maximale Beatmungsdruck. APRV impliziert immer gleichzeitige spontane Atmungsaktivität, ohne diese würde es sich sonst wirklich nur um eine einfache PC-IRV handeln; d.h. APRV ohne Spontanatmung sollte nicht als solche bezeichnet werden.

## 3.2.4 Optimierung der Oxygenierung und der alveolären Rekrutierung unter APRV

Computertomographische Untersuchungen bei Patienten mit ARDS ergaben, dass allein zum Offenhalten der basalen Alveolen aus morphologischen Gründen (als Gegengewicht zum darüber lastenden Gewicht des Lungengewebes) ein PEEP von 15 mbar und mehr notwendig ist, um der Kollapsneigung in den unteren Lungenbereich entgegenzuwirken. Nach dem LaPlace-Gesetz muss zur Eröffnung von schon kollabierten Alveolen ein noch höherer PEEP angewandt werden. Entsprechend der in Abbildung 3.5 schematisch dargestellten Druck-Volumen-Beziehung des respiratorischen Systems käme man mit konventioneller Beatmung unweigerlich in den Bereich der Überblähung, wenn das Atemzugvolumen nicht radikal reduziert wird.

Im Tiermodell des ARDS konnte gezeigt werden, dass beim akuten Lungenversagen ein konstanter hoher Atemwegsdruck für die Oxygenierung günstiger ist als ein gleich hoher Atemwegsmitteldruck, der aus einem stark wechselnden Druckverlauf besteht. Letzteres entspricht der Situation bei IMV.

Eine extreme Variante dieses Konzepts eines hohen PEEP mit sehr kleinen Atemzugvolumina ist die Hochfrequenzbeatmung (HFV). Hier werden auf einen PEEP nur kleinste Hubvolumina (unterhalb des Totraumvolumens) aufgesetzt, was zu einem gleichmäßigen, fast konstanten Atemwegsdruckverlauf führt. Phasische Dehnungen wie bei der konventionellen intermittierenden Druckbeatmung treten bei der HFV quasi nicht auf. Damit wird theoretisch der Dehnungsstress der alveolo-kapillären Membran und somit eine wichtige Ursache des Barotraumas minimiert.

Vergleichbar positiv ist auch der Effekt von APRV. Da das obere Druckniveau ($P_{high}$) unter APRV auf Werte zwischen 20 und 40 eingestellt werden kann, kommt diese Beatmungsform damit den oben erwähnten Erfordernissen zur alveolären Rekrutierung bzw. dem „Offenhalten" sehr nahe. Gleichzeitig ist dies aber auch der maximale Beatmungsdruck. Bei kurzen Druckentlastungszeiten (zwischen 0,5 bis 1,5 s) wird dieses hohe CPAP-Niveau nur kurzfristig unterbrochen und ähnelt daher einer Situation wie unter HFV.

Eine zusätzliche Spontanatmung auf diesem hohen CPAP-Niveau bei APRV führt zu einer Negativierung des Pleuradrucks bzw. intrathorakalen Drucks. Dadurch wird der transpulmonale Druck verstärkt, der für die alveoläre Rekrutierung relevant ist. Die Spontanatmungsaktivität erzeugt im Pleuraraum aber keinen einheitlichen, sondern einen regional unterschiedlichen negativen Druck, der zwerchfellnah basal höher ist als apikal. Somit ist auch der transpulmonale Druck in diesen Bereichen höher und verbessert hier regional die Wiedereröffnung der Alveolen. Die Druckentlastungszeit ($P_{low}$) sollte so eingestellt werden, dass einerseits eine ausreichende maschinelle ventilatorische Unterstützung für den Patienten gegeben ist. Andererseits sollte sie möglichst kurz sein, damit die längere hohe CPAP-Phase nicht zu lange unterbrochen wird und so einem Kollaps der Alveolen vorgebeugt wird.

Die Höhe des CPAP ($P_{high}$) wird letztendlich nur durch die möglichen negativen Wirkungen auf den Kreislauf limitiert. Aber auch hier gilt, dass je ausgeprägter das Ausmaß der Spontanatmung ist, desto geringer sind die unerwünschten Einflüsse des positiven Atemwegsdrucks auf die Zirkulation.

Bei hohem CPAP wird allerdings der Wirkungsgrad der Atemhilfsmuskulatur schlechter, so dass die Inspiration ggf. für den Patienten erschwert wird. Manchmal sind daher die spontanen Atemzugvolumina auf dem hohen CPAP-Niveau kleiner als bei niedrigerem CPAP. Aber auch kleine spontane Inspirationsvolumen von jeweils nur 100–200 ml auf dem oberen Druckniveau verbessern die alveoläre Ventilation. Denn nach einer maschinellen Inspiration mit Wechsel vom unteren zum oberen Druckniveau befindet sich im sogenannten anatomischen Totraum, d. h. den großen Atemwegen, für die folgende, zusätzliche spontane Inspiration immer noch frisches, unverbrauchtes Gas. Daher sind selbst diese kleinen Atemzüge unter APRV anders zu bewerten als die gleichen Volumina unter einer konventionellen Beatmung, bei der zunächst noch $CO_2$-angereichertes Gas der vorangegangenen Exspiration während des Beginns einer erneuten Inspiration aus dem anatomischen Totraum in die Alveolen fließt.

## 3.2.5 Indikationen und Einstellungen von APRV

### Indikationen

Entsprechend den oben aufgeführten Vorzügen bietet sich APRV besonders zur Beatmungstherapie beim akuten Lungenversagen und ARDS an. Auch in Situationen mit hartnäckigen basalen Atelektasen, die unter konventioneller Beatmung nicht eröffnet werden, wurde APRV erfolgreich eingesetzt. Schwer traumatisierte Lungen mit ausgeprägten Leckagen könnten eine weitere Indikation sein. Als wenig geeignet erscheinen Patienten mit chronisch obstruktiver Lungenvorerkrankung. Denn bei diesen Patienten steht ein Ventilationsversagen, meist auf dem Boden einer Atemmuskelinsuffizienz (sog. „Pumpversagen der Lunge"), im Vordergrund der respiratorischen Dekompensation. Hier würde ein Beatmungsregime mit dem Ziel einer FRC-Erhöhung nur zu einer weiteren Belastung der ohnehin insuffizienten Inspirationsmuskeln führen.

### Einstellung von APRV bei akutem Lungenversagen

Beim akuten Lungenversagen muss der Atemwegsmitteldruck entsprechend der Schwere der momentanen Oxygenierungsstörung gewählt werden. Das heißt: Je schwerer die Oxygenierungsstörung aufgrund des intrapulmonalen rechts-links-Shunts ist, desto höher muss der Atemwegsmitteldruck eingestellt werden. Entsprechend der im Kapitel 3.1.4 (*„Der maschinelle Beatmungsanteil von BIPAP"*) dargelegten Formel erhöhen folgende Parameter den Atemwegsmitteldruck: hoher $P_{high}$ und hoher $P_{low}$ sowie lange Dauer von $P_{high}$ und kurze Dauer von $P_{low}$. Ganz allgemein gelten unter APRV die gleichen Grundprinzipien der Beatmungseinstellung wie sie unter BIPAP schon erläutert sind. Daher soll hier nur noch einmal auf ganz praktische klinische Vorgehensweisen eingegangen werden.

Zwei Situationen müssen für die primäre Einstellung von APRV unterschieden werden:

1. Ersteinstellung beim tief sedierten Patienten, d. h. APRV gleicht anfangs einer druckkontrollierten Beatmung und wird dann mit zunehmender Spontanatmungsaktivität im folgenden bald angepasst
2. Ersteinstellung von APRV beim spontanatmenden Patienten.

#### Ersteinstellung von APRV beim tief sedierten Patienten

Beim tief sedierten Patienten ist der Atemantrieb unterdrückt, und in der Regel wird die gesamte Ventilation durch den Respirator erbracht. Die Einstellung von APRV in dieser Situation ist identisch wie bei PC-IRV. Wie oben beschrieben, orientiert sich die Höhe des oberen Druckniveaus an der Schwere der Oxygenierungsstörung, d. h. bei leichtem bis mittelschwerem ALI wird meist ein oberes Druckniveau um 30 ± 5 mbar anzustreben sein, bei schwerem ARDS kann der Wert um 40 mbar und höher liegen. Die Differenz zwischen oberem ($P_{high}$) und unterem Druckniveau ($P_{low}$) bestimmt das maschinelle Atemzugvolumen. Dieses sollte entsprechend den neueren Erkenntnissen bei etwa 6–8 ml/kg KG liegen, um eine beatmungsbedingte Schädigung der Lunge zu vermeiden. Bei einem 70 kg schweren Patienten mit einer Compliance von 30 ml/mbar braucht man einen treibenden Druck (= $P_{high}$ - $P_{low}$) von 17 mbar um ein Atemzugvolumen von ca. 500 ml zu erreichen. Wird $P_{high}$ mit 30 mbar eingestellt, so muss $P_{low}$ demnach bei 13 mbar liegen, um diesen treibenden Druck zu erhalten. Alternativ kann man $P_{low}$ auf einen deutlich niedrigeren Wert einstellen und gleichzeitig die Dauer von $P_{low}$ so verkürzen, dass intrapulmonal ein intrinsischer PEEP auf dem Niveau des eigentlich angestrebten externen unteren Druckniveaus liegt. Für das oben beschriebene Beispiel hieße das: $P_{high}$ 30 mbar; angestrebter transpulmonaler Druck 17 mbar; extern eingestellter $P_{low}$ 5 mbar; Dauer von $P_{low}$ so kurz, dass ein intrapulmonaler Druck von ca. 13 mbar entsteht. Nach der Druckeinstellung muss das Atemzugvolumen kontrolliert werden und durch die Dauer von $P_{high}$ die maschinelle Frequenz und damit das Atemminutenvolumen (AMV) eingestellt werden. Bis jetzt unterscheidet sich der Einstellungsalgorithmus nicht von dem bei PC-IRV.

Als wichtiger nächster Schritt muss zunächst die Sedierung so weit reduziert werden, dass der Atemantrieb nicht vollständig unterdrückt wird. Dies bedeutet nicht, dass die Sedierung völlig beendet wird. Angestrebt ist ein Ramsay-Score von 3 bei ausreichender Analgesie, so dass der Patient nicht unter übermäßigem Stress oder Schmerzen leidet. Allerdings muss davon ausgegangen werden, dass die $CO_2$-Antwort bei den meisten dieser Patienten u. a. auch wegen der Analgosedierung deutlich erhöht ist, dass also die Spontanatmung erst bei einem erhöhten $PaCO_2$ einsetzen wird. Daher muss das maschinelle AMV schrittweise gesenkt werden, bis Spontanatmung einsetzt. Das AMV kann auf unterschiedliche Weise reduziert werden: 1. durch Senkung der maschinellen Frequenz, indem vorzugsweise die Dauer von $P_{high}$ verlängert wird; 2. durch Reduktion des maschinellen Atemzugvolumens, z. B. durch Erhöhung von $P_{low}$ oder indirekt durch weitere Verkürzung der Dauer von $P_{low}$, so dass der intrinsische PEEP ansteigt. Natürlich ist auch eine Kombination beider Maßnahmen möglich. Ist der $PaCO_2$ angestiegen, so setzt auch bald Spontanatmung ein.

Das Auftreten von Spontanatmungsaktivität erkennt man sehr leicht anhand der Gasflusskurve auf dem Display des Respirators. Es kommt zu einer typischen Veränderung der Form der Inspirationsflusskurve, die unter reiner kontrollierter Beatmung einen charakteristischen exponentiell abfallenden Verlauf hat (s. vergleichend Abb. 3.3 a, b im Kap. 3.1.4). In Abhängigkeit von der Kraft der Inspirationsmuskulatur kann der maschinelle Unterstützungsanteil nun weiter gesenkt oder gegebenenfalls wieder erhöht werden. Indikator einer nicht ausreichenden maschinellen Ventilationsunterstützung ist hier vor allem eine hohe Spontanatemfrequenz. Die Spontanatemfrequenz sollte zwischen 20 und 35/min liegen, ohne dass der Patient gestresst wirkt (evtl. muss auch die Analgosedierung erneut angepasst werden). Ist erst einmal ein Zeitmuster für $P_{high}$ und $P_{low}$ gefunden, unter dem der Patient mit seiner Spontanatmung gut zurecht kommt, dann können alle weiteren Anpassungen der Beatmungseinstellung einfach über eine weitere Erhöhung oder Verringerung von $P_{high}$ durchgeführt werden.

#### Ersteinstellung von APRV beim spontanatmenden Patienten

Auch in dieser Situation bestimmt das Ausmaß der Oxygenierungsstörung die Höhe von $P_{high}$. Die Druckdifferenz zwischen $P_{high}$ und $P_{low}$ wird indirekt durch das resultierende Atemzugvolumen determiniert. Aufgrund einer zusätzlichen spontanen Inspirationsaktivität ist allerdings das Inspirationsvolumen höher, als allein aus der Druckdifferenz zwischen $P_{high}$ und $P_{low}$ zu erwarten wäre. Da die spontane Inspirationskraft ohne aufwendige Zusatzmessung nicht bekannt ist, wird in der praktischen Routine $P_{low}$ einfach bettseitig anhand des angestrebten Atemzugvolumens eingestellt. Die Besonderheit bei sehr kurzem $P_{low}$ (intrinsischer PEEP) wurde oben schon beschrieben und gilt hier natürlich genauso. Die Dauer von $P_{high}$ soll lang genug sein, dass alleinige Spontanatemzüge auf diesem hohen CPAP zu beobachten sind. Dies ist nicht nur wünschenswert, um den transpulmonalen Druck regional zu erhöhen, sondern auch um den Gasaustausch zu verbessern. Häufig ist nämlich nach einem Druckniveauwechsel von $P_{low}$ zu $P_{high}$ (was vereinfacht einer maschinellen Inspiration entspricht) trotz einer gleichzeitigen zusätzlichen spontanen Inspiration keine nachfolgende Exspiration zu beobachten. Vielmehr folgt nach kurzem Intervall oft eine weitere, flachere Inspiration. Wie oben schon erwähnt, ist diese Inspiration selbst dann für den Gasaustausch effektiv, wenn das Volumen unterhalb des Totraumvolumens liegt. Denn aufgrund der vorangegangenen tieferen Inspiration bei gleichzeitig fehlender Exspiration liegt ja noch „frisches“ Gas in den Atemwegen, das bislang nicht am Gasaustausch teilgenommen hat und nun durch die kleine Inspiration dem Gasaustausch zugeführt wird.

Hieraus geht hervor, dass eine Anpassung des Zeitmusters von APRV nicht nur den Grad der ventilatorischen Unterstützung über die Frequenz der Druckniveauwechsel mitbestimmt, sondern auch den Wirkungsgrad des spontanen Ventilationsanteils. Anzustreben ist eine Dauer von $P_{high}$, die nach dem Druckniveauwechsel von $P_{low}$ zu $P_{high}$ eine zusätzliche spontane Inspiration auf dem oberen Druckniveau ermöglicht. Aus eigener Erfahrung wird $P_{high}$ meistens zwischen 2 und 4 s lang sein. Selbstverständlich ist darauf zu achten, dass die maschinelle Unterstützung ausreichend hoch ist. Dies kann wiederum an der spontanen Atemfrequenz am besten kontrolliert werden.

#### Weaning unter APRV

Bessert sich der Gasaustausch nach einiger Zeit, so kann die APRV-Einstellung langsam reduziert werden. Dies ist dann der Fall, wenn die $FiO_2$ < 0,4 ist und der Patient immer mehr spontan atmen kann. Wie vergleichend im Kap. 3.1.5 (Absch. „*Weaning unter BIPAP bei vorwiegendem Oxygenierungsversagen*“) beschrieben, besteht die Rücknahme der maschinellen Unterstützung unter APRV in der Hauptsache darin, schrittweise allein $P_{high}$ zu senken, während die Zykluszeiten und $P_{low}$ beibehalten werden. Hat $P_{high}$ dann den Wert von 10 mbar erreicht, steht einer Extubation in der Regel nichts mehr im Wege.

### 3.2.6 Klinische Erfahrungen mit APRV

Die ersten klinischen Studien zu APRV waren einfache Anwendungsuntersuchungen, die zeigten, dass APRV bei Patienten mit akuten Lungenversagen prinzipiell anwendbar ist. In den Vergleichsuntersuchungen zwischen einer konventionellen CPPV und APRV war der Beatmungsspitzendruck unter APRV signifikant niedriger. Oxygenierungsunterschiede zwischen beiden Beatmungsformen waren jedoch kaum nachzuweisen. Dies mag verschiedene Gründe haben. Einerseits wurde nicht bei allen Studien unter APRV auch eine Spontanatmung gefordert bzw. angestrebt. Zum anderen waren die Messungen zum Gasaustausch unter den untersuchten Beatmungsverfahren innerhalb eines relativ kurzen Zeitintervalls von nur 0,5 bis 1 h durchgeführt worden. Bei vergleichbarem Atemwegsmitteldruck sind aber kurzfristig kaum große Unterschiede in der Oxygenierung zwischen verschiedenen Beatmungsverfahren zu erwarten. Aufgrund klinischer Erfahrungen und den Ergebnissen einiger weniger Langzeituntersuchungen darf man davon ausgehen, dass beim alveolärem Rekruitment durch Spontanatmungsaktivität der Zeitfaktor eine nicht unwesentliche Rolle spielt. Das heißt, in der Regel sind Verbesserungen der Oxygenierung erst nach einigen Stunden zu erwarten [11]. In Studien, die entsprechend Wert auf zusätzliche Spontanatmung gelegt hatten, war sowohl das Herzzeitvolumen als auch die Oxygenierung unter APRV signifikant besser als unter rein passiver maschineller Beatmung [8]. Kritiker weisen auf einen höheren Sauerstoffverbrauch bei spontaner Atmungsaktivität hin. Bei adäquater maschineller Unterstützung sind Änderungen des Sauerstoffverbrauchs durch Spontanatmung gemessen am Gesamtverbrauch aber zu vernachlässigen [8, 13]. Dennoch sind bei diesem Anteil der Spontanatmung schon positive Effekte auf das HZV und den Gasaustausch zu erwarten.

Eigene Erfahrungen über einen Zeitraum von mittlerweile mehr als 9 Jahren zeigen, dass es, von wenigen Einschränkungen abgesehen, kaum Probleme bei der Beatmung von Patienten mit APRV gibt. Dies kann auch aus anderen Zentren bestätigt werden, die langjährige klinische Erfahrungen mit diesem Beatmungsverfahren haben [6; Putensen C, persönliche Mitteilung].

### 3.2.7 Probleme und Grenzen der APRV

Bei ausgeprägter tachypnoeischer, flacher Atmung kann in Einzelfällen eine Verschlechterung der Oxygenierung unter APRV auftreten. Durch sogenannte Schaukelatmung („abdominal paradox“) kann dann eine pathologische Ventilations-Perfusionsverteilung noch verstärkt werden. Dies ist in der Regel ein deutliches Zeichen einer nicht ausreichenden maschinellen Unterstützung. Häufig haben diese Patienten zusätzlich eine obstruktive Lungenfunktionsstörung. In diesem Fall bieten sich unterschiedliche Lösungsmöglichkeiten an. Meist kann durch eine Reduktion der Spontanatemfrequenz mit Hilfe einer Sedierungsvertiefung oder Gabe von Opioiden eine deutliche Besserung erzielt werden. Auch eine Änderung der APRV-Einstellung mit Steigerung des maschinellen Ventilationsanteils (z. B. Erhöhung der Druckdifferenz, Steigerung der maschinellen Atemfrequenz oder auch eine Verlängerung eines evtl. zu kurzen Druckentlastungsintervalls) führen zu einer besseren Adaptation zwischen Patient und Respirator.

Ein anderes Problem besteht manchmal bei Patienten mit stark erhöhtem intraabdominellen Druck, z. B. schwerer Peritonitis, bei massivem retroperitonealem Hämatom, einem Ileus mit stark geblähten Darmschlingen. Hier ist es manchmal für den Patienten schwer, wenn nicht sogar unmöglich, einigermaßen suffizient spontan zu atmen. Bei hohem intraabdominellem Druck ist auch der Pleuradruck erhöht. Daher führt in solchen Fällen ein hoher Atemwegsdruck nicht zu gefährlicher Steigerung des transpulmonalen Drucks, sondern ist sogar notwendig im Sinne eines „Gegendrucks“ gegen den erhöhten Abdominaldruck.

### 3.2.8 Zusammenfassung

APRV hat alle Vorteile eines druckorientierten Beatmungsverfahrens.

Ein wesentlicher Vorteil von APRV gegenüber anderen Beatmungsverfahren liegt in der uneingeschränkt möglichen Spontanatmung. Durch die Spontanatmung lassen sich unerwünschte Wirkungen anderer maschineller Beatmungsverfahren vermindern. Allerdings wird sich erst bei längerfristigem Einsatz zeigen müssen, ob diese Vorteile auch dauerhaft zu klinisch besseren Erfolgen bei der Behandlung von ALI und ARDS führen.

### 3.2.9 Literatur

1. Baum M, Benzer H, Putensen C, Koller W, Putz G (1989) Biphasic positive airway pressure (BIPAP) – eine neue Form der augmentierenden Beatmung. Anaesthesist 38: 452–458

2. Dantzker DR, Brook CJ, Dehart P, Lynch JP, Weg JG (1979) Ventilation-perfusion distributions in the adult respiratory distress syndrome. Am Rev Respir Dis 120:1039–1052

3. Downs JB, Douglas ME, Sanfelippo PM, Stanford W, Hodges MR (1977) Ventilatory pattern, intrapleural pressure and cardiac output. Anesth Analg 56: 88–96

4. Downs JB, Stock MC, Räsänen J (1987) Airway pressure release ventilation (APRV): A new approach to the management of acute lung injury. In: Vincent JL (Hrsg.) Update in intensive care and emergency medicine 1987. Springer, Berlin Heidelberg New-York, S. 228-233

5. Dreyfuss D, Saumon G (1998) Ventilator-induced lung injury. Am J Respir Crit Care Med 157: 294–323

6. Hörmann C, Baum M, Putensen C, Mutz NJ, Benzer H (1994) Biphasic positive airway pressure (BIPAP) - a new mode of ventilatory support. Eur J Anaesth. 11: 37–42

7. Kirby RR, Downs JB, Civetta JM, Modell JH, Dannemiller FJ, Klein EF, Hodges MR (1975) High level positive end exspiratory pressure (PEEP) in acute respiratory insufficiency. Chest 67: 156–163

8. Putensen C, Mutz NJ, Putensen-Himmer G, Zinserling J (1999) Spontaneous Breathing During Ventilatory Support Improves Ventilation-Perfusion Distributions in Patients with Acute Respiratory Distress Syndrome. Am J Respir Crit Care Med 159: 1241–1248

9. Stock MC, Downs JB, Frolicher DA (1987) Airway pressure release ventilation. Crit Care Med 15:462–466

10. Suter PM, Fairley HB, Isenberg MD (1975) Optimum end-exspiratory airway pressure in patients with acute pulmonary failure. N Engl J Med 292: 284–289

11. Sydow M, Burchardi H, Ephraim E, Zielmann S, Crozier TA (1994) Long term effects of two different ventilatory modes on oxygenation in acute lung injury. Comparison of airway pressure release ventilation and volume controlled inverse ratio ventilation. Am J Respir Crit Care Med 149:1550–1556

12. Sydow M, Burchardi H (1995) Influence of time on alveolar recruitment in acute lung injury. In: Vincent JL (Hrsg.): Yearbook of intensive care and emergency medicine 1995. Springer, Berlin Heidelberg New York, S.127–140

13. Sydow M, Golisch W, Buscher H, Thies K, Burchardi H (1999) Effect of different release times on spontaneous breathing pattern during Airway Pressure Release Ventilation. Am J Respir Crit Care Med 159: A50.

# 4 Zusätzliche Atemarbeit beim tracheal intubierten Patienten

Christoph Haberthür und Josef Guttmann

## 4.1 Einleitung

In der Technik steht die Betrachtung von Arbeit, Leistung und Energie ohne Zweifel im Brennpunkt nahezu aller Überlegungen. Eine mechanisch wirksame Maschine gilt immer dann als besonders ausgereift, wenn das Verhältnis der von ihr abgegebenen Leistung zur zugeführten Leistung, d.h. ihr Wirkungsgrad, möglichst hoch, also so nahe wie möglich bei 1 liegt. Auch in der Biologie kommt der Erfassung von Arbeit und Energie elementare Bedeutung zu, sei es bei der Betrachtung einzelner Organe, Organsysteme oder des Gesamtorganismus. Im Unterschied zum klassischen Arbeitsbegriff der Physik müssen wir diesen in der Biologie weiter fassen. Betrachten wir hierzu einen Menschen, der ein Gewicht am ausgestreckten Arm für eine gewisse Zeit in Ruhe hält. Im physikalischen Sinne vollbringt er dabei keine Arbeit, der Energiebedarf für die Kontraktion seiner Armmuskulatur ist jedoch nicht unerheblich, d.h. im biologischen Sinne wird sehr wohl Arbeit verrichtet.

In der Medizin ist man vornehmlich an der Bestimmung der Arbeit des Gesamt-Organismus oder der von einzelnen Organsystemen interessiert, wie beispielsweise im Rahmen der Ergometrie in der Sport- und Rehabilitationsmedizin. In der Arbeitsmedizin werden unter anderem die sozio-ökonomischen Wechselwirkungen von Mensch und Arbeit untersucht. Die Bestimmung der Arbeit einzelner Organe spielt hingegen in der Medizin bisher eine eher untergeordnete Rolle. Sie findet allenfalls in der Betrachtung der Herzarbeit und der Atemarbeit ein gewisses, vornehmlich physiologisches Interesse. Im therapeutischen Umgang mit dem Patienten kommt der Berücksichtigung von Organarbeit so gut wie keine Bedeutung zu. Dies ist allerdings erstaunlich, stellt doch die Optimierung der Energieausnutzung, d.h. das Erzielen von größtmöglichem Nutzen bei geringstmöglichem Aufwand, eine inhärente Eigenschaft aller biologischen Systeme dar, angefangen beim Einzelorgan über ein Organsystem und den Gesamtorganismus bis hin zum ökologischen System. Begriffe wie kalorischer Nutzwert der Nahrung oder ökologische Effizienz sind Ausdruck des biologischen Aspekts der Energiebilanz sowohl auf der Ebene des Einzelorganismus als auch auf der des ökologischen Systems [9].

Unter dem Aspekt der Intensivtherapie kommt der energetischen Betrachtung der äußeren Atmung (Ventilation) eine besondere Rolle zu. Obwohl zur Aufrechterhaltung der normalen Ruheatmung nur etwa 2 % des Energieverbrauchs notwendig sind [37], kann die Atemarbeit bei stark veränderter Atemmechanik rasch dramatisch ansteigen und zur Erschöpfung der Atempumpe (respiratory muscle fatigue) führen [14]. Es kommt also gerade bei der Atmung ein praktisch therapeutischer Gesichtspunkt hinzu, welcher die Berücksichtigung der Atemarbeit zwingend erfordert: Mit Hilfe von Beatmungsgeräten ist es möglich, einen insuffizient atmenden Patienten teilweise oder ganz von seiner Atemarbeit über eine fast beliebig lange Zeit zu entlasten und ihm diese dann im Verlauf seiner Genesung schrittweise wieder zu übertragen. Gerade die schrittweise Übertragung der Atemarbeit vom Beatmungsgerät zurück zum Patienten macht das Wissen um die Atemarbeit, woran sie geleistet (verbraucht) wird und wie sie gemessen wird, auch in der klinischen Praxis erforderlich.

Das vorliegende Kapitel betont den Aspekt der „zusätzlichen Atemarbeit", die ein tracheal intubierter Patient aufzubringen hat. Wie im Weiteren noch gezeigt werden wird, umfasst die zusätzliche Atemarbeit nur einen Teil der gesamten Atemarbeit. Das Verständnis der zusätzlichen Atemarbeit setzt jedoch das Verständnis der gesamten Atemarbeit voraus. Deshalb wird zunächst eine kurze Übersicht über die Gesamtatemarbeit gegeben, bevor dann in einem etwas ausführlicheren Teil auf die Atemarbeit bei unterstützter Spontanatmung und die dabei anfallende zusätzliche Atemarbeit eingegangen wird. Die Berücksichtigung mathematischer Formeln wird dabei unumgänglich sein, stellen diese doch die kürzeste und genaueste Art der Beschreibung physikalischer Zusammenhänge dar. Soweit möglich werden diese schrittweise eingeführt und ausführlich kommentiert.

## 4.2 Definition von Atemarbeit

Der *physikalische Arbeitsbegriff* entwickelte sich aus dem Studium der Wirkung von Kräften [15, 25]. Die Wirkung einer Kraft wird bekanntlich erst dann sichtbar, wenn sie die Bewegung einer Masse oder eine Formänderung, beispielsweise die Dehnung einer Feder, hervorruft. Im physikalischen Arbeitsbegriff wird daher eine Verknüpfung zwischen der Bewegung eines Massenpunktes und der diese Bewegung hervorrufenden Kraft hergestellt. Demzufolge können ruhende Kräfte niemals Arbeit verrichten. Ein auf einer Tischplatte ruhender Körper übt zwar auf die Unterlage eine Gewichtskraft aus, diese wird aber vom Tisch mit einer entgegengesetzt gleich großen Kraft kompensiert, d. h. die Gewichtskraft verrichtet keine Arbeit. Erst wenn – ohne die Wirkung des Tisches – der Körper zu Boden fällt, führt die Gewichtskraft des Körpers diesem Arbeit zu. Wenn also eine konstante Kraft F einen Massenpunkt, auf den sie wirkt, um die Strecke s in derselben Richtung dieser Kraft verschiebt, dann führt sie ihm eine Arbeit W zu:

$$W = F \times s \qquad (1)$$

Die Einheit der physikalischen Arbeit ist dementsprechend Newtonmeter (Nm), Joule (J) oder Wattsekunde (Ws). Für die Definition der physikalischen Arbeit ist entscheidend, dass nur wenn die Richtung von Kraft und Weg übereinstimmen, physikalische Arbeit verrichtet wird. Für physikalisch wesentliche Situationen wirken die Kräfte entweder nicht exakt entlang des Weges oder die Kräfte ändern sich entlang des Weges, oder der Weg ist gekrümmt. Für all diese Fälle ist es zweckmäßig, die gesamte Wegstrecke in kleine lineare Streckenelemente $\Delta s$ zu zerlegen und die an jedem Wegelement anfallende Arbeitsanteil $\Delta W$ zu bestimmen:

$$\Delta W = F \times \Delta s \qquad (2)$$

Entlang des Gesamtweges addieren sich dann alle Arbeitselemente $\Delta W$ zur gesamten Arbeit W:

$$W = \Sigma F \times \Delta s \qquad (3)$$

Macht man die Unterteilung des Weges immer feiner bis hin zu differentiell kleinen Wegelementen ds, so nimmt die Genauigkeit des Verfahrens zu. Die Rechenoperation des Aufsummierens infinitesimal kleiner Elemente ist die Integration. Damit geht die Gleichung (3) über in:

$$W = \int F \times ds \qquad (4)$$

Der in Gleichung (4) ausgedrückte Sachverhalt kann auch grafisch interpretiert werden: Stellt man den Verlauf der Kraft grafisch über dem Weg dar, so entspricht die Fläche unter dieser Kurve der gesamten entlang des Weges verrichteten Arbeit.

In der *Atemphysiologie* haben wir es nicht mit Kraft-Weg-Systemen zu tun, sondern mit pneumatischen Druck-Volumen-Systemen. Wenn wir über physikalische Atemarbeit reden, so untersuchen wir die Wirkung von Drücken auf Gasvolumina. Betrachten wir als einfachsten Fall für ein Volumen-Druck-System einen Zylinder mit starren Wänden, dessen Luftinhalt durch einen Kolben komprimiert wird (Abb. 4.1a). Zur Ableitung der physikalischen Volumenarbeit gehen wir wiederum von der Ausgangsdefinition der physikalischen Arbeit aus wie in Gleichung (1) beschrieben. Danach ist die zum Komprimieren eines Gases erforderliche Arbeit W gleich dem Produkt aus der auf den Kolben wirkenden Kraft F und dem vom Kol-

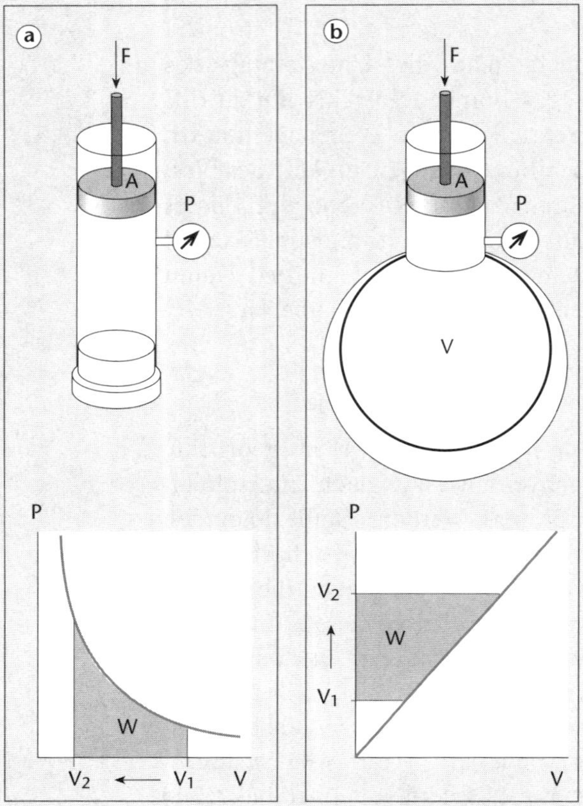


Abb. 4.1 a, b: Prinzip der physikalischen Volumenarbeit veranschaulicht an einem verschieblichen Kolben mit der Querschnittsfläche A, der durch die Kraft F verschoben wird. Die von außen einwirkende Kraft wird am Kolben in einen Druck P umgewandelt, der auf das eingeschlossene Volumen V einwirkt. (Voraussetzung: Die Kolbenbewegung ist so langsam, dass das eingeschlossene Gas seine Temperatur nicht verändert).

a: Isotherme Gaskompression in einem Behälter mit starren Wänden. Die Druckerhöhung bewirkt eine Volumenverkleinerung von $V_1$ nach $V_2$. Die Fläche unter der Druck/Volumen-Kurve (Isotherme) entspricht der bei der Gaskompression aufgewendeten Arbeit W.

b: Zylinder mit elastischem Ballon. Die Druckerhöhung bewirkt eine Volumenvergrößerung von $V_1$ nach $V_2$. In der Atemphysiologie wird die Druck/Volumen-Beziehung üblicherweise in einem Koordinatensystem dargestellt, bei dem im Unterschied zur Darstellung in der Physik die Volumen- und Druckachse vertauscht sind. Bei einem Ballon mit ideal elastischer Wand wird der Zusammenhang zwischen Volumen und Druck durch eine Gerade beschrieben. Die Volumenarbeit W zur Dehnung des elastischen Ballons entspricht ebenfalls der Fläche zwischen der P/V-Linie und der Volumenachse. Diese Fläche liegt aber infolge der vertauschten Achsen links von der P/V-Linie.

ben zurückgelegten Weg s. Hat der Kolben die Querschnittsfläche A und das im Zylinder eingeschlossene Gas steht unter dem Druck P, so lässt sich die Kraft F aus der Beziehung ‚Druck = Kraft / Fläche' ableiten. Damit folgt für die Volumenarbeit W:

$$W = P \times A \times s \qquad (5)$$

Das Produkt A × s entspricht gerade dem durch die Kolbenbewegung verdrängten Volumen V. Damit folgt für die Volumenarbeit:

$$W = P \times V \qquad (6)$$

Wegen der direkten Ableitung der Volumenarbeit aus der allgemeinen Definition der physikalischen Arbeit, ist einsichtig, dass die Dimensionen Nm, J bzw. Ws auch für die Volumenarbeit gültig bleiben.

Für physikalisch relevante Situationen gelten wiederum die bereits oben angestellten Überlegungen, dass nämlich die auf den Kolben wirkende Kraft F bzw. der Druck P beim Durchlaufen des Weges s nicht konstant bleibt. Es ist wiederum zweckmäßig, kleine Wegelemente Δs bzw. kleine Volumenelemente ΔV zu betrachten und die entlang dieser Elemente verrichteten Teilarbeiten ΔW zur Gesamtarbeit aufzusummieren. Beim Grenzübergang zum differentiell kleinen Volumenelement dV folgt für die Volumenarbeit:

$$W = \int_{V_1}^{V_2} P \times dV \qquad (7)$$

Der Vollständigkeit halber sei erwähnt, dass es sich bei Gleichung (7) um die Definition der isothermen Volumenarbeit handelt, d.h. die Temperatur des Gases bleibt während der Veränderungen von Druck und Volumen konstant. Analog zu den oben angestellten Überlegungen zur physikalischen Arbeit entspricht die gesamte Volumenarbeit der Fläche unter dem Druck/Volumen-Diagramm (Abb. 4.1).

Überträgt man nun die Verhältnisse des vorbetrachteten Druck-Volumen-Systems mit starren Wänden auf das biologische System von Lunge und Thorax (respiratorisches System), so muss man für die Betrachtung der Atemarbeit wiederum stark vereinfachende physikalische Modelle heranziehen. Ein einfaches, aber in der klinischen Atemphysiologie sehr bewährtes Modell beschreibt das respiratorische System als Zusammenschaltung eines Strömungswiderstandes (oder Resistance) R und einer Volumendehnbarkeit (oder Compliance) C. Der Strömungswiderstand wird als zylindrisches Rohr, die Volumendehnbarkeit als elastischer Ballon symbolisiert (Abb. 4.1b). Bei sehr langsamer Kolbenbewegung ist der Strömungswiderstand zu vernachlässigen und das Druck/Volumen-Diagramm wird allein durch den elastischen Ballon bestimmt. Es ergibt sich eine Gerade, deren Steigung der Compliance entspricht. In der Atemphysiologie ist es üblich, die Achsen zu vertauschen, d.h. das Volumen ist auf der Ordinate und der Druck ist auf der Abszisse repräsentiert. Die Folge ist, dass sich bei der Darstellung der Atemarbeit die Fläche unter der Druck/Volumen-Kurve (P/V-Kurve) auf die Ordinate bezieht.

### 4.2.1 Isometrische Atemarbeit

Eine bei der Atmung gebräuchliche alternative Betrachtungsweise zu der Volumen/Druck-Arbeit ist das sogenannte Druck/Zeit-Produkt. Die betrachtete Fläche ist dabei nicht mehr zwischen dem Volumen V (y-Achse) und dem Druck P (x-Achse) aufgespannt, sondern zwischen dem Druck P (y-Achse) und der Zeit t (x-Achse). Durch den Austausch der Größe Zeit t gegen die Größe Volumen V werden unterschiedliche Arbeitsleistungen berücksichtigt. Zum Verständnis der unterschiedlichen Atemarbeit ist die Kenntnis über die grundsätzlichen Zustände erforderlich, unter denen ein Muskel Arbeit erbringen kann. Üblicherweise führt die Verkürzung eines Muskels, der physikalische Arbeit verrichtet, zu einer Bewegung von Masse, beispielsweise das Anheben einer Extremität gegen die Erdanziehung oder die Verschiebung von Luft in die Lungen. Ist jedoch die Extremität fixiert oder wird gegen verschlossene Atemwege geatmet, so führt die Muskelverkürzung nicht zu einer Bewegung von Masse. Man spricht in diesem Falle von *isometrischer* Muskelanspannung. Die Arbeit, die die Atemmuskeln bei isometrischer Kontraktion leisten, kann dementsprechend nicht als Volumen/Druck-Arbeit aufgefasst werden, weil die isometrische Muskelarbeit keine Volumenverschiebung bewirkt. Die isometrische Muskelarbeit kann jedoch mit dem Druck/Zeit-Produkt erfasst werden. Umgekehrt kann die Arbeit bei der sogenannten *pliometrischen* Muskeltätigkeit nicht als Druck/Zeit-Produkt, sondern nur als Volumen/Druck-Arbeit erfasst werden. Bei der pliometrischen Muskeltätigkeit führt die Einwirkung einer Kraft (von außen) zu einer Muskeldehnung. Wie später noch gezeigt werden wird, ist die Dehnung der Inspirationsmuskeln während der Exspiration (die sogenannte negative Inspirationsarbeit) ein Beispiel für pliometrische Muskeltätigkeit.

### 4.2.2 Biologische Atemarbeit

Die Stoffumsetzungen im Organismus haben zweierlei Funktion: 1. Sie liefern chemische, mechanische, elektrische und thermische Energie. 2. Sie führen zum Neubau von Strukturen und zum Ersatz verbrauchter Strukturen (Wachstum und Differenzierung).

Da der Energiestoffwechsel letztlich auf Oxidationsvorgängen beruht, besteht ein direkter quantitativer Zusammenhang zwischen Energieproduktion und Sauerstoffverbrauch: Man kann die Energieproduktion eines Organismus oder Organs direkt an seinem Sauerstoffverbrauch messen [9]. Die Methode, aus der Messung der Sauerstoff-Aufnahme ($\dot{V}O_2$) auf den Energieumsatz zu schließen, wird als *indirekte Kalorimetrie* bezeichnet [26, 23]. Die Energie wird üblicherweise in thermischen Einheiten (cal) angegeben. Die Verknüpfung zur physikalischen Arbeit erfolgt in der Umrechnung von 1 Kalorie (cal) in 4.187 Joule.

Die Ausgangssubstanzen des Energiestoffwechsels sind Kohlenhydrate, Fette und Proteine bzw. deren Spaltprodukte. Die indirekte Kalorimetrie beruht darauf, dass jeder der drei Nährstoffklassen ein bestimmtes kalorisches Sauerstoff-Äquivalent zugeordnet werden kann [27]. Das kalorische Äquivalent entspricht der Anzahl von Kalorien, die bei der Aufnahme von einem Liter Sauerstoff beim Abbau dieser Nährstoffe freigesetzt wird. Der Gesamt-Energieumsatz ist die Summe aus den Energieumsätzen von Kohlenhydrat-, Fett- und Proteinmetabolismus. Er liegt im Durchschnitt bei 4800 cal/l $O_2$ [9].

Aus diesen Vorüberlegungen heraus folgt, dass auch die Atemarbeit grundsätzlich in Form des Energiebedarfes zu bestimmen ist. In der Literatur wurde hierfür der Begriff „oxygen cost of breathing“ geprägt [41]. Mit Hilfe der indirekten Kalorimetrie wurde beispielsweise die Atemarbeit bei unterstützter Spontanatmung mit derjenigen bei nichtunterstützter Spontanatmung verglichen [43]. Während die indirekte Kalorimetrie für solche relativ groben Unterscheidungen durchaus geeignet sein dürfte, ist eine feinere Differenzierung – etwa der Atemarbeit bei unterschiedlichen Unterstützungsverfahren – mit dieser Methodik kaum zu erwarten. So können Schwankungen der Sauerstoff-Aufnahme von schwerkranken Patienten ihre Ursache in psychosomatischen Faktoren wie Schmerz, Angst oder Unruhe haben [35]. Häufigkeit und Größenordnung dieser Schwankungen sind nicht vorhersagbar. Darüber hinaus belegen eine Reihe von Untersuchungen, dass die Sauerstoff-Aufnahme beim Intensivpatienten durch unterschiedliche biologische, klinische, psychologische und therapiebedingte Faktoren mitunter erheblich moduliert wird: psychische Faktoren, Schmerz, motorische Aktivität, Ernährung, metabolische Situation, Fieber, Sepsis, Schock, Medikamentierung (Sedierung), Intensivtherapie, tageszeitliche (circadiane) Rhythmik [s. Übersicht in 17]. Neben diesen genannten Faktoren ist sicherlich auch die erreichbare Messgenauigkeit bei der Bestimmung des respiratorischen Gasaustausches von Intensivpatienten ein limitierender Faktor [18].

## 4.3 Zweck der Atemarbeit

Der Organismus muss Atemarbeit zur Überwindung einer Reihe unterschiedlicher mechanischer Widerstände aufbringen. Die Frage, wofür Atemarbeit gebraucht wird, lässt sich also auf die Frage zurückführen, welcher Art die zu überwindenden Widerstände sind. Nach einer Zusammenstellung von Milic-Emili, Robatto und Bates [31] lassen sich die folgenden neun Arten von mechanischen Widerständen unterscheiden, gegen die Atemarbeit geleistet werden muss:

**Elastische Widerstände:**
Arbeit infolge der volumenbedingten Dehnung von Lungengewebe und Thoraxwand; nimmt bei erhöhter Steifigkeit des respiratorischen Systems, beispielsweise bei Lungenödem, Lungeninfiltraten, ARDS, zu.

**Reibungsbedingte Widerstände:**
Arbeit infolge des Strömungswiderstandes der Atemwege; erhöht sich bei Erkrankungen der Atemwege wie beispielsweise bei entzündlicher Schwellung und Bronchospasmen, bei chronisch obstruktiver Lungenerkrankung (COPD) und Asthma bronchiale.

**Viskoelastische Widerstände:**
Arbeit infolge der Dehnung von viskoelastischen Gewebselementen in Lunge und Thoraxwand: sichtbar

beispielsweise als langsamer Druckabfall („stress adaptation") während einer end-inspiratorischen Pause.

**Plastoelastische Widerstände:**
Verformungsarbeit infolge der Dehnung von plastoelastischen Gewebselementen: sichtbar als unterschiedlicher Verlauf der Ruhedehnungskurven in Inspiration und in Exspiration (Hysterese).

**Trägheitsbedingte (inertive) Widerstände:**
Beschleunigungsarbeit, welche bei hoher Atemfrequenz (z. B. beim Kleinkind) und erhöhter Masse von Lungengewebe (z. B. bei Oedem, Infiltration), des Thorax (z. B. bei Adipositas) oder des Atemgases (z. B. bei einer Untersuchung mit Argon anstelle von Stickstoff, einer Flüssigkeitsbeatmung mit Perfluorcarbon) eine klinisch relevante Größe annehmen kann.

**Schwerkraftbedingte (gravitationsbedingte) Widerstände:**
Die schwerkraftbedingten Widerstände können als Teil der trägheitsbedingten Widerstände aufgefasst werden.

**Widerstände infolge Kompression von Atemgasen:**
Atemarbeit, die beispielsweise bei Atmung gegen verschlossene Atemwege auftritt; dürfte aber auch bei Tachypnoe oder bei Atemwegsobstruktion von Bedeutung sein.

**Distorsionsbedingte Widerstände:**
Atemarbeit infolge von Verdrehung des respiratorischen Systems gegenüber der Atemruhelage; wird bei der Messung der elastischen Arbeit miterfasst.

**Extern applizierte Widerstände:**
Typisches Beispiel ist die Arbeit gegen den Strömungswiderstand von Endotrachealtubus oder Trachealkanüle, welche als sogenannte zusätzliche Atemarbeit weiter unten in diesem Kapitel ausführlich behandelt werden wird.

Für klinische Belange ist jedoch nur ein Teil dieser Widerstände von Bedeutung. Zudem kann mit den gebräuchlichen Methoden nicht immer exakt zwischen den verschiedenen Arten von Widerständen unterschieden werden, sie werden teilweise bei der Messung der elastischen oder resistiven Atemarbeit mit erfasst.

*Im Folgenden wollen wir uns auf die Betrachtung der resistiven (reibungsbedingten) und der elastischen Atemarbeit (einschließlich der darunter teilweise subsumierten anderen Teilatemarbeiten) beschränken.*

Dementsprechend kann die Gleichung (7) folgendermaßen präzisiert werden:

$$W = \int P \times dV = \int P_{elastisch} \times dV + \int P_{resistiv} \times dV \quad (8)$$

Da in Gleichung (8) sowohl für den Anteil der elastischen wie auch für den der resistiven Atemarbeit gilt, dass der Druck P jeweils vom Volumen V (bzw. von dessen erster Ableitung, dem Fluss $\dot{V}$) abhängt, muss P mathematisch durch V ausgedrückt werden. Ein mathematischer Zusammenhang zwischen P, V und $\dot{V}$ liefert die sogenannte Bewegungsgleichung, die auf dem einfachen linearen Resistance-Compliance-Modell des respiratorischen Systems beruht. Dieser Gleichung zufolge entspricht der elastische Druck dem Quotienten aus Volumen und Compliance, und der resistive Druck entspricht dem Produkt aus Resistance und Gasfluss. Nach Einsetzen von $V / C_{rs}$ für $P_{elastisch}$, beziehungsweise von $R_{rs} \times \dot{V}$ für $P_{resistiv}$ erhält man:

$$W = \int V / C_{rs} \times dV + \int R_{rs} \times \dot{V} \times dV \qquad (9)$$

Hierbei stehen V für das eingeatmete Volumen über der funktionellen Residualkapazität (FRC), für den Gasfluss, $C_{rs}$ für die Compliance (Dehnbarkeit) des respiratorischen Systems, $R_{rs}$ für dessen Resistance (Strömungswiderstand).

## 4.4 Voraussetzungen zur Messung der physikalischen Atemarbeit anhand der Volumen-Druck-Beziehung

Bevor wir uns mit der Messung der Atemarbeit anhand der Volumen-Druck-Beziehung befassen, sollen zunächst ein paar grundsätzliche Gedanken zu den beiden Größen Volumen und Druck vorangestellt werden.

Das *Volumen* einer bestimmten Gasmenge hängt gemäß der allgemeinen Gasgleichung für ideale Gase vom Druck ab, unter dem das untersuchte Gasvolumen steht sowie von dessen Temperatur und Feuchtigkeit (Wasserdampf-Partialdruck). Deshalb müssen bei Messungen von Gasvolumina immer die Messbedingungen genau angegeben werden. Die genaue Erfassung der Messbedingungen am Messort ist die Voraussetzung dafür, dass das Atemgasvolumen auf diejenigen physikalischen Umgebungsbedingungen umgerechnet werden kann, unter denen es seine physiologische Wirkung entfaltet. Wird etwa das Gasvolumen indirekt, d.h. durch Integration aus dem im Beatmungsgerät gemessenen Gasfluss bestimmt, so entsprechen die physikalischen Bedingungen am Messort nahezu den Bedingungen in der umgebenden Atmosphäre. Das vom Beatmungsgerät applizierte Volumen entfaltet aber seine atemmechanische Wirkung, nämlich die Dehnung des respiratorischen Systems unter den physikalischen Bedingungen, die innerhalb der beatmeten Patientenlunge herrschen. In der Lunge ist die Temperatur um mindestens 12 °C höher als in der umgebenden Atmosphäre, das Atemgas in der Lunge ist mit Wasserdampf gesättigt und steht unter dem Beatmungsdruck.

In der Atemphysiologie sind die folgenden drei Volumen-Messbedingungen gebräuchlich:

*1) ATPS-Bedingungen* (Ambient Temperature Pressure Saturated) sind die Bedingungen, unter denen Gasvolumina üblicherweise gemessen werden, also beim aktuellen Barometerdruck, bei Raumtemperatur und im Wasserdampf gesättigten Zustand.

*2) BTPS-Bedingungen* (Body Temperature Pressure Saturated) geben Gasvolumina unter den Bedingungen an, wie sie in den oberen Atemwegen und in der Lunge herrschen. Unter Körpertemperatur nimmt eine bestimmte Anzahl von Gasmolekülen ein deutlich größeres Volumen ein als bei Umgebungstemperatur. Für die Messung der Atemarbeit anhand der Volumen/Druck-Beziehung sollten für das Volumen immer BTPS-Bedingungen zugrunde gelegt werden.

*3) STPD-Bedingungen* (Standard Temperature Pressure Dry) sind die physikalischen Normalbedingungen für die Angabe von Gasvolumina: 0 °C, 760 mmHg und trocken. In der klinischen Atemphysiologie werden die pro Zeiteinheit ausgetauschten gasförmigen Stoffmengen üblicherweise auf physikalische Normalbedingungen umgerechnet, also beispielsweise die $O_2$-Aufnahme oder die $CO_2$-Abgabe.

Die Gasvolumina lassen sich durch Umrechnungsfaktoren ineinander überführen:

$V_{BTPS} / V_{ATPS} = 1{,}09$;

$V_{STPD} / V_{ATPS} = 0{,}89$;

$V_{STPD} / V_{BTPS} = 0{,}81$ [37].

Analysiert man beispielsweise das exspiratorische Atemminutenvolumen aus der Menge an gemischtexspiratorischem Gas, das zur quantitativen Bestimmung des respiratorischen Gasaustausches in einem Mischbeutel (Douglas bag) aufgefangen wird und misst mit einem Spirometer 6 l ATPS/min so entspricht dies unter BTPS-Bedingungen einem Atemminutenvolumen von 6,54 l BTPS/min und unter STPD-Bedingungen einem Minutenvolumen von 5,34 l STPD/min. Dieses Beispiel mag als Beleg dienen, dass wir es hier mit massiven quantitativen Effekten zu tun haben, die nicht etwa zu vernachlässigen sind. Zur Ableitung der Umrechnung von Gasvolumina auf die verschiedenen physikalischen Umgebungsbedingungen sei auf die spezielle Literatur verwiesen.

Die zweite Größe, die in die Volumen-Druck-Beziehung eingeht, ist der *Druck*. Anstelle von absoluten Drücken finden in der Physiologie und Medizin üblicherweise relative Drücke Verwendung, die sogenann-

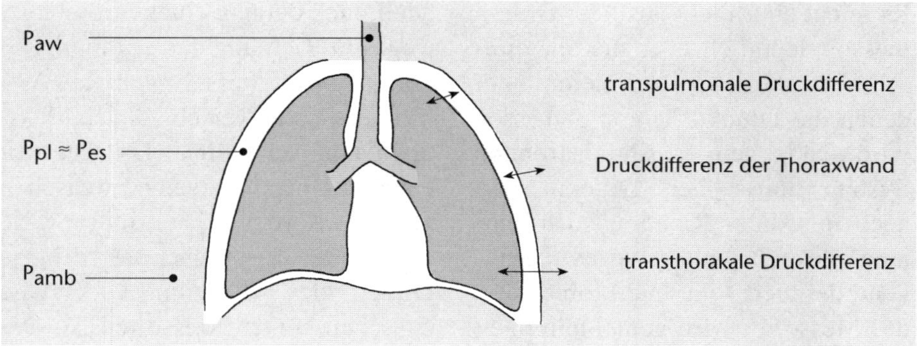


Abb. 4.2: Schematische Darstellung des respiratorischen Systems für die Situation des nicht intubierten Patienten. Links sind die einer Messung direkt oder indirekt zugänglichen Drücke angegeben, rechts die für lungenmechanische Betrachtungen relevanten Druckdifferenzen. $P_{aw}$ = Atemwegsdruck, $P_{pl}$ = Pleuradruck, $P_{es}$ = Ösophagusdruck, $P_{amb}$ = Umgebungsdruck.

ten transstrukturellen Drücke. Bei der Atmung unterscheidet man anhand der Abbildung 4.2 den über der Lunge abfallenden transpulmonalen Druck $P_L$, den über der Thoraxwand (chest wall) abfallenden Druck $P_{cw}$ und den über dem gesamten respiratorischen System abfallenden transthorakalen Druck $P_{rs}$. Einer Messung prinzipiell zugänglich sind der Umgebungsdruck $P_{amb}$, der Atemwegsdruck $P_{aw}$ und der Pleuradruck $P_{pl}$, wobei als Ersatz für den Pleuradruck $P_{pl}$ meistens der Ösophagusdruck $P_{es}$ verwendet wird. (In diesem Zusammenhang reflektiert der Pleuradruck $P_{pl}$ bzw. der Ösophagusdruck $P_{es}$ die Summe aus dem von den Atemmuskeln generierten Druck für die Ausdehnung der Thoraxwand und dem statischen Druck der Thoraxwand: $P_{es} = P_{mus} + P_{cw}$.) Über diese einer Messung zugänglichen Drücke sind die transstrukturellen Drücke wie folgt definiert:

Transpulmonaler Druck:

$$P_L = P_{aw} - P_{pl} \qquad (10a)$$

Druckabfall über der Thoraxwand:

$$P_{cw} = P_{pl} - P_{amb} \qquad (10b)$$

Transthorakaler Druck:

$$P_{rs} = P_{aw} - P_{amb} \qquad (10c)$$

Über die besonderen Gesichtspunkte, die es bei der Messung des Ösophagusdruckes $P_{es}$ anstelle des Pleuradruckes $P_{pl}$ zu berücksichtigen gilt, sei ebenfalls auf die entsprechende Literatur verwiesen [4, 12, 24, 29, 30].

Die oben dargestellten Betrachtungen zur transstrukturellen Druckmessung haben bereits auf den bei der Druckmessung entscheidenden *Aspekt des Messortes* hingewiesen.

Es reicht aber nicht aus, den Druckmessort lediglich über die anatomischen Strukturen zu definieren, über denen die Druckdifferenz gemessen wird. In einem gasdurchströmten System muss der Druckmessort auch in axialer Richtung, d. h. entlang des Strömungsweges, zwingend definiert sein. Die Problematik des Messortes wird gemeinhin nicht erwähnt, ist aber für das Verständnis der physikalischen Atemarbeit unter den realen Bedingungen der mechanischen Beatmung grundlegend.

Bei der mechanischen Beatmung haben wir es mit einem verbundenen pneumatischen System bestehend aus einem technischen Teilsystem (Respirator, Schlauchsystem mit Befeuchter) und einem biologischen Teilsystem (respiratorisches System des Patienten) zu tun. Beide Teilsysteme stehen miteinander im Energieaustausch. Der stoffliche Energieträger ist das strömende Atemgas, das immer vom Ort höherer Energie zum Ort niedrigerer Energie fließt. Ein Maß für die Energie des Gases ist der Druck, den es ausübt. Die Aussage, dass ein Gas entlang eines Energiegefälles fließt ist gleichbedeutend mit der Aussage, dass ein Gas immer vom Ort höheren Druckes zum Ort niedrigeren Druckes fließt. Das zwischen beiden Enden eines Strömungsweges bestehende Druckgefälle wird zur Überwindung von reibungsbedingten Energieverlusten benötigt, oder – mit anderen Worten – entlang des Strömungsweges wird Energie, d. h. Druck, verbraucht. Messen wir also den Druck entlang eines Strömungsweges in Richtung der Strömung, so nimmt dieser immer mehr ab. Wir messen also an verschiedenen Messorten unterschiedliche Drücke, wobei der Druckunterschied zwischen zwei Messorten um so größer ist, je größer der Energieverlust, d. h. je größer der Strömungswiderstand zwischen beiden Messorten ist. Der Ort der Druckmessung gibt also Auskunft darüber, auf welchem Energieniveau sich das strömende Atemgas gerade befindet. Wir müssen festhalten, dass in einem gasdurchströmten System – wie dem Respirator-Lunge-System – das Energieniveau des Gases ortsabhängig ist, solange der Gasfluss von Null verschieden ist.

Nehmen wir den endotrachealen Tubus (ETT) als konkretes Beispiel für einen Energie verzehrenden Strömungswiderstand: Am proximalen, respiratorseitigen Tubusende herrscht der Atemwegsdruck ($P_{aw}$), am distalen, patientenseitigen Tubusende herrscht der intratracheale Druck ($P_{trach}$). Damit nun Atemgas durch den Tubus fließt, muss während der Inspirationsphase $P_{aw}$ immer höher sein als $P_{trach}$, und umgekehrt muss während der Exspirationsphase $P_{trach}$ immer größer als $P_{aw}$ sein. $P_{aw}$ und $P_{trach}$ definieren also offensichtlich zwei unterschiedliche Niveaus der physikalischen Energie des strömenden Atemgases.

*Zurück zur Atemarbeit:* Die durch Gleichung (9) beschriebene Atemarbeit ist durch die Veränderung von Volumen und Druck während eines

Atemzuges definiert. Wie wir gesehen haben, ist der Druck, die Energie und damit auch die Atemarbeit vom Messort abhängig. Wenn die Atemarbeit ortsabhängig ist, dann sollte sich die Form und namentlich die Fläche der Druck/Volumen-Schleife (P/V-loop) entlang des durchströmten Gasweges verändern. Wie Abbildung 4.3 a und b zeigen, ist dies auch tatsächlich der Fall. Das P/V-Diagramm in Abbildung 4.3 a zeigt die Situation eines spontanatmenden Patienten unter CPAP, das Diagramm in Abbildung 4.3 b zeigt die Situation bei druckkontrollierter Beatmung. In beiden Diagrammen besteht zwischen dem jeweils inneren und dem äußeren „loop" ein erheblicher Unterschied sowohl hinsichtlich der Form als auch hinsichtlich der Fläche. Dabei fällt ein Unterschied zwischen beiden Diagrammen besonders ins Auge: im Fall der kontrollierten Beatmung ist der $P_{aw}$/V-loop größer als der $P_{trach}$/V-loop, während im Fall der Spontanatmung der $P_{trach}$/V-loop

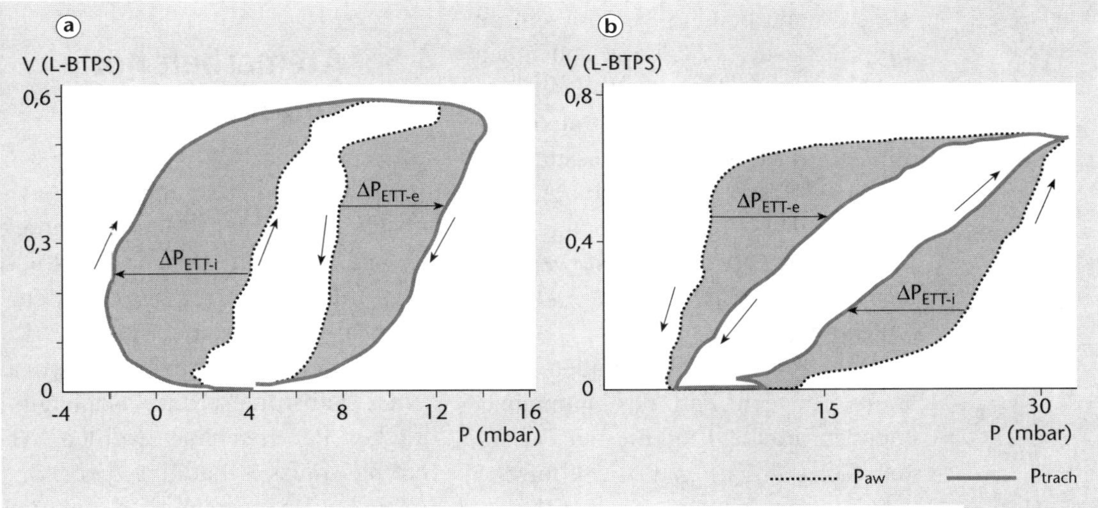


Abb. 4.3 a, b: Volumen/Druck-Diagramme von tracheal intubierten Patienten. Die Diagramme enthalten jeweils zwei Atemschleifen (P/V-loops), den Atemwegsdruck/V-loop (dünne Linie) und den Trachealdruck/V-loop (dicke Linie). Der Unterschied zwischen den korrespondierenden loops in Druckrichtung entspricht dem Druckabfall über dem Tubus. Dieser Druckabfall ist durch gestrichelte Pfeile jeweils für Inspiration ($\Delta P_{ETT-i}$) und für Exspiration ($\Delta P_{ETT-e}$) markiert. Die Pfeilrichtung geht jeweils vom Atemwegsdruck ($P_{aw}$) zum Trachealdruck ($P_{trach}$). Die schraffierten Flächen sind ein Maß für die zusätzliche, vom Tubus verursachte inspiratorische und exspiratorische Atemarbeit. Die aufwärts gerichteten Pfeile markieren die Inspiration, die abwärts gerichteten Pfeile markieren die Exspiration.
a: Spontanatmung mit inspiratorischer Druckunterstützung von 5 $cmH_2O$ im Modus PSV über PEEP 5 $cmH_2O$. Die Atemschleifen (P/V-loops) werden im Uhrzeigersinn durchlaufen. Der $P_{aw}$/V-loop liegt innen, der $P_{trach}$/V-loop liegt außen.
b: Druckkontrollierte Beatmung (PEEP = 5 $cmH_2O$; oberes Druckniveau = 25 $cmH_2O$). Die P/V-loops werden im Gegen-Uhrzeigersinn durchlaufen. Der $P_{aw}$/V-loop liegt außen, der $P_{trach}$/V-loop liegt innen.

größer als der $P_{aw}$/V-loop ist. Im ersten Fall der kontrollierten Beatmung befindet sich die Energiequelle (Respirator) außen, wir haben einen Energiegradienten von außen nach innen; dementsprechend nimmt die geleistete Atemarbeit und damit die Fläche des P/V-loops von außen nach innen ab. Umgekehrt im Falle der Spontanatmung liegt die Energiequelle im Innern des Patienten (Atemmuskulatur). Es besteht ein Energiegradient von innen nach außen; die innen geleistete Atemarbeit ist größer als die außen geleistete Atemarbeit, und damit nimmt die Fläche des P/V-loops von innen nach außen ab. Form und Flächeninhalt des P/V-loops hängen also mithin vom Ort der Druckmessung ab. Daraus folgt für ein Strömungssystem wie dem Respirator-Lunge-System: *die Angabe der Atemarbeit gilt immer nur für den Ort der Druckmessung*.

Der Vergleich der beiden P/V-loops für den Fall des spontanatmenden, tracheal intubierten Patienten (Abb. 4.3 a) mag die klinische Implikation der vorgenannten Überlegungen nochmals vor Augen führen. Bei herkömmlichem respiratorischem Monitoring, befindet sich die Druckmessstelle immer proximal vom Tubus, in der Regel sogar im Respirator, d.h. dem Kliniker wird nur der $P_{aw}$/V-loop – das ist der kleinere der beiden loops – angeboten. Damit kann der Kliniker nolens-volens nur die außen am Tubus geleistete Atemarbeit beurteilen und wird die vom spontanatmenden Patienten tatsächlich aufzubringende Atemarbeit stark unterschätzen. Ein weitaus besseres Maß für die vom Patienten tatsächlich zu leistende Atemarbeit ist der erheblich größere $P_{trach}$/V-loop.

Sind also alle vorbeschriebenen Voraussetzungen erfüllt, so kann mit Hilfe des Volumens (BTPS) und der entsprechenden transstrukturellen Drücke die physikalische Volumen/Druck-Arbeit berechnet werden.

## 4.5 Atemarbeit bei Spontanatmung

Bei der Spontanatmung gegen Atmosphäre ist der Atemwegsdruck $P_{aw}$ gleich dem Umgebungsdruck $P_{amb}$. Infolgedessen kann die Atemarbeit allein auf der Grundlage des Pleuradruckes $P_{pl}$ beziehungsweise seines Substitutes, des Ösophagusdruckes $P_{es}$, berechnet werden. Allerdings muss – bedingt durch den fehlenden Bezugspunkt – der aktuell gemessene Ösophagusdruck kontinuierlich vom end-exspiratorischen Wert des vorausgegangenen Atemzuges abgezogen werden. Wird das Atemzugvolumen $V_T$ gegen den so korrigierten Ösophagusdruck $P_{es}$ aufgetragen und die (dynamische) Dehnbarkeit von Lunge und Thoraxwand mit eingezeichnet, so lassen sich in dem, nach ihrem Erfinder benannten Campbell-Diagramm [8], einzelne Komponenten der

Atemarbeit unterscheiden. Die erforderliche dynamische Dehnbarkeit der Lunge ($C_{L,dyn}$) kann dabei direkt aus dem V/$P_{es}$-Diagramm abgelesen werden, indem die beiden Kurvenpunkte bei Nullfluss – das ist der unmittelbare Beginn der Inspiration und Wechsel von In- nach Exspiration (in Abb. 4.4 die Punkte A und B) – mit einer Geraden verbunden werden. Die dynamische Dehnbarkeit der Thoraxwand ($C_{cw,dyn}$) ist infolge der aktiven Atmungsmuskulatur bei Spontanatmung einer Messung nicht zugänglich. Man behilft sich, indem dieser Wert in relaxiertem Zustand gemessen wird [34] oder indem ein dem Alter und

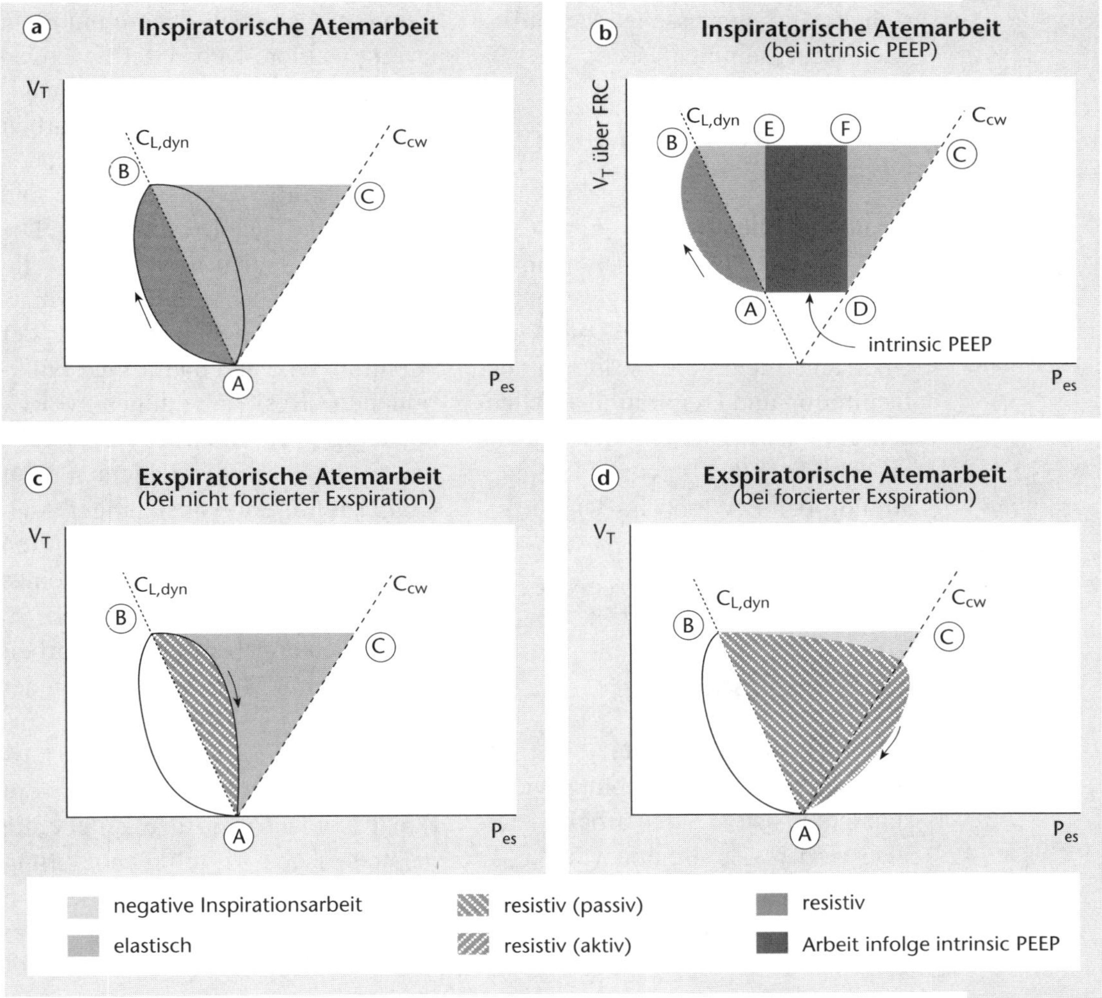


Abb. 4.4 a–d: Die während Inspiration (a,b) und Exspiration (c,d) anfallenden Teilatemarbeiten bei der nicht-unterstützten Spontanatmung. $C_{Ldyn}$: dynamische (lineare) Compliance der Lungen; $C_{cw}$: lineare Compliance der Thoraxwand (chest wall). Erläuterungen, siehe Text.

der Körpergröße entsprechender Wert aus der Literatur (üblicherweise 4 % der Vitalkapazität, circa 200 ml/cm$H_2O$) mit der damit verbundenen Ungenauigkeit eingesetzt wird [1]. Sowohl für die dynamische Lungencompliance als auch für die Thoraxwandcompliance wird dabei vereinfachend ein lineares Verhalten angenommen. Mathematisch lässt sich die so gemessene Atemarbeit wie folgt zusammenfassen:

$$W = \int P_{es} \times dV + \int V/C_{cw} \times dV \quad (11)$$

Analog zu Gleichung (9) kann Gleichung (11) in die elastische und die resistive Atemarbeit aufgeschlüsselt werden. Abbildung 4.4 gibt eine Übersicht über die während der Inspiration und Exspiration anfallenden Teil-Atemarbeiten. Man beachte in Abbildung 4.4, dass bei Spontanatmung der P/V-loop im Uhrzeigersinn durchlaufen wird.

### 4.5.1 Inspiration

Während der Inspiration (Abb. 4.4 a) muss infolge von Strömungswiderständen resistive Atemarbeit geleistet werden. Zu Beginn (Punkt A) und am Ende (Punkt B) der Inspiration fließt kein Atemgas (Nulldurchgang der Flusskurve) und dementsprechend muss keine Arbeit gegen reibungsbedingte Widerstände geleistet werden. Während der Inspiration steigt der Gasfluss zunächst bis zu seinem inspiratorischen Spitzenwert an, um dann im weiteren Verlauf wieder gegen Null abzufallen. Analog nimmt die gegen reibungsbedingte Widerstände zu leistende Atemarbeit inspiratorisch zuerst zu und im weiteren Verlauf wieder ab. Die ebenfalls anfallende resistive Arbeit gegen den Widerstand der Thoraxwand kann bei Spontanatmung im Campbell-Diagramm nicht erfasst werden. Neben der resistiven Atemarbeit muss während der Inspiration auch elastische Atemarbeit zur Überwindung der elastischen Rückstellkräfte von Lungen und Thoraxwand geleistet werden. Die elastische Atemarbeit ist – im Gegensatz zu der resistiven Atemarbeit – zu einem hohen Grade von der Atemruhelage und damit vom Funktionellen Residualvolumen (FRC) abhängig [36]. Kommt es beispielsweise bei einem Patienten mit COPD infolge unvollständiger Ausatmung zu einer Volumenretention und damit zur Ausbildung eines intrinsic PEEP (Abb. 4.4 b), so erhöht sich die elastische Atemarbeit um die Fläche AEFD. Zu Beginn der Inspiration muss der Patient zunächst isometrische Atemarbeit leisten, um den intrinsic PEEP vom Punkt D nach A abzubauen, ehe die inspiratorische Volumenlieferung beginnt. Wie oben ausgeführt, kann diese isometrische Atemarbeit im Volumen/Druck-Diagramm grundsätzlich nicht erfasst werden. Die durch den intrinsic PEEP verursachte Mehrarbeit beinhaltet jedoch neben der isometrischen Mehrarbeit auch eine elastische Mehrarbeit, welche im Volumen/Druck-Diagramm durch die Fläche AEFD zur Darstellung kommt. Wird dem intrinsic PEEP durch die Applikation eines gleich hohen externen PEEP entgegengewirkt, so kommt es durch den Wegfall der Fläche AEFD gleichsam zu einer Neutralisation der durch den intrinsic PEEP hervorgerufenen inspiratorischen Mehrarbeit [36].

### 4.5.2 Exspiration

Bei der nicht forcierten Exspiration ist zunächst ebenfalls Arbeit gegen den Strömungswiderstand der Atemwege zu leisten (resistive Atemarbeit). Wie bei der Inspiration ist auch bei der Exspiration nur dann ein Strömungswiderstand wirksam und dementsprechend resistive Atemarbeit zu leisten, wenn tatsächlich Atemgas fließt (Abb. 4.4 c). Im Unterschied zur Inspiration wird die zur Exspiration notwendige Atemarbeit passiv geleistet, d.h. die Energie für die Exspiration wird aus den während der Inspiration elastisch gedehnten Lungen- und Thoraxwandstrukturen bezogen. Dies geht direkt aus dem Campbell-Diagramm hervor: Solange die Fläche der resistiven exspiratorischen Atemarbeit (Abb. 4.4 c) innerhalb der Fläche für die elastische inspiratorische Atemarbeit (Abb. 4.4 a) liegt, erfolgt die Exspiration passiv beziehungsweise bezieht sie ihre Energie aus der inspiratorisch geleisteten, im Gewebe gespeicherten, elastischen Energie. Wird jedoch forciert ausgeatmet oder besteht eine exspiratorische Atemwegsobstruktion (COPD, Asthma), so nimmt die resistive Atemarbeit während der Exspiration so stark zu, dass ihre Fläche die der inspiratorisch gespeicherten elastischen Atemarbeit überschreitet (Abb. 4.4 d). In dieser Situation muss der spontanatmende Patient auch während der Exspiration teilweise aktive Atemarbeit gegen reibungsbedingte Widerstände leisten. Wie aus den Abbildungen 4.4 c und d hervorgeht, wird von der während der Inspiration gespeicherten elastischen Energie für die resistive exspiratorische Atemarbeit nur ein Teil benötigt: bei nicht forcierter Exspiration bleibt ein größerer, bei forcierter Exspiration ein kleinerer Teil der elastischen Atemarbeit übrig. Da diese im Wesentlichen in elastischen Elementen gespeicherte Energie nicht einfach „vernichtet" werden kann, muss sie während der Exspiration abgebaut werden. Man stellt sich nun vor, dass diese gespeicherte Restenergie für die Dehnung der inspiratorischen Atemmuskeln in ihren Grundzustand (für die nachfolgende Inspiration) benötigt wird. Dementsprechend wird dieser Teil der exspiratorisch anfallenden Atemarbeit als *negative Inspirationsarbeit* bezeichnet. Die negative Inspirationsarbeit ist immer eine „passive" Arbeit, d. h. sie bezieht ihre Energie aus der inspiratorisch aktiv geleisteten und in den elastischen Lungen-

und Thoraxwandstrukturen gespeicherten Energie.

Nebenbei bemerkt ist die während einer passiven Exspiration erbrachte Atemarbeit ein Beispiel für pliometrische Atemarbeit (siehe oben); sie kann demnach nur als Volumen/Druck-Arbeit, nicht jedoch als Druck/Zeit-Produkt erfasst werden.

## 4.6 Atemarbeit bei beatmeten Patienten mit passivem respiratorischem System

Im Unterschied zur Spontanatmung ist beim passiv beatmeten (tief sedierten und/oder relaxierten) Patienten der Atemwegsdruck $P_{aw}$ durch das Flussmuster des Beatmungsgerätes definiert und demnach verschieden vom Umgebungsdruck $P_{amb}$. Andererseits ist der von den Atemmuskeln erbrachte Druck $P_{mus} = 0$. Dementsprechend kann die Atemarbeit, die bei passiv beatmeten Patienten anfällt und vollständig vom Beatmungsgerät geleistet werden muss, allein auf der Grundlage des Atemwegsdruckes $P_{aw}$ erfasst werden. Mathematisch lässt sich dieser Zusammenhang folgendermaßen definieren:

$$W = \int P_{aw} \times dV \qquad (12)$$

Die während der passiven Beatmung vom Beatmungsgerät erbrachte Arbeit wird wiederum zur Überwindung hauptsächlich von reibungsbedingten und elastischen Widerständen benötigt. Dementsprechend kann Gleichung (12) analog zu Gleichung (9) auf der Basis vom gemessenen Atemwegsdruck $P_{aw}$ weiter präzisiert werden und man erhält dann die in Abbildung 4.5 dargestellten Teilatemarbeiten. Man beachte in Abbildung 4.5 a und 4.5 b, dass der P/V-loop bei passiver Beatmung im Gegen-Uhrzeigersinn durchlaufen wird (im Gegensatz zur Spontanatmung, bei der der P/V-loop im Uhrzeigersinn durchlaufen wird).

### 4.6.1 Inspiration

Während der Inspiration (Abb. 4.5 a) muss das Beatmungsgerät Arbeit gegen den Strömungswiderstand der Atemwege leisten (resistive Arbeit). Strömungswiderstand wird dabei von den Atemwegen des Patienten und von der Thoraxwand entgegengebracht. Die resistive Arbeit fällt nur dann an, wenn tatsächlich Atemgas fließt, mithin also während der Inspiration. Die resistive Atemarbeit ist zu Beginn (Punkt A) und am Ende der Inspiration (Punkt B) Null, da dann auch kein Atemgas fließt (Nulldurchgang der Flusskurve). Bei erhöhtem Strömungswiderstand oder bei der Insufflation mit einer höheren Flussrate nimmt die resistive Arbeit zu. Letzteres würde sich in einer vermehrten Ausbauchung der inspiratorischen Volumen/Druck-Schleife nach rechts zeigen. Im Unterschied zur Spontanatmung, bei welcher der Strömungswiderstand der Thoraxwand im Campbell-Diagramm prinzipiell nicht berücksichtigt werden kann, wird dieser bei der passiven Beatmung mit einbezogen, indem er in der resistiven Atemarbeit automatisch erfasst ist. Neben der resistiven Arbeit muss das Beatmungsgerät auch Arbeit gegen elastische Widerstände verrichten (Abbildung 4.5 a: Fläche ABCA). Die gegen elastische Widerstände geleistete inspiratorische Atemarbeit wird wiederum in den Lungen- und Thoraxwandstrukturen gespeichert und steht dann für die anfallende Atemarbeit während der Exspiration zur Verfügung. Bei verminderter Dehnbarkeit (Compliance) von Lunge und/oder Thoraxwand, beispielsweise infolge von ARDS oder Kyphoskoliose, nimmt die elastische Atemarbeit zu. Im Volumen/Druck-Diagramm würde die verminderte Compliance durch einen flacheren Anstieg der Geraden $C_L$ und die vermehrte elastische Atemarbeit durch eine entsprechende Vergrößerung der Fläche ABCA zur Darstellung kommen.

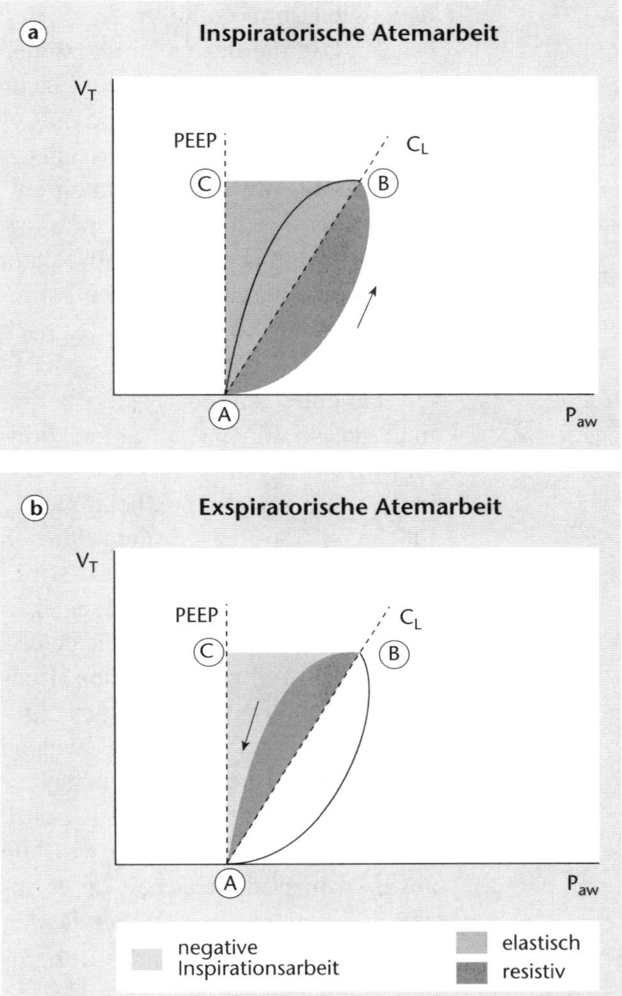


Abb. 4.5 a, b: Inspiratorische (a) und exspiratorische (b) Atemarbeit bei passiver Beatmung, die vollständig vom Beatmungsgerät aufgebracht wird. $C_L$: lineare Compliance der Lungen. Weiteres siehe Text.

## 4.6.2 Exspiration

Auch während der Exspiration (Abb. 4.5 b) ist Atemarbeit zur Überwindung der Strömungswiderstände notwendig. Die Exspiration erfolgt passiv, d.h. die Energie für die exspiratorische Atemarbeit wurde während der vorangegangenen Inspiration in elastischen Elementen des respiratorischen Systems gespeichert. Im Volumen/Druck-Diagramm kommt dies wiederum dadurch zum Ausdruck, dass die der exspiratorischen Atemarbeit entsprechende Fläche (immer) innerhalb der Fläche ABCA liegt, welche der inspiratorisch geleisteten elastischen Atemarbeit entspricht. Bei erhöhtem exspiratorischem Strömungswiderstand baucht sich die Fläche der resistiven Atemarbeit dementsprechend weiter nach links aus. Bei einem passiv beatmeten Patienten kann sie jedoch niemals das PEEP-Niveau unterschreiten, d.h. links der PEEP-Linie verlaufen, und dementsprechend nie die Fläche ABCA überschreiten. Je nach Höhe der exspiratorisch resistiven Atemarbeit bleibt ein unterschiedlicher Anteil an inspiratorisch geleisteter und in den elastischen Lungen- und Thoraxwandstrukturen gespeicherter Energie übrig, welche wiederum in Form von negativer Inspirationsarbeit abgebaut wird. Bei der passiven Beatmung wird die negative Inspirationsarbeit unter anderem an elastischen Widerständen von Beatmungsgerät und zuführendem Schlauchsystem verbraucht.

## 4.7 Atemarbeit bei unterstützter Spontanatmung

Bei der unterstützten Spontanatmung teilen sich der Patient und das Beatmungsgerät die zu erbringende Atemarbeit auf. Die Unterscheidung zwischen der vom Patienten erbrachten Atemarbeit und der vom Beatmungsgerät eingebrachten Atemarbeit ist von primärem Interesse für die Entwöhnung des Patienten vom Respirator. Dies hat den folgenden Grund: Während der passiven Beatmung wird die gesamte Atemarbeit vom Beatmungsgerät geleistet. Im Gegensatz dazu muss bei Spontanatmung nach Diskonnektion vom Beatmungsgerät die gesamte Atemarbeit vom Patienten erbracht werden. Dementsprechend kann die Entwöhnung von der mechanischen Beatmung (Weaning) als die schrittweise Übertragung der Atemarbeit vom Beatmungsgerät zurück zum Patienten angesehen werden [40]. Um eine schrittweise Übertragung der Atemarbeit zu gewährleisten, ist die Kenntnis über den vom Beatmungsgerät und vom Patienten geleisteten Anteil an der gesamten Atemarbeit zu jedem Zeitpunkt im Weaning-Verlauf von großer Bedeutung.

Im Unterschied zur passiven Beatmung und zur nicht unterstützten Spontanatmung ist bei der *unterstützten* Spontanatmung sowohl der Atemwegsdruck $P_{aw}$ wie auch der von der Atemmuskulatur des Patienten erzeugte Druck $P_{mus}$ zu berücksichtigen. Diese beiden Drücke treten über die mechanischen Eigenschaften des respiratorischen Systems miteinander in eine komplexe Wechselwirkung; sie können demnach nicht mehr einfach als eine reine Funktion entweder des Beatmungsgerätes ($P_{aw}$) oder des Patienten ($P_{mus}$) beschrieben werden.

Berechnet man bei unterstützter Spontanatmung die Atemarbeit nur auf der Grundlage des Ösophagusdruckes $P_{es}$, so kann zwar die vom Patienten geleistete Atemarbeit erfasst werden, nicht jedoch die vom Beatmungsgerät eingebrachte Arbeit. Ebenso lässt sich die Atemarbeit des Patienten nur als Gesamtes erfassen; eine Aussage darüber, woran die vom Patienten erbrachte Arbeit verbraucht wird, ob im respiratorischen System des Patienten, durch nicht-ideale mechanische Eigenschaften von Beatmungsgerät und/oder vom zuführenden Schlauchsystem, ist nicht möglich. Andererseits kann bei unterstützter Spontanatmung die vom Beatmungsgerät eingebrachte Atemarbeit (nicht jedoch die des Patienten) erfasst werden, falls man für die Berechnung den Atemwegsdruck $P_{aw}$ heranzieht. Dieser Lösungsansatz ist jedoch bei intubierten oder tracheotomierten Patienten nicht länger aussagekräftig, weil sich infolge des flussabhängigen Tubuswiderstandes bei Spontanatmung der Atemwegsdruck $P_{aw}$ am proximalen Tubusende und der in der Trachea des Patienten gemessene Trachealdruck $P_{trach}$ grundsätzlich und nachhaltig voneinander unterscheiden können [16, 45, 19].

Die Unterscheidung zwischen der vom Patienten erbrachten Atemarbeit und der vom Beatmungsgerät eingebrachten Atemarbeit während der unterstützten Spontanatmung ist – wie bereits gesagt – für das Weaning von großer Bedeutung [40]. In den unmittelbar nachfolgenden Betrachtungen über die in der Literatur vorgeschlagenen Methoden zur Messung der Atemarbeit von Patient und Beatmungsgerät bei unterstützter Spontanatmung wird der Einfluss von Tubus, zuführendem Schlauchsystem und Beatmungsgerät vorerst stillschweigend umgangen; die Ausführungen behalten ihre Gültigkeit demnach für die unterstützte Spontanatmung via Gesichtsmaske bei. Man halte sich jedoch in Erinnerung, dass die nachfolgend beschriebenen Methoden in Unkenntnis bzw. unter Vernachlässigung des Tubuswiderstandes bei intubierten Patienten beschrieben wurden [2, 28, 39, 44]; die zugrundeliegenden Arbeiten müssen schon alleine deshalb als fragwürdig beurteilt werden.

Die vorgeschlagenen Methoden beruhen entweder auf der indirekten Kalorimetrie [2] oder auf der nach Gleichung (12) berechneten mechanischen Atemarbeit [28, 39, 44]. Das Prinzip ist jedoch bei beiden Verfahren das gleiche: Zuerst wird die Atemarbeit (mechanisch bzw. indirekt kalorimetrisch) bei passiver Beatmung, mithin also beim tief sedierten oder relaxierten Patienten, gemessen. Danach wird die Atemarbeit bei unterstützter Spontanatmung (mechanisch bzw. indirekt kalorimetrisch) gemessen. Unter der Annahme, dass zwischen den beiden Messungen keine anderweitigen wesentlichen Veränderungen aufgetreten sind, kann aus der Differenz der beiden Arbeiten bzw. Energieumsätze auf die vom Patienten geleistete Atemarbeit bei unterstützter

Spontanatmung geschlossen werden. Dies gilt aber nur dann, wenn Atemzüge gleichen Volumens, gleicher FRC, gleichen Flussmusters und gleicher Atem- respektive Beatmungsfrequenz miteinander verglichen werden [33, 32]. Schon allein diese Bedingungen schränken den Wert dieser Methoden erheblich ein. Darüber hinaus dürfte durch den Wegfall einer vertieften Sedation und/oder Relaxation der gesamte Stoffwechsel des Patienten auf ein höheres Niveau angehoben und durch die damit einhergehende Mehrproduktion an $CO_2$ der Ventilationsbedarf erhöht werden. Somit werden unvermeidbar zwei unter sehr unterschiedlichen Bedingungen gemessene Zustände miteinander verglichen und dementsprechend fragwürdig muss dieser Lösungsansatz bleiben. Erschwerend kommt hinzu, dass ethische Gesichtspunkte eine Vertiefung der Sedation oder eine Relaxation ausschließlich zum Zweck der Messung der Atemarbeit verbieten. Infolgedessen liegt die jeweils letzte Vergleichsmessung, welche bei medizinisch indizierter Sedation oder Relaxation erhoben wurde, mit fortschreitender Zeitdauer der Entwöhnung vom Beatmungsgerät immer weiter zurück. Fasst man alle diese Einschränkungen zusammen, so kann auch mit diesen Methoden die Atemarbeit von Patient und Beatmungsgerät bei unterstützter Spontanatmung nicht erfasst werden. Grundsätzlich gibt es bis heute keine befriedigende Methode, die bei unterstützter Spontanatmung eine getrennte Erfassung der vom Patienten geleisteten und der vom Beatmungsgerät eingebrachten Atemarbeit erlaubt.

Als ein praktikabler Kompromiss für die Analyse der Ventilatorunterstützung während des Weanings hat sich die Betrachtung der vom Beatmungsgerät eingebrachten und dem Patienten effektiv zugute kommenden Atemarbeit erwiesen. Die vom Beatmungsgerät abgegebene und dem Patienten zugeführte Atemarbeit lässt sich zwar einfach auf der Grundlage des Atemwegsdruckes $P_{aw}$ nach Gleichung (12) berechnen, entspricht aber bei weitem nicht dem Bedarf an Atemarbeit, den der Patient während der unterstützten Spontanatmung tatsächlich benötigt [11, 20, 21]. Wie bereits diskutiert, ist der Grund hierfür der Strömungswiderstand von Endotrachealtubus oder Trachealkanüle, zuführendem Schlauchsystem und von Widerständen im Beatmungsgerät selber (z. B. Ventile) [5, 11, 16, 20, 21]. Während der unterstützten Spontanatmung wird immer ein Teil der Arbeit – sowohl der vom Beatmungsgerät eingebrachten als auch der vom Patienten geleisteten – zur Überwindung dieser Widerstände aufgebraucht. Und da insbesondere der Widerstand von Endotrachealtubus oder Trachealkanüle nicht konstant ist, sondern ein zum Gasfluss nicht-lineares Verhalten zeigt [16, 38, 19], ist bei spontanatmenden Patienten mit entsprechend variablem Gasfluss der durch den Tubus bedingte Widerstand ebenfalls sehr variabel.

Dementsprechend variabel muss unter Spontanatmung auch der Anteil der am Tubus verbrauchten Arbeit sein [11, 20, 21] (vgl. Abb. 4.3 a, b). Es konnte gezeigt werden, dass die durch den Widerstand von Tubus, zuführendem Schlauchsystem und durch nicht-ideale Ventilatoreigenschaften erforderliche inspiratorische Mehrarbeit im Mittel (± Standardabweichung) 52 ± 11 % der inspiratorischen Gesamtatemarbeit bei nicht unterstützter Spontanatmung (CPAP) ausmachen kann [21]. In Abhängigkeit von der Inspirationsanstrengung des Patienten kann dieser Wert stark variieren und in Einzelfällen bis unter 30 % und über 80 % ansteigen. Im Gegensatz dazu bleibt die vom Beatmungsgerät abgegebene Arbeit konstant, beziehungsweise ändert sich erst mit der nächsten Ventilatoreinstellung. Würde es jedoch gelingen, die dem Patienten effektiv zukommende Unterstützung unabhängig von seinem Ventilationsbedarf, dem Widerstand des Ventilator-Schlauchsystems und den Einstellungen am Beatmungsgerät quantitativ zu erfassen und gezielt an seine Bedürfnisse anzupassen, so könnte die Entwöhnung von der mechanischen Beatmung nach rationalen und quantifizierbaren Kriterien erfolgen.

## 4.8 Zusätzliche und reduzierte Atemarbeit beim intubierten oder tracheotomierten Patienten

Die Atemarbeit, welche am Tubus, dem zuführenden Schlauchsystem und infolge nicht-idealer Eigenschaften des Beatmungsgerätes verbraucht wird, wird *zusätzliche Atemarbeit (additional work of breathing,* $W_{add}$*)* genannt. Zusätzlich deshalb, weil diese Arbeit nach Extubation und Diskonnektion vom Beatmungsgerät nicht länger geleistet werden muss. Die vom Beatmungsgerät gelieferte und nach Abzug der am Tubus, Schlauchsystem und Beatmungsgerät verbrauchten Atemarbeit noch effektiv dem Patienten zukommende Atemarbeit wird *reduzierte Atemarbeit (reduced work of breathing,* $W_{red}$*)* genannt. Die Begriffe $W_{add}$ und $W_{red}$ wurden erstmals von Katz und Mitarbeitern [22] sowie von Viale und Mitarbeitern [42] im Rahmen des Vergleichs verschiedener CPAP-Systeme eingeführt. Ausgangspunkt waren die folgenden Beobachtungen: Zu Beginn der Inspiration sinkt infolge der Atemanstrengung des Patienten der Atemwegsdruck $P_{aw}$ normalerweise unter PEEP-Niveau ab. Diese alleinig durch den Patienten bewirkte Absenkung von $P_{aw}$ bedeutet zusätzliche Atemarbeit ($W_{add}$) für den Patienten. Nach erfolgter Triggerung liefert das Beatmungsgerät Gasfluss zum Patienten und der Atemwegsdruck $P_{aw}$ steigt an. Erst nachdem der Atemwegsdruck $P_{aw}$ das PEEP Niveau überschritten hat, kommt die vom Beatmungsgerät gelieferte Druckunterstützung dem Patienten effektiv zugute und reduziert so die Atemarbeit des Patienten ($W_{red}$). In Abbildung 4.6 a und b, jeweils oben, ist der Sachverhalt graphisch aufgezeigt; mathematisch lässt er sich folgendermaßen beschreiben:

$$W_{add} = \int_{P_{aw} < PEEP} (PEEP - P_{aw}) \times dV \qquad (13a)$$

$$W_{red} = \int_{P_{aw} > PEEP} (P_{aw} - PEEP) \times dV \qquad (13b)$$

Ist der Patient jedoch über einen Endotrachealtubus oder eine Trachealkanüle mit dem Schlauchsystem und dem Beatmungsgerät verbunden, so tragen Endotrachealtubus oder Trachealkanüle durch ihren flussabhängigen Widerstand entscheidend zur Vergrößerung von $W_{add}$ bei (Abb. 4.6 a und b, jeweils unten). Um dieser Tatsache Rechnung zu tragen, muss für intubierte oder tracheotomierte Patienten in Gleichung (13a) und (13b) anstelle des Atemwegsdruckes $P_{aw}$ der Trachealdruck $P_{trach}$ berücksichtigt werden [11]:

$$W_{add} = \int_{P_{trach} < PEEP} (PEEP - P_{trach}) \times dV \qquad (14a)$$

$$W_{red} = \int_{P_{trach} > PEEP} (P_{trach} - PEEP) \times dV \qquad (14b)$$

$P_{trach}$ kann entweder gemessen oder aber verhältnismäßig einfach berechnet werden [16, 38, 19]. Die Übereinstimmung zwischen gemessenem und berechnetem $P_{trach}$ kann aufgrund von Untersuchungen im Labor und am beatmeten oder spontanatmenden Patienten als ausreichend genau beurteilt werden [10, 11, 16, 19]. So betrug bei spontanatmenden Patienten die maximale Abweichung zwischen dem gemessenen und dem berechneten Trachealdruck weniger als 1 $cmH_2O$.

Es gilt nun zu beachten, dass $W_{add}$ einer biologischen, von den Atemmuskeln erbrachten Arbeit entspricht, währenddem $W_{red}$ eine vom Beatmungsgerät erbrachte physikalische Atemarbeit ohne biologische Entsprechung darstellt. Diese Unterscheidung ist insofern von Bedeutung, als die einmal vom Patienten erbrachte Arbeit ($W_{add}$) nicht durch eine gleich hohe, vom Beatmungsgerät gelieferte Druckunterstützung ($W_{red}$) kompensiert werden kann. Auch wenn die Betrachtung der Bilanz in einem solchen Falle den Wert Null ergibt und somit eine adäquate Kompensation vortäuscht, hat der Patient $W_{add}$ tatsächlich geleistet und die von ihm einmal erbrachte Arbeit kann ihm auch durch eine noch so hohe $W_{red}$ nicht mehr „rückerstattet" werden. Dies ist eine wichtige Feststellung und widerlegt das von mehreren Autoren vorgeschlagene Konzept, den Widerstand von Endotrachealtubus oder Trachealkanüle (sowie von zuführendem Schlauchsystem und Beatmungsge-

Abb. 4.6 a, b: Zusätzliche ($W_{add}$) und reduzierte ($W_{red}$) inspiratorische Atemarbeit auf der Grundlage des am proximalen Tubusende gemessenen Atemwegsdruckes ($P_{aw}$) und des für den intubierten Patienten relevanten Trachealdrucks ($P_{trach}$). Der Patient ist mit einem Tubus von 8 mm Innendurchmesser und 30 cm Länge orotracheal intubiert und wird mit 10 cm$H_2O$ über 5 cm$H_2O$ PEEP im Modus PSV druckunterstützt. Je nach Atemanstrengung des Patienten erhält dieser von der Druckunterstützung, die das Beatmungsgerät abgibt, einen unterschiedlich großen Anteil, wie jeweils aus der Fläche für $W_{red}$ hervorgeht.
a: Volumen/Druck-Schleifen von $P_{aw}$ (oben) und $P_{trach}$ (unten) bei geringer Inspirationsanstrengung des Patienten.
b: Volumen/Druck-Schleifen von $P_{aw}$ (oben) und $P_{trach}$ (unten) einige wenige Atemzüge später bei heftiger Inspirationsanstrengung des Patienten.

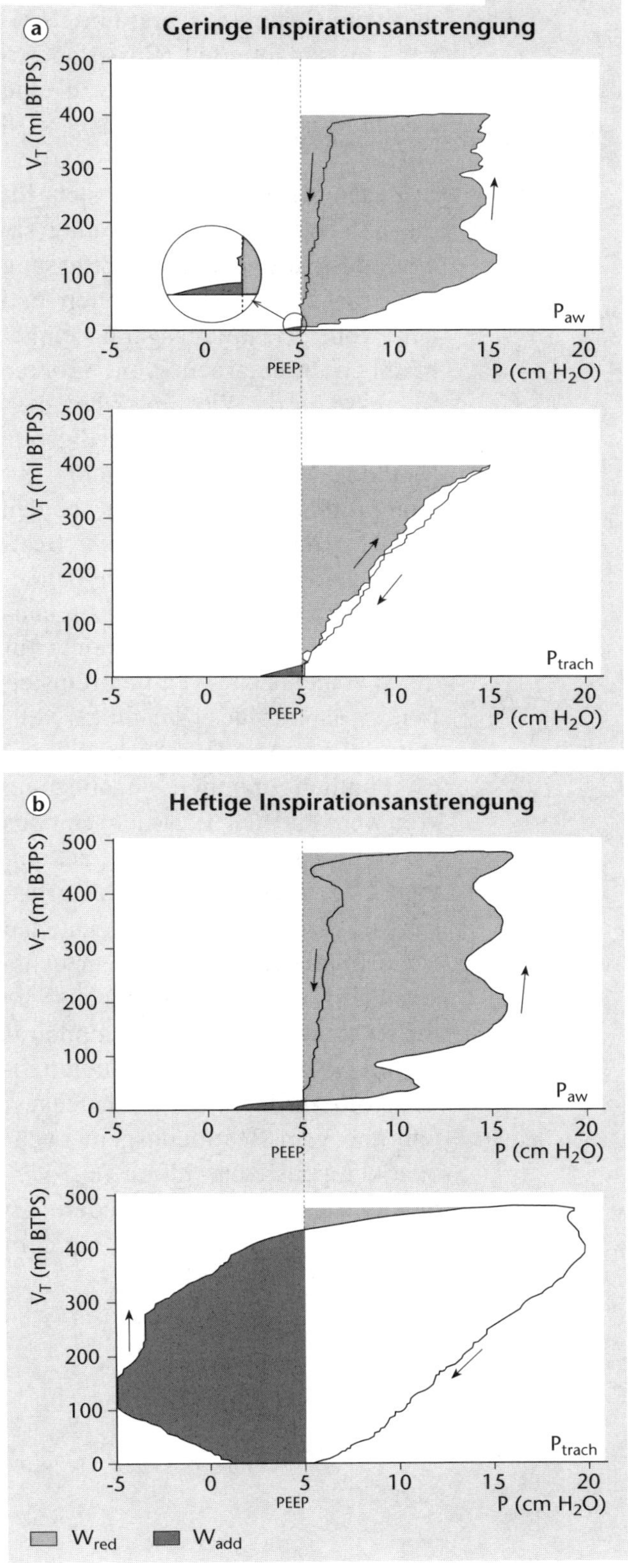


rät) mit einer konstanten inspiratorischen Druckunterstützung, beispielsweise im Modus Pressure Support Ventilation (PSV) zu kompensieren [6, 7, 13]. Die im Rahmen der Beatmungstherapie extern applizierten Strömungswiderstände können für den Patienten nur adäquat, d.h. „arbeitsneutral" kompensiert werden, wenn nicht nur die Bilanz von $W_{add}$ und $W_{red}$, den Wert Null ergibt, sondern wenn sowohl $W_{add}$ und $W_{red}$ getrennt den Wert Null aufweisen. Das bedeutet, dass der Patient also weder zusätzliche Arbeit infolge des Tubuswiderstandes leisten noch zusätzliche Unterstützung durch das Beatmungsgerät erhalten muss [21]. Genau diese Forderung erfüllt der Modus Automatic Tube Compensation (ATC), bei dem der nicht-lineare flussabhängige Widerstand von Endotrachealtubus oder Trachealkanüle, zuführendem Schlauchsystem und vom Beatmungsgerät mittels einer Fluss-adaptierten (flussproportionalen) Druckunterstützung in- und exspiratorisch kompensiert wird [10].

Zusammenfassend lässt sich für die unterstützte Spontanatmung sagen, dass die getrennte Erfassung der vom Patienten geleisteten und der vom Beatmungsgerät eingebrachten Atemarbeit von großem Interesse für das Weaning wäre, dass jedoch bisher keine befriedigende Methode zur Verfügung steht. Der Kompromiss, anstelle der beiden Teilatemarbeiten nur die vom Beatmungsgerät gelieferte, dem Patienten effektiv zukommende Atemarbeit ($W_{red}$) zu betrachten, reicht für die therapeutische Ventilatoreinstellung während des Weanings vollständig aus. Mit Hilfe von $W_{red}$ ist es nämlich möglich, unabhängig vom verwendeten Beatmungsmodus die dem Patienten effektiv zukommende Druckunterstützung zu erfassen und diese so an die individuellen Bedürfnisse des Patienten anzupassen. Will man darüber hinaus die Strömungswiderstände von Endotrachealtubus oder Trachealkanüle (sowie vom zuführenden Schlauchsystem und vom Beatmungsgerät) adäquat kompensieren, mithin $W_{add}$ vermeiden ohne $W_{red}$ zu verändern, so ist dies nur in Kombination mit dem Modus ATC möglich.

## 4.9 Literatur


1. Agostoni E, Mead J. Statics of the respiratory system. In: Fenn WO, Rahn H (eds.). Handbook of physiology, section 3, vol 1. Washington: American Physiology Society 1964; pp 387–409
2. Annat G, Viale JP. Measuring the breathing workload in mechanically ventilated patients. Intensive Care Med 1990; 16: 418–421
3. Banner MJ, Jaeger MJ, Kirby RR. Components of the work of breathing and implications for monitoring ventilator-dependent patients. Crit Care Med 1994: 22: 515–523
4. Baydur A, Behrakis PK, Zin WA, Jaeger MJ, Milic-Emili J. A simple method for assessing the validity of the esophageal technique. Am Rev Respir Dis 1982; 126: 788–791
5. Bolder PM, Healy TEJ, Bolder AR, Beatty PCW, Kay B. The extra work of breathing through adult endotracheal tubes. Anesth Analg 1986; 65: 853–859
6. Brochard L, Rua F, Lorino H, Lemaire F, Harf A. Inspiratory pressure support compensates for the additional work of breathing caused by the endotracheal tube. Anesthesology 1991: 75: 739–745
7. Brochard L, Harf A, Lorino H, Lemaire F. Inspiratory pressure support prevents diaphragmatic fatigue during weaning from mechanical ventilation. Am Rev Respir Dis 1989: 139: 513–521
8. Campbell EJM. The respiratory muscles and the mechanics of breathing. Chigago: Year Book Medical, 1958
9. Czihak G, Langer H, Ziegler H (Hrsg.). Biologie. Springer, Berlin, Heidelberg, New York, 1976
10. Fabry B, Guttmann J, Eberhard L, Wolff G. Automatic compensation of endotracheal tube resistance in spontaneously

breathing patients. Technol Health Care 1994: 1: 281–291

11. Fabry, Haberthür C, Zappe D, Guttmann J, Kuhlen R, Stocker R. Breathing pattern and additional work of breathing in spontaneously breathing patients with different ventilatory demands during inspiratory pressure support and automatic tube compensation. Intensive Care Med 1997: 23: 545–552

12. Ferris BG, Mead J, Frank NR. Effect of body position on esophageal pressures and measurement of pulmonary compliance. J Appl Physiol 1959; 14: 521–424

13. Fiastro JF, Habib MP, Quan SF. Pressure support compensation for the additional work of breathing caused by the endotracheal tube. Chest 1988: 93: 499–505

14. Fitting JW. Muscle fatigue in acute respiratory failure. Lung 1990; 168: 823–828

15. Gerthsen C, Kneser HO, Vogel H. Physik. Springer, Berlin, Heidelberg, New York, Tokyo, (15. Auflage), 1986

16. Guttmann J, Eberhard L, Fabry B, Bertschmann W, Wolff G. Continuous calculation of intratracheal pressure in tracheally intubated patients. Anesthesiology 1993: 79: 503–513

17. Guttmann J. Langzeitmuster der $O_2$-Aufnahme bei polytraumatisierten beatmeten Patienten. Beitr Infusionsther 1989; 25:259–276

18. Guttmann J, Krieg N, Vogel WM. A system for continuous long-term measurement of respiratory gas exchange in ventilated patients. Bull Eur Physiopathol Respir 1987; 23:339–345

19. Guttmann J, Kessler V, Mols G, Hentschel R, Haberthür C, Geiger K. Calculation of intratracheal pressure in the presence of pediatric endotracheal tubes. Crit Care Med 2000 (in press)

20. Haberthür C, Fabry B, Stocker R, Ritz R, Guttmann J. Additional inspiratory work of breathing imposed by tracheostomy tubes and non-ideal ventilator properties in critically ill patients. Intensive Care Med 1999; 25: 514–519

21. Haberthür C, Elsasser S, Eberhard L, Stocker R, Guttmann J. Total versus tube-related additional work ofbreathing in ventilator dependent patients. Acta Anaesthesiol Scand (in press)

22. Katz JA, Roger WK, Gjerde GE. Inspiratory work and airway pressure with continuous positive airway pressure delivery systems. Chest 1985;88: 519–526

23. Kinney JM, Morgan AP, Domingues FJ, et al. A method for continuous measurement of gas exchange and expired radioactivity in acutely ill patients. Metab 1964; 13: 205–211

24. Knowles JH, Hong SK, Rahn H. Possible errors in using esophageal balloon in determination of pressure-volume characteristics of the lung and thoracic cage. J Appl Physiol 1959; 14: 525–530

25. Lindner H. Physik für Ingenieure. Vieweg, CF Winter, Braunschweig, Basel, 1969

26. Loewy A. Der respiratorische und der Grundumsatz. In: Oppenheimers Handbuch der Biochemie des Menschen und der Tiere. 6. Band, Jena, 1926

27. Lusk G. The elements of the science of nutrition. Saunders, Philadelphia, 1928

28. Marini JJ, Capps JS, Culver BH. The inspiratory work of breathing during assisted mechanical ventilation. Chest 1985; 87: 612–618

29. Mead J, McIllroy MB, Selverstone NJ, Kriete BC. Measurement of intraesophageal pressure. A Appl Physiol 1955; 7: 491– 495

30. Milic-Emili J, Mead J, Turner JM, Glauser EM. Improved technique for estimating pleural pressure from esophageal balloons. J Appl Physiol 1964; 19: 207–211

31. Milic-Emili J, Robatto FM, Bates JHT. Respiratory mechanics in anaesthesia. Br J Anaesth 1990; 65: 4–12

32. von Neergard K, Wirz K. Die Messung der Strömungswiderstände in den Atemwegen des Menschen, insbesondere bei Asthma und Emphysem. Zeitschr Klein Med 1927; 105: 51–82

33. von Neergard K, Wirz K. Über eine Methode zur Messung der Lungenelastizität am lebenden Menschen, insbesondere bei Emphysem. Zeitschr Klein Med 1927; 105: 35–50

34. Otis AB, Fenn WO, Rahn H. The mechanics of breathing in man. J Appl Physiol 1950; 2: 592–607

35. Otis AB. Quantitative relationships in steady-state gas exchange. In: Handbook of Physiology. Sect. Respiration, Vol 1, edited by Q. Fenn, H. Rahn. American Physiolological Society. Washington, DC, 1964

36. Petrof BJ, Legaré M, Goldberg P, Milic-Emili J, Gottfried SB. Continuous positive airway pressure reduces work of breathing and dyspnea during weaning from mechanical ventilation in severe chronic pulmonary disease. Am Rev Respir Dis 1990; 141: 281–289

37. Piiper J, Koepchen HP. Atmung. In: Gauer OH, Kramer K, Jung R (Hrsg.) Physiologie des Menschen, Band 6. Urban und Schwarzenberg, München, Berlin, Wien, 1972

38. Rohrer F. Physiologie der Atembewegung. In: Bethe A, von Bergmann G, Embden G, Ellinger A (Hrsg.). Handbuch der normalen und pathologischen Physiologie, Vol 2. Berlin: Springer Verlag, 1925: 70–127

39. Sassoon CSH, Mahutte CK, Te TT, Simmons DH, Light RW. Work of breathing and airway occlusion pressure during assist-mode mechanical ventilation. Chest 1988; 93: 571–576

40. Stocker R, Haberthür C. Prinzipien der Entwöhnung von der mechanischen Beatmung und deren Berücksichtigung in neuen Beatmungsmodi. Intensivmed 1999 (in press)

41. Thibeault DW, Clutario B, Awld PA. The oxygen cost of breathing in the premature infant. Pediatrics 1966; 37: 954–959

42. Viale JP, Annat G, Bertrand O, Godard J, Motin J. Additional inspiratory work in intubated patients breathing with continuous positive airway pressure systems. Anesthesiology 1985; 63: 536–539

43. Viale JP, Annat GJ, Bouffard YM, Delafosse BX, Bertrand OM, Motin JP. Oxygen cost of breathing in postoperative patients. Pressure support ventilation vs continuous positive airway pressure. Chest 1988; 93: 506–509

44. Ward ME, Corbeil C, Gibbons W, Newman S, Macklem PT. Optimization of respiratory muscle relaxation during mechanical ventilation. Anesthesiology 1988; 69: 29–35

45. Wright PE, Marini JJ, Bernard GR. In vitro versus in vivo comparison of endotracheal tube airflow resistance. Am Rev Respir Dis 1989; 140: 10–16

# 5 Proportionale Druckunterstützung (PAV) und Automatische Tubuskompensation (ATC)

Josef Guttmann, Christoph Haberthür, Reto Stocker

## 5.1 Proportionale Druckunterstützung

Englisch: proportional assist ventilation (PAV)

### 5.1.1 Geschichtliches

Die Idee der proportionalen Druckunterstützung geht auf Versuche von Tyler und Grape im Jahre 1962 zurück [13, 40]. Später haben verschiedene Autoren das Konzept in identischer oder abgeänderter Form wieder aufgenommen und dafür unterschiedliche Begriffe und Abkürzungen geprägt wie Negative Impedance Ventilation (NIV), Negative Ventilator Resistance (NVR), Negative Ventilator Compliance (NVC) [20–24, 28–37]. Eine grundlegende Überarbeitung und erste klinische Versuche an beatmungspflichtigen Patienten wurden ab 1987 von der Arbeitsgruppe um M. Younes in Winnipeg, Kanada, durchgeführt [41, 42]. Younes hat dem Beatmungsverfahren den heute wohl verbreitetsten, in der Zwischenzeit patentierten Namen „Proportional Assist Ventilation (PAV)" gegeben. Kommerziell steht dieser Modus heute als „Proportional Pressure Support (PPS)" in der Evita 4 der Firma Dräger (Lübeck, Deutschland) zur Verfügung.

### 5.1.2 Wirkprinzip von PAV

Dem Prinzip von PAV liegt die Absicht zugrunde, die Höhe der vom Beatmungsgerät gelieferten Druckunterstützung innerhalb eines Atemzuges *kontinuierlich* der vom Patienten zu leistenden Atemarbeit anzupassen. Das Prinzip von PAV lässt sich am ehesten verstehen, wenn man sich die Situation eines spontanatmenden und tracheal intubierten Patienten vergegenwärtigt, der eine erhöhte atemmechanische Last zu bewältigen hat. Die Ursachen für eine Erhöhung der atemmechanischen Last können einmal im Patienten selbst, also in krankheitsbedingten Veränderungen des respiratorischen Systems liegen und zum anderen in den künstlichen Atemwegen. Liegt die Ursache im Patienten selbst, so manifestiert sich unabhängig von der zugrundeliegenden Erkrankung jede atemmechanisch wirksame Erhöhung der Last entweder als Elastance-Erhöhung, gleichbedeutend mit einer Compliance-Verminderung, oder aber als Resistance-Erhöhung. Liegt die Ursache in den künstlichen Atemwegen, so manifestiert sich die atemmechanisch wirksame Last-Erhöhung im wesentlichen in dem gegenüber den natürlichen oberen Atemwegen erhöhten Strömungswiderstand des endotrachealen Tubus.

## Elastance und Resistance

Um zu verstehen, was für den spontanatmenden Patienten eine erhöhte atemmechanische Last bedeutet, müssen wir uns die Definition von Elastance (bzw. Compliance) und Resistance ins Gedächtnis zurückrufen.

Beginnen wir mit der Definition der Elastance: Die Elastance des respiratorischen Systems ist das Verhältnis zwischen der aufgewendeten Druckdifferenz (zwischen oberen Atemwegen und Alveolen) und dem durch diese Druckdifferenz geförderten Atemgasvolumen.

Für unsere Betrachtung können wir annehmen, dass dieses Verhältnis zwischen Druck und Volumen konstant ist und durch einen Zahlenwert, eben die Elastance, beschrieben wird. Wenn das Verhältnis zweier Größen konstant ist, lässt sich dies bekanntlich grafisch als Gerade darstellen, wobei die Steigung der Geraden eben diesem Verhältnis entspricht. Die Elastance entspricht der Steigung einer Geraden im Druck-Volumen Diagramm (Abb. 5.1a, links). Aus dieser linearen Beziehung folgt zwangsläufig, dass bei der Förderung eines geringen Volumens entsprechend weniger Druck aufzuwenden ist als bei der Förderung eines großen Volumens. Bei eingeschränkter Elastizität des respiratorischen Systems ist die Elastance erhöht (bzw. die Compliance erniedrigt). Bei einem Patienten mit erhöhter Elastance verläuft die Druck-Volumen Gerade steiler, d. h. die Steigung hat gegenüber der Ausgangssituation zugenommen (Abb. 5.1b, links). Um die Elastance, anstelle der Compliance, direkt als Steigung sichtbar zu machen, sind in diesem Diagramm die Druck- und Volumenachse gegenüber der in der klinischen Atemphysiologie üblichen Darstellung vertauscht. Aus der einfachen Grafik von Abbildung 5.1b (links) kann man unschwer ablesen, was eine erhöhte Elastance für den Patienten bedeutet: Um dasselbe Gasvolumen $\Delta V$ in die Lungen zu transportieren, muss er mehr Druck aufwenden ($\Delta P_1 > \Delta P_2$), oder mit anderen Worten, der Patient muss zur Überwindung seiner erhöhten „elastischen" Widerstände eine erhöhte Atemarbeit aufbringen. In der englischsprachigen Literatur wird in diesem Zusammenhang von erhöhtem „elastic load" gesprochen.

## Elastic unloading

Jede Erhöhung der atemmechanischen Last bedeutet für den Patienten naturgemäß eine Erhöhung der physikalischen Atemarbeit. Die physikalische Atemarbeit ist durch den Druck definiert, der von der Atemmuskulatur aufzubringen ist, um ein bestimmtes Gasvolumen in die Lunge zu transportieren. Es ist einleuchtend, dass ein Patient dadurch von zu hoher Atemarbeit entlastet werden kann („elastic unloading"), indem man dafür Sorge trägt, dass die Atemmuskulatur pro transportierter Volumeneinheit nicht mehr soviel Druck aufbringen muss. Das wird bekanntlich dadurch erreicht, dass man von außen einen Druck – genauer gesagt eine Druckdifferenz – an die Atemwege anlegt, die in dieselbe Richtung wirkt wie die von den Atemmuskeln erzeugte Druckdifferenz. Für die unterstützte Inspiration bedeutet dies also, dass ein Überdruck (außen gegen innen) angelegt wird, der die Atemmuskulatur dabei unterstützt, Atemgas in die Lunge zu transportieren. Bei diesem Verfahren der inspiratorischen Druckunterstützung, auch als „Pressure Support Ventilation" (PSV) bezeichnet, wird während der Inspirationsphase ein konstanter Überdruck an die Atemwege angelegt, dessen Höhe am Beatmungsgerät einstellbar ist.

Untersuchen wir nun, ob und gegebenenfalls wie ein konstanter inspiratorischer Hilfsdruck ein adäquates „elastic unloading" zustande bringt. Abbildung 5.1c (links) veranschaulicht die Situation eines Patienten mit erhöhter Elastance und inspiratorischer Druckunterstützung (PSV). Da die inspiratorische Druckunterstützung konstant ist, also nicht vom Volumen abhängt, ist PSV im Druck-Volumen-Diagramm durch eine horizontale Gerade charakterisiert. Unabhängig davon, welches PSV-Niveau nun am Beatmungsgerät eingestellt wird, sind bezüglich der Volumenachse grundsätzlich drei Bereiche zu unterscheiden:

1. Bei niedrigen Volumina verläuft die PSV-Gerade oberhalb der Elastance-Geraden des Patienten, d. h. PSV überkompensiert den elastic load.
2. Bei mittleren Volumina im Bereich des Schnittpunktes der PSV-Geraden mit der Elastance-Geraden ist die Druckunterstützung so, dass gerade die gesamte Elastance kompensiert wird.
3. Bei höheren Volumina verläuft die PSV-Gerade unterhalb der Elastance-Geraden des Patienten, d. h. PSV unterkompensiert im Bezug auf die Gesamt-Elastance.

Geht man davon aus, dass ein adäquates „elastic unloading" nicht die gesamte Elastance kompensiert, sondern lediglich die krankheitsbedingte Elastance-Erhöhung, so dürfte PSV bei Volumina, die etwas oberhalb des Schnittpunktes (Bereich 2) liegen, gerade adäquat kompensieren. Vergegenwärtigt man sich aber, dass sich das Volumen während einer spontanen Inspiration – von Null beginnend – bis zum Erreichen des inspiratorischen Zugvolumens ständig verändert und dass außerdem die Zugvolumina während Spontanatmung von Atemzug zu Atemzug stark variieren, so wird deutlich, dass ein adäquates elastic unloading mit PSV ausgesprochen schwierig, wenn nicht gar unmöglich ist.

Wie bereits erwähnt, ist ein elastic unloading genau dann adäquat, wenn es die in Abbildung 5.1b (links) dargestellte Veränderung der Elastance-Kurve gerade wieder rückgängig macht, d. h. wenn die durch die beiden Elastance-Geraden aufgespannte Druckdifferenz kompensiert wird (Abb. 5.1d, links). Es ist unschwer einzusehen, dass dies nur durch eine Druckunterstützung möglich ist, die mit zunehmendem Volumen ebenfalls zunimmt: „je mehr Volumen, desto mehr Druckunterstützung“. Die Lösung für ein adäquates elastic unloading ist also eine Druckunterstützung die proportional zum momentanen Volumen zunimmt. Für die Bezeichnungen der volumenproportionalen Druckunterstützung setzt sich der Begriff „Volume Assist“ (VA) zunehmend durch.

Es ist also das Ziel des elastic unloading, VA so einzustellen, dass die Elastance-Erhöhung gerade kompensiert wird. Der gebogene Pfeil in Abbildung 5.1d (links) symbolisiert die Richtung der Kompensation. Im Folgenden sollen die einfachen mathematischen Zusammenhänge anhand der Grafik in Abbildung 5.1d (links) erläutert werden. Die untere Gerade des Druck-Volumen-Diagramms steht für eine normale Elastance $E_1$, die obere Gerade für eine erhöhte Elastance $E_2$. Die zu beiden Elastance-Geraden $P_1(V)$ und $P_2(V)$ gehörigen (Geraden-) Gleichungen sind:

$$P_1(V) = E_1 \times V \qquad (1a)$$

$$P_2(V) = E_2 \times V \qquad (1b)$$

Soll nun lediglich die Elastance-Erhöhung kompensiert werden, so muss durch den Respirator ein Hilfsdruck $P_{PAV,VA}$ aufgebracht werden, welcher der Differenz von $P_2$ und $P_1$ entspricht:

$$P_{PAV,VA} = P_2(V) - P_1(V) = E_2 \times V - E_1 \times V = V \times (E_2 - E_1) \qquad (2)$$

Die Elastance-Differenz zwischen der erhöhten Elastance und der normalen Elastance $(E_2 - E_1)$ entspricht gerade dem Volume Assist VA. Damit folgt für den vom Respirator aufgebrachten Beatmungsdruck:

$$P_{PAV,VA} = V \times VA \qquad (3)$$

Aus dieser Beziehung sind zwei wichtige Eigenschaften des Volume Assist ablesbar: VA hat zum einen die Dimension einer Elastance, also beispielsweise mbar/ml und zum anderen ist VA ein Proportionalitätsfaktor, der angibt, um wieviel mbar die Druckunterstützung anzuheben ist, wenn das Volumen um 1 ml

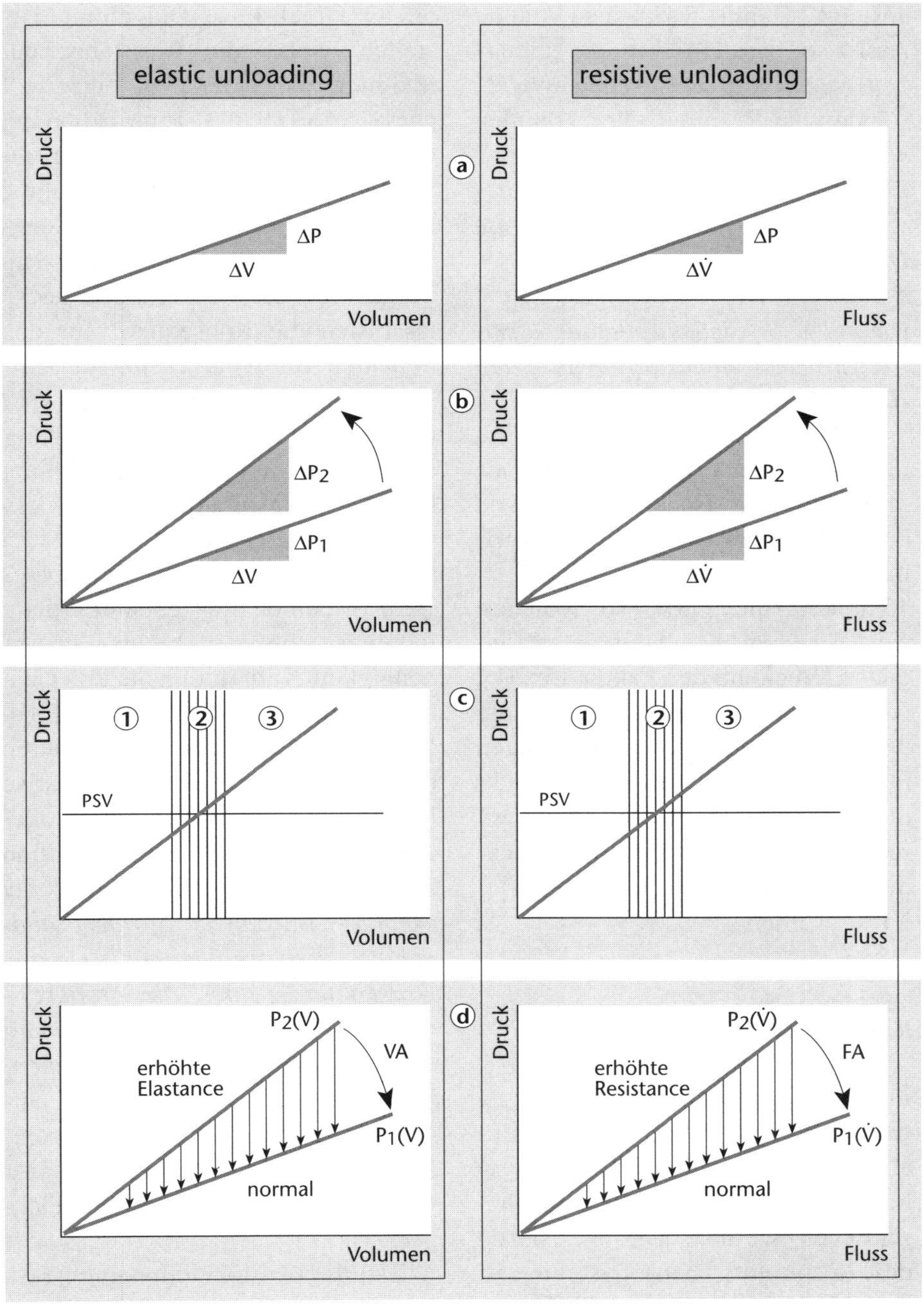


Abb. 5.1a–d: Links: Schematische Darstellung des elastic unloading am Beispiel von vier Druck-Volumen-Diagrammen (links). Rechts: Schematische Darstellung des resistive unloading am Beispiel von vier Druck-Fluss-Diagrammen. **5.1a, links:** Elastance entspricht der Steigung im Druck-Volumen-Diagramm. **5.1a, rechts:** Resistance entspricht der Steigung im Druck-Fluss-Diagramm. **5.1b, links:** Erhöhung der Elastance. **5.1b, rechts:** Erhöhung der Resistance. **5.1c, links:** Kompensation der erhöhten Elastance durch Pressure Support Ventilation (PSV). **5.1c, rechts:** Kompensation der erhöhten Resistance durch PSV. **5.1d, links:** Kompensation der erhöhten Elastance durch Volume Assist (VA). **5.1d, rechts:** Kompensation der erhöhten Resistance durch Flow Assist (FA).

ansteigt. Damit wirkt der Volume Assist so, dass ein Teil der Atemarbeit gegen die elastischen Widerstände vom Respirator übernommen wird.

*Das grundsätzlich neue an diesem Konzept ist also, dass sich die Druckunterstützung innerhalb des Atemzuges ändert und nicht mehr – wie bei PSV – jeder spontane Atemzug mit demselben voreingestellten Hilfsdruck unterstützt wird.*

Wird mithin bei PAV ein Patient mit einer erniedrigten Compliance seines respiratorischen Systems von 0,05 l/mbar (= Elastance : 20 mbar/l) mit einem Volume Assist VA = 15 mbar/l unterstützt, so reduziert sich der vom Patienten aufzubringende Druck um den Faktor 15:20 = 0,75. Das heißt: Der Patient muss nur noch 25 % des notwendigen Druckes (der notwendigen Druckdifferenz) selber aufbringen, während 75 % des Druckes (der Druckdifferenz) vom Beatmungsgerät geleistet werden.

### Resistive unloading

In Analogie zum elastic unloading bei erhöhter Elastance kann die Situation eines spontanatmenden Patienten mit erhöhter Resistance beschrieben werden. Die Resistance des respiratorischen Systems ist definiert als das Verhältnis von Druckdifferenz zwischen Mund (airway opening) und Alveolen zum erzielten Gasfluss. Grafisch lässt sich dieser Zusammenhang als Gerade im Druck-Fluss-Diagramm darstellen, wobei die Resistance der Steigung der Geraden entspricht (Abb. 5.1a, rechts). Eine Erhöhung der Resistance bedeutet analog zur Elastance-Erhöhung eine Zunahme der Steigung der Druck-Fluss-Kennlinie (Abb. 5.1b, rechts). Aus dem Vergleich der Steigungsdreiecke lässt sich die Konsequenz für den Patienten direkt ablesen: zur Aufrechterhaltung desselben Flusses ist bei erhöhter Resistance ein größerer Druck $\Delta P_2$ notwendig. Mit einer konstanten inspiratorischen Druckunterstützung (PSV) ist analog zum elastic unloading ein adäquates „resistive unloading" ebenfalls kaum möglich (Abb. 5.1c, rechts). In Abhängigkeit vom momentanen Gasfluss wird der eingestellte PSV-Druck entweder überkompensieren (Bereich 1), den gesamten resistive load kompensieren (Bereich 2), oder aber unterkompensieren (Situation 3). *In Analogie zur Situation bei erhöhter Elastance erfordert adäquates resistive unloading eine Druckunterstützung, die proportional zum Gasfluss zunimmt und damit die Resistance-Erhöhung kompensiert (Abb. 5.1d, rechts).* Der entsprechende, am Beatmungsgerät einzustellende *Proportionalitätsfaktor* wird als *„Flow Assist" (FA)* bezeichnet.

Ziel des resistive unloading ist es, FA so einzustellen, dass die Resistance-Erhöhung gerade kompensiert wird. Die einfachen mathematischen Zusammenhänge entsprechen formal denen des elastic unloading, sollen aber im Folgenden für das resistive unloading anhand der Grafik in Abb 5.1d (rechts) erläutert werden. Die untere Gerade steht für eine normale Resistance $R_1$, die obere Gerade für eine erhöhte Resistance $R_2$. Die zu beiden Resistance-Geraden $P_1(\dot{V})$ und $P_2(\dot{V})$ gehörigen (Geraden-) Gleichungen sind:

$$P_1(\dot{V}) = R_1 \times \dot{V} \quad (4a)$$

$$P_2(\dot{V}) = R_2 \times \dot{V} \quad (4b)$$

Soll nun lediglich die Resistance-Erhöhung kompensiert werden, so muss durch den Respirator ein Hilfsdruck $P_{PAV,FA}$ aufgebracht werden, der der Differenz von $P_2$ und $P_1$ entspricht:

$$P_{PAV,FA} = P_2(\dot{V}) - P_1(\dot{V}) = R_2 \times \dot{V} - R_1 \times \dot{V} = \dot{V} \times (R_2 - R_1) \quad (5)$$

Die Resistance-Differenz zwischen der erhöhten Resistance und der normalen Resistance $(R_2 - R_1)$ entspricht dem „Flow Assist“ FA. Damit folgt für den vom Respirator aufgebrachten Hilfsdruck für das resistive unloading:

$$P_{PAV,FA} = (\dot{V}) \times FA \quad (6)$$

Aus dieser Beziehung folgen die beiden Eigenschaften des Flow Assist: Zum einen hat FA die Dimension einer Resistance, also beispielsweise mbar × s/ml. Zum anderen ist FA ein Proportionalitätsfaktor, der angibt, um wieviel mbar die Druckunterstützung anzuheben ist, wenn der Gasflow um 1 ml/s ansteigt. Damit wirkt der Flow Assist so, dass ein Teil der Atemarbeit gegen die Strömungswiderstände vom Respirator übernommen wird.

Wird beispielsweise ein Patient mit einer Resistance von 5 mbar × s/l flussproportional mit einem Flow Assist FA = 4 mbar × s/l unterstützt, so reduziert sich der vom Patienten aufzubringende Druck (Druckdifferenz) um den Faktor 4/5 = 0,80. Das bedeutet: Der Patient muss nur noch 20 % des notwendigen Druckes (der notwendigen Druckdifferenz) selber erbringen, während das Beatmungsgerät die restlichen 80 % leistet.

### Kombination von elastic und resistive unloading

In aller Regel sind Veränderungen der atemmechanisch wirksamen Last jedoch nicht isolierte Erhöhungen von Elastance oder Resistance, sondern eine Kombination aus beiden. Demzufolge muss der Respirator entsprechend der erkrankungsbedingten atemmechanischen Störung des Patienten die Summe aus Elastance- und Resistance-Erhöhung durch eine Kombination von VA und FA kompensieren. Die Summe aus $P_{PAV,VA}$ und $P_{PAV,FA}$ ergibt den vom Respirator abgegebenen Beatmungsdruck im PAV-Modus:

$$P_{PAV} = P_{PAV,VA} + P_{PAV,FA} = V \times VA + \dot{V} \times FA \quad (7)$$

Um zu verdeutlichen, welche Entlastung für die Atemmuskulatur des spontanatmenden Patienten durch PAV erreicht wird, muss das Zusammenspiel vom Beatmungsdruck ($P_{aw}$) des Respirators und vom Druck ($P_{mus}$) der Inspirationsmuskulatur des spontanatmenden Patienten untersucht werden. Beide Drücke – oder genauer gesagt Druckdifferenzen – wirken während der Inspiration in die gleiche Richtung, d. h. von außen nach innen, und damit addieren sie sich zum gesamten in den Atemwegen herrschenden Druck ($P_{tot}$). Dieser Gesamtdruck wird dazu benötigt, die elastischen und strömungsbedingten Widerstände von Lunge und Thorax zu überwinden, aber auch die Strömungswiderstände der künstlichen Atemwege, die im Wesentlichen durch den Endotrachealtubus (ETT) verursacht sind. Der gesamte Druck steht daher im Gleichgewicht mit den Druckkomponenten, $P_{el}$ und $P_{res}$ zur Überwindung von Elastance und Resistance sowie dem Druckabfall $P_{ETT}$ zur Überwindung des Tubuswiderstandes:

$$P_{tot} = P_{aw} + P_{mus} = P_{el} + P_{res} + P_{ETT} \quad (8)$$

Gemäß der Definitionen von Elastance und Resistance lassen sich die Druckkomponenten $P_{el}$ und $P_{res}$ durch die Elastance und Resistance des respiratorischen Systems (Index „rs“) ausdrücken:

$$P_{aw} + P_{mus} = P_{el} + P_{res} + P_{ETT} = V \times E_{rs} + \dot{V} \times R_{rs} + P_{ETT} \quad (9)$$

Daraus folgt für den Muskeldruck:

$$P_{mus} = V \times E_{rs} + \dot{V} \times R_{rs} + P_{ETT} - P_{aw} \quad (10)$$

Wird nun der spontanatmende Patient im PAV-Modus unterstützt, so gilt für den Beatmungsdruck:

$$P_{aw} = P_{PAV} \quad (11)$$

Setzt man für $P_{PAV}$ den Ausdruck aus Gleichung (7) ein und setzt Gleichung (11) in Gleichung (10) ein, so folgt für $P_{mus}$:

$$P_{mus} = V \times (E_{rs} - VA) + \dot{V} \times (R_{rs} - FA) + P_{ETT} \quad (12)$$

Dieser Zusammenhang soll seiner Wichtigkeit wegen anhand der grafischen Darstellungen in Abb. 5.1d erläutert werden: Die erste Klammer der o.a. Gleichung (12) definiert das elastic unloading (Abb. 5.1d, links), die zweite Klammer definiert das resistive unloading (Abb. 5.1d, rechts). Betrachten wir beispielsweise die in Abb. 5.1d (links) dargestellte Situation und übersetzen diese in die konkrete Situation des mit VA unterstützten Patienten: Die obere Gerade symbolisiert die momentane erhöhte Elastance $E_{rs}$ des Patienten, die untere Gerade symbolisiert die normale Elastance $E_{norm}$. Gemäß der Definition von VA als Differenz ($E_{rs} – E_{norm}$) wird durch Einsetzen in Gleichung (12) unschwer deutlich, dass wir durch geeignete Wahl von VA und FA die mechanische Last für die Atemmuskulatur den Normalbedingungen anpassen können:

$$P_{mus} = V \times E_{norm} + \dot{V} \times R_{norm} + P_{ETT} \quad (13)$$

Wird also der Beatmungsdruck durch den Respirator während der Inspiration als eine Funktion des Flusses und Volumens geregelt, so wird der Patient um einen vom Ventilationsmuster unabhängigen Teil von seiner inspiratorischen resistiven beziehungsweise elastischen Atemarbeit entlastet, lineare ventilationsmechanische Eigenschaften vorausgesetzt. Ebenso lässt sich auch für die Exspiration eine proportionale Unterstützung festlegen. Interessant dabei ist bei dieser Form der Druckunterstützung die Möglichkeit, selektiv den Grad der Unterstützung gegen elastischen und strömungsbedingten Widerstand einzustellen und damit den Patienten hinsichtlich seiner zugrundeliegenden Lungenerkrankung zu unterstützen: Patienten mit erhöhtem Atemwegswiderstand (COPD) hauptsächlich mit einer flussproportionalen und Patienten mit verminderter Compliance (ARDS) hauptsächlich mit einer volumenproportionalen Unterstützung.

Im Gegensatz zu herkömmlichen druckgeregelten Beatmungsverfahren, etwa dem Modus PSV, bei dem der Verlauf des Atemwegsdrucks nach einem initialen Triggerereignis vorbestimmt ist, passt sich bei PAV die Höhe der Druckassistenz innerhalb eines Atemzuges ständig an das Ventilationsmuster des Patienten an und unterstützt den Patienten proportional zu seiner Inspirationsanstrengung. Im Unterschied zu allen druckgeregelten Unterstützungsverfahren, bei denen der Patient unabhängig von der Stärke seiner Inspirationsbemühungen immer mit der gleich hohen, am Gerät voreingestellten Druckunterstützung assistiert wird, erhält er bei PAV bei einer geringen Inspirationsanstrengung eine niedrige, bei mittlerer eine höhere und bei heftiger Inspirationsanstrengung eine entsprechend hohe Druckunterstützung. Im Unterschied zu den herkömmlichen druckgeregelten Unterstützungsverfahren ist bei PAV nicht die absolute Höhe der Druckunterstützung konstant, sondern die Relation zwischen der Druckunterstützung und der Inspirationsanstrengung des Patienten.

### 5.1.3 Vorteile von PAV

Die ständige Anpassung der Druckassistenz an die Atemanstrengungen des Patienten lässt gegenüber allen anderen Verfahren für die Unterstützung der Spontanatmung die folgenden Vorteile erwarten:

1. Da bei PAV Beginn und Ende der Druckunterstützung nicht getriggert werden müssen, sind Fehltriggerungen ausgeschlossen. Und da die Form des vom Patienten generierten Ventilationsmusters unter PAV nicht verändert wird, sind folglich Druckassis-

tenz und Atemanstrengung des Patienten synchron. Dementsprechend sollte es nicht, wie es beispielsweise unter PSV häufig der Fall ist, zu einer Desynchronisation zwischen den Inspirationsbemühungen des Patienten und der Unterstützung durch das Beatmungsgerät kommen. *Die Vermeidung von Fehltriggerung und insbesondere von Desynchronisation im Modus PAV konnte von mehreren Arbeitsgruppen gezeigt werden* [5, 7, 9, 27].

2. Der durch PAV unterstützte spontanatmende Patient nimmt durch seine Atembewegung Einfluss auf den maximalen Atemwegsdruck. Damit verknüpft sich die Hoffnung, dass der Patient die negativen Auswirkungen eines erhöhten Beatmungsdrucks selbst minimieren kann. Weiterhin muss der Patient bei PAV nicht wie bei den druckgeregelten Unterstützungsverfahren bei einer zu hohen Druckunterstützung gegenatmen, um die Druckunterstützung abzubrechen – dies gilt jedoch strenggenommen nur für die flussproportionale Druckunterstützung. Da der Patient unter PAV immer nur proportional zu seiner Atemanstrengung unterstützt wird, kann er die Tiefe seiner Atemzüge zu jedem Zeitpunkt selber festlegen; der Patient sollte somit unter PAV eine *größere Freiheit in der Gestaltung seines Atemmusters* haben als mit herkömmlichen Verfahren der unterstützten Spontanatmung. Übereinstimmend mit diesen theoretischen Überlegungen konnte Younes [43] erstmals zeigen, dass bei PAV – im Unterschied zu SIMV – der Atemwegsdruck bei vergleichbarem Atemzugsvolumen signifikant niedriger war und dass die Atemfrequenz trotz gleichbleibender Minutenventilation abnahm. Später wurden diese Ergebnisse auch von anderen Gruppen bestätigt [6, 11]. Dass der Patient unter PAV eine größere Freiheit in der Gestaltung seines Atemmusters hat als bei herkömmlichen Modi der unterstützten Spontanatmung, konnte unsere Arbeitsgruppe an Fallbeispielen [9] und Ranieri und Mitarbeiter [26] an 12 Patienten eindrücklich zeigen.
3. *Bei PAV muss der Patient zwingend einen Teil der Atemarbeit selbst übernehmen.* Während sich der Patient bei allen anderen Beatmungsverfahren (ausgenommen bei CPAP) weitgehend beatmen lassen kann, wenn er nur die zur Triggerung notwendige Atemarbeit aufbringt und die Ventilatorunterstützung ausreichend hoch voreingestellt wurde, ist das bei PAV nicht möglich. Dementsprechend konnten Mitrouska und Mitarbeiter zeigen [17], dass Probanden bei PAV unter Ruhebedingungen mehr Atemarbeit erbringen mussten als unter PSV oder Assist/Control (A/C), weil sie sich bei den beiden letzteren Modi passiv beatmen lassen konnten. Wurde jedoch durch Rückatmen

von $CO_2$ eine höhere Atemleistung erzwungen, so blieb unter PAV die Relation von Atemarbeit und resultierender Ventilation gleich, während sie unter PSV und A/C signifikant zunahm, d.h. die Probanden mussten also ihre Atemarbeit überproportional steigern, um eine ausreichende Ventilation aufrecht zu erhalten. *Damit wurde auch gezeigt, dass das Zusammenspiel von Atemregulation und Atemmuskulatur (die neuromuskuläre Kopplung) bei PAV besser gewährleistet ist als bei den beiden Vergleichsverfahren.* Die Arbeitsgruppe um Younes konnte bei 12 Probanden während des Schlafes [15] – ohne willkürliche Beeinflussung der Atemkontrolle – und bei 11 beatmungspflichtigen Patienten [14] zeigen, dass mit zunehmender Steigerung der proportionalen Druckunterstützung die Atemstärke entsprechend reduziert (downregulation) und dass somit trotz geringfügiger Zunahme des Atemzugvolumens die Atemminutenventilation konstant gehalten wurde. Bei schwierig zu entwöhnenden Patienten mit COPD zeigten Appendini und Mitarbeiter [2], dass sich mit PAV eine Normalisierung des zuvor pathologisch gesteigerten Atmungsantriebs und der erhöhten Atemarbeit erreichen lässt, sofern der bei Patienten mit COPD oft erhöhte intrinsic PEEP mittels ausreichend hohem PEEP gegenkorrigiert wird. Weiter konnten Bianchi und Mitarbeiter [3] zeigen, dass Patienten mit schwerer COPD unter PAV (ohne PEEP) während einer längeren Zeit submaximal belastet werden können als unter PSV (ohne PEEP) oder unter CPAP (nur PEEP). Eine noch *bessere Leistungsfähigkeit* konnte bei COPD-Patienten mit der Kombination von PAV und PEEP erreicht werden [4]. In weiteren Untersuchungen an Patienten mit respiratorischer Insuffizienz sowie an Probanden unter körperlicher Belastung konnte erwartungsgemäß gezeigt werden, dass mit PAV im Gegensatz zu einer nicht unterstützten Spontanatmung eine geringere Atemarbeit [2, 8, 43], eine Verbesserung der Blutgaswerte [1] und eine Abnahme der Atemnot [2] resultierten. Ebenfalls konnte dank PAV bei 8 von 11 untersuchten Patienten mit akuter respiratorischer Insuffizienz die drohende Intubation verhindert werden [21].

4. Bei PAV kann der Grad der Entlastung von der resistiven und der elastischen Atemarbeit jeweils zwischen theoretisch 100 % und 0 % durch Voreinstellung der Proportionalitätsfaktoren VA (für volumenproportionale Druckunterstützung) und FA (für die flussproportionale Druckunterstützung) gewählt und im Verlauf der Entwöhnung vom Beatmungsgerät (Weaning) selektiv angepasst beziehungsweise reduziert werden.

5. Bei PAV ist der subjektive Atemkomfort erhöht. In einer Untersuchung an Probanden, deren thorakale Dehnbarkeit durch elastische Bandagierung eingeschränkt war, konnten Mols und Mitarbeiter [18] zeigen, dass der subjektive Atemkomfort bei Unterstützung mit Volume Assist (VA) eindeutig höher ist als bei Unterstützung mit konventionellem PSV. Weiterhin konnten die Autoren zeigen, dass das Atemmuster unter VA eine größere Variabilität aufwies als unter PSV.

### 5.1.4 Nachteile von PAV

Neben den äußerst bestechenden Vorteilen dieses Modus sind auch einige Einschränkungen und Nachteile zu besprechen:

1. Die erste Einschränkung ergibt sich aus der Tatsache, dass die dem Modus PAV zugrunde liegende Bewegungsgleichung von einer linearen Mechanik des respiratorischen Systems ausgeht, d.h. Elastance (Compliance) und Resistance werden als konstant angenommen. Diese Einschränkung kann insbesondere beim Vorliegen einer schweren respiratorischen Insuffizienz, wie dem ARDS, von Bedeutung sein, ist aber zu tolerieren, solange das Atemhubvolumen wenige hundert Milliliter nicht übersteigt. Bei intubierten oder tracheotomierten Patienten ist diese Voraussetzung der atemmechanischen Linearität jedoch überhaupt nicht mehr gegeben, da der Widerstand des Tubus einer nichtlinearen Druck-Fluss-Gesetzmäßigkeit folgt. Dementsprechend konnten Navalesi und Mitarbeiter [19] zeigen, dass mit Steigerung der volumenproportionalen Druckunterstützung die elastische Atemarbeit erwartungsgemäß abnahm, dass jedoch gleichzeitig die resistive Arbeit zunahm und somit eine Abnahme der Gesamtatemarbeit resultierte, die geringer war als erwartet. Erst wenn auch die flussproportionale Druckunterstützung entsprechend angehoben wurde, kam es auch zu einer Abnahme der resistiven Atemarbeit und dementsprechend zu der erwarteten Abnahme der Gesamtatemarbeit. Im zweiten Teil dieses Kapitels wird mit dem Modus „Automatic Tube Compensation (ATC)“ ein eleganter Weg zur Überwindung dieser für das Wirkprinzip von PAV schwerwiegenden Einschränkung aufgezeigt.
2. Die zweite Einschränkung ergibt sich aus der Notwendigkeit, die aktuelle Compliance und Resistance des respiratorischen Systems zu kennen. Dies ist die Voraussetzung, um den Patienten im Modus PAV quantifizierbar von seiner elastischen und/oder resistiven Atemarbeit zu entlasten. Was in diesem Zusammenhang „quantifizierbar“ bedeutet, lässt sich aus den Gleichungen (12)

und (13) ableiten. Aus diesen Gleichungen folgt für die Elastance und Resistance $E_{norm}$ und $R_{norm}$, die von der Atemmuskulatur des mit PAV unterstützten Patienten noch zu überwinden sind:

$$E_{norm} = E_{rs} - VA \quad (14a)$$

$$R_{norm} = R_{rs} - FA \quad (14b)$$

Aus den einfachen Zusammenhängen der Gleichungen (14a) und (14b) wird deutlich, dass nur bei Kenntnis von $E_{rs}$ und $R_{rs}$ die Proportionalitätskonstanten VA und FA so gewählt werden können, dass bekannte Werte für $E_{norm}$ und für $R_{norm}$ resultieren. Während die Messung von Compliance und Resistance beim relaxierten Patienten methodisch einfach ist, befinden sich entsprechende Methoden zur Analyse der Atemmechanik beim spontanatmenden Patienten erst im Stadium der Entwicklung [37].

Dass für den Modus PAV die Kenntnis der aktuellen Elastance und Resistance notwendig ist, zeigt sich auch in der Notwendigkeit, einen weiteren Nachteil von PAV zu vermeiden: die Überkompensation. Während Überkompensation bei herkömmlichen Modi praktisch ausschließlich als Folge einer Fehleinstellung vorkommt, ist Überkompensation mit PAV prinzipiell sehr viel leichter möglich. Überkompensation bei PAV kann sowohl bei volumenproportionaler als auch bei flussproportionaler Druckunterstützung auftreten, jedoch unterscheiden sich deren Folgen grundsätzlich voneinander.

Bei volumenproportionaler Unterstützung tritt Überkompensation dann auf, wenn die Druckunterstützung am Ende der Inspiration größer ist als die entgegen wirkenden elastischen Rückstellkräfte des respiratorischen Systems. Unter diesen Bedingungen geht die Fluss- und damit Volumenlieferung an den Patienten weiter und der Druck in den Atemwegen steigt weiter an, obwohl der Patient – oder genauer – dessen Atemzentrum bereits „in Exspiration ist“. In dieser Situation verhält sich das verbundene pneumatische System Beatmungsgerät-Patient wie ein instabiles, positiv rückgekoppelten System. Die progressive Volumenüberladung, auch „run away“ genannt, dauert solange an, bis entweder der Patient selber durch eine heftige Exspiration den circulus vitiosus zu durchbrechen vermag oder bis die Steifheit des respiratorischen Systems nahe der totalen Lungenkapazität automatisch einen für die weitere Volumenüberladung limitierenden Wert erreicht hat. „Run away“ kann aber relativ einfach durch eine obere Volumenbegrenzung verhindert beziehungsweise eingeschränkt werden.

Die Überkompensation bei flussproportionaler Druckunterstützung unterscheidet sich prinzipiell von der bei volumenproportionaler Unterstützung. Bei flussproportionaler Unterstützung kann es – ein ideales Beatmungsgerät vorausgesetzt – aus prinzipiellen Gründen nicht zur Volumenüberladung kommen, da am Ende der Inspiration der Fluss immer den Wert Null erreicht und damit das Produkt „Flow Assist (FA) mal Fluss" ebenfalls Null ergibt. Bei einem realen Beatmungsgerät kann es allerdings – infolge nicht-idealer Regeleigenschaften – auch bei flussproportionaler Unterstützung zu einer geringfügigen Volumenüberladung kommen. Weitaus unangenehmer sind bei Überkompensation mit flussproportionaler Unterstützung die Oszillationen, primär von Gasfluss und sekundär vom Druck in den Atemwegen, und möglicherweise Oszillationen des Atemzentrums selber. Das Auftreten von Oszillationen entspricht einem Resonanzphänomen, das bei allen pneumatischen, mechanischen oder elektrischen schwingungsfähigen Systemen auftritt, wenn die dämpfende resistive Komponente wegfällt. Falls bei bereits vorhandener Überkompensation der Faktor für die flussproportionale Unterstützung noch weiter erhöht wird, nimmt die Amplitude der Oszillationen weiter zu, was letztendlich zu einer passiven, hochfrequenten Oszillations-Beatmung mit kompletter Unterdrückung jeglicher spontaner Atmungsaktivität des Patienten führen kann [31, 32].

3. Das Verhalten des Regelalgorithmus bei einem Leck im pneumatischen System Beatmungsgerät-Patient offenbart einen weiteren (prinzipiellen) Nachteil von PAV, der jedoch mit einfachen Mitteln zumindest begrenzt werden kann. Ein Leck beispielsweise in den zuführenden Schläuchen führt infolge Überdrucks gegenüber der Atmosphäre zu einem Leckfluss, welcher vom PAV-Regelalgorithmus nicht als solcher erkannt, sondern proportional unterstützt, d.h. verstärkt, wird. Dies hat unweigerlich eine Überventilation für den Patienten zur Folge – auch wenn immer ein Teil dieser Mehrventilation über das Leck abfließt – und kann somit das Auftreten von „run away" (siehe unten) begünstigen. Wird jedoch das maximale Atemzugvolumen durch eine entsprechende Voreinstellung am Beatmungsgerät (beispielsweise 1500 ml) begrenzt, so kann auch der mögliche Schaden mit einem vergleichsweise geringen Aufwand begrenzt, wenn auch nicht vollständig beseitigt werden.
4. Eine weitere Einschränkung für den Modus PAV ergibt sich paradoxerweise gerade aus seinen einzigartigen Vorteilen: Wie in keinem anderen Modus zur Unterstützung der Spontanatmung hat der Patient im Modus PAV die volle Freiheit in der Gestaltung seines Atemmusters, mithin in der Wahl seiner Atemfrequenz und der Tiefe seiner Atemzüge.

Diese Freiheit setzt jedoch eine Atemregulation voraus, die mit dieser Freiheit umzugehen weiß [9, 12, 38, 39]. Wenn der Patient keine spontane Atemtätigkeit zeigt, so kann er – vergleichbar mit der Situation im Modus PSV – von PAV auch nicht unterstützt werden, und es resultiert eine Apnoe. Jedoch im Unterschied zum Modus PSV – bei dem der Patient vom Beatmungsgerät unterstützt wird, wenn er nur die zur Triggerung notwendige Atemarbeit geleistet hat – wird er bei PAV („nur") proportional zu seiner Atemanstrengung unterstützt. Selbstverständlich könnte die noch so geringe Atemanstrengung mittels eines noch so hohen Proportionalitätsfaktors verstärkt werden. Da ein solches Vorgehen formal einer Überkompensation entspricht, droht die Gefahr des „run away", sofern der Patient im nächsten Atemzug seine Atemanstrengung auch nur geringfügig verstärken würde. Aus dem Gesagten folgt, dass der Modus PAV im Verlaufe der Entwöhnung von der mechanischen Beatmung erst ab dem Zeitpunkt angewendet werden kann, ab dem der Patient eine adäquate Atemregulation zeigt. Ab welchem frühestmöglichen Zeitpunkt im Weaning-Verlauf PAV eingesetzt werden kann, bedarf noch weiterer Untersuchungen.

5. Nicht unerwähnt bleiben darf die Tatsache, dass bei Patienten mit periodischer Atmung und Cheyne-Stokes-Atmung dieses Atemmuster und seine nachteiligen Folgen mit einer proportionalen Druckunterstützung noch verstärkt werden kann [9, 10, 12, 15, 16]. So kann es beispielsweise unter PAV zu einer Verlängerung der Apnoephasen bei der Cheyne-Stokes-Atmung und gleichzeitig zu einer Intensivierung der hyperpnoischen Phasen kommen, was mit dementsprechend verstärkten Schwankungen der Blutgase und des Blutdrucks usw. verbunden ist. Wir empfehlen deshalb, den Modus PAV bei diesen Patienten nicht anzuwenden – zumindest solange sie ein periodisches Atemmuster beziehungsweise eine Cheyne-Stokes-Atmung zeigen. Diese Einschränkung könnte von entscheidender Bedeutung sein, konnten wir doch in einer eigenen Untersuchung Phasen von periodischer Atmung in bis zu 42 % und von Cheyne-Stokes-Atmung in 18 % aller von uns untersuchten Intensivpatienten nachweisen [10].

Alle diese genannten Nachteile sowie die – vorderhand noch – manuell erforderliche Anpassung der Proportionalitätsfaktoren für das Weaning stellen für den Modus PAV trotz seiner sonst unbestreitbaren und einzigartigen Vorteile gegenüber anderen modernen Beatmungsverfahren eine bedeutende Einschränkung dar.

### 5.1.5 Literatur


1. Ambrosino N, Vitacca M, Polese G, Pagani M, Foglio M, Rossi A. Short-term effect of nasal proportional assist ventilation in patients with chronic hypercapnic respiratory insufficiency. Eur Respir J 1997; 10: 2829–2834

2. Appendini L, Purro A, Gudjonsdottir M, Baderna P, Patessio A, Zanaboni S, Donner CF, Rossi A. Physiologic response of ventilator-dependent patients with chronic obstructive pulmonary disease to proportional assist ventilation and continuous positive airway pressure. Am J Respir Crit Care Med 1999; 159: 1510–1517

3. Bianchi L, Foglio K, Pagani M, Vitacca M, Rossi A, Ambrosino N. Effects of proportional assist ventilation on exercise tolerance in COPD patients with chronic hypercapnia. Eur Respir J 1998; 11: 422–427

4. Dolmage TE, Goldstein RS. Proportional assist ventilation and exercise tolerance in subjects with COPD. Chest 1997; 111: 948–954

5. Fabry B, Guttmann J, Eberhard L, Bauer T, Haberthür C, Wolff G. An analysis of desynchronisation between the spontaneously breathing patient and ventilator during inspiratory pressure support. Chest 1995; 107: 1387–1394

6. Fichter J, Stahl C, Meiners B, Sybrecht GW. Proportional assistierte Ventilation (PAV): klinische Anwendung eines neuen Beatmungsmodus. Med Klein 1996; 91 (Suppl 2): 70–71

7. Giannouli E, Webster K, Roberts D, Younes M. Response of ventilator-dependent patients to different levels of pressure support and proportional assist. Am J Respir Crit Care Med 1999; 159: 1716–1725

8. Gutheil T, Pankow W, Becker H, Juhasz J, Stammnitz A, Grote L, Peter JH, von Wichert P. Atemanstrengung unter nichtinvasiver Proportional Assist Ventilation (PAV) bei Patienten mit respiratorischer Insuffizienz. Med Klein 1997;92 (Suppl 2): 85–89

9. Haberthür C, Fabry B, Zappe D, Eberhard L, Trüeb K, Stulz P. Automatic tube compensation (ATC) und proportional assist ventilation (PAV): Klinische Erfahrungen mit einem neuen Modus zur Unterstützung von intubierten, spontanatmenden Patienten. Intensivmed 1996; 33: 282–292

10. Haberthür Ch, Fabry B, Zappe D, Eberhard L, Bernhard H, Trüeb K, Guttmann J, Stulz P. Occurence of periodic breathing in intubated patients and the influence of sedation. In: Roussos Ch (editor). Proceedings of the 8th European congress of intensive care medicine. Bologna: Monduzzi Editore, 1995 vol. 2 pp. 597–602

11. Haberthür Ch, Zappe D. Comparison of peak tracheal pressure under proportional assist ventilation with automatic tube compensation (ATC/PAV) and under inspiratory pressure support (IPS). (abstract). Eur Respir J 1997; 10 (suppl 25): 140s

12. Haberthür C, Fabry B, Zappe D, Guttmann J. Relationship between mechanical loading/unloading, respiratory controller gain and periodic breathing in man. Respir Physiol 1998; 112: 23–36

13. Harries JR, Tyler JM. Mechanical assistance to respiration in emphysema – results with a patient-controlled servo-respirator. Am J Med 1964; 36: 68–78

14. Marantz S, Patrick W, Webster K, Roberts D, Oppenheimer L, Younes M. Response of ventilator-dependent patients to different levels of proportional assist ventilation. J Appl Physiol 1996; 80:397–403

15. Meza S, Giannouli E, Younes M. Control of breathing during sleep assessed by proportional assist ventilation. J Appl Physiol 1998; 84: 3–12

16. Meza S, Mendez M, Ostrowski M, Younes M. Susceptibility to periodic breathing with assisted ventilation during sleep in normal subjects. J Appl Physiol 1998; 85: 1929–1940

17. Mitrouska J, Xirouchaki N, Patakas D, Siafakas N, Georgopoulos D. Effects of chemical feedback on respiratory motor and ventilatory output during different modes of assisted mechanical ventilation. Eur Respir J 1999; 13: 873–882

18. Mols G, von Ungern-Sternberg B, Rohr E, Haberthür C, Geiger K, Guttmann J. Respiratory comfort and breathing pattern during volume proportional assist ventilation and pressure support ventilation: a study on volunteers with artificially reduced compliance. Crit Care Med 2000; 28: 1940–1946

19. Navalesi P, Hernandez P, Wongsa A, Laporta D, Goldberg P, Gottfried SB. Proportional assist ventilation in acute respiratory failure: effects on breathing pattern and inspiratory effort. Am J Respir Crit Care Med 1996; 154: 1330–1338

20. Patrick W, Webster K, Ludwig L, Roberts D, Wiebe P, Younes M. Noninvasive positive-pressure ventilation in acute respiratory distress without prior chronic respiratory failure. Am J Respir Crit Care Med 1996; 153: 1005–1004

21. Poon CS, Ward SA. A device to provide respiratory-mechanical unloading. IEEE Trans Biomed Eng 1986; 33: 361–365

22. Poon CS, Ward SA, Whipp BJ. Influence of inspiratory assistance on ventilatory control during moderate exercise. J Appl Physiol 1987; 62: 551–560

23. Poon CS. Proportional assist and negative impedance ventilation (letter to the editor). Am Rev Respir Dis 1992; 146: 1642–1643

24. Poon CS, Lebowitz HH, Sidney DA, Li SX. Negative-impedance ventilation and pressure support ventilation: a comparative study. Respir Physiol 1997; 108: 117–127

25. Puddy A, Younes M. Effect of slowly increasing elastic load on breathing in conscious humans. J Appl Physiol 1991; 70: 1277–1283

26. Ranieri VM, Giuliani R, Mascia L, Grasso S, Petruzelli V, Puntillo N, Perchiazzi G, Fiore T, Brienza A. Patient-ventilator interaction during acute hypercapnia: pressure-support vs. proportional assist ventilation. J Appl Physiol 1996; 81: 426–436

27. Ranieri VM, Grasso S, Mascia L, Martino S, Fiore T, Brienza A, Giuliani R. Effects of proportional assist ventilation on inspiratory muscular effort in patients with chronic obstructive pulmonary disease and acute respiratory failure. Anesthesiology 1997; 86: 79–91

28. Schaller P, Schulze A. A ventilator generating a positive or negative internal compliance. Ups J Med Sci 1991; 96: 219–234

29. Schulze A, Schaller P, Dinger J, Winkler U, Gmyrek D. A method of calculation total respiratory system compliance from resonant frequency: validity in a rabbit model. Pediatr Res 1990; 28: 599–602

30. Schulze A, Schaller P, Gehrhardt B, Mädler H, Gmyrek D. An infant ventilator technique for resistive unloading during spontaneous breathing. Results in a rabbit model of airway obstruction. Pediatr Res 1990; 28: 79–82

31. Schulze A, Schaller P, Dinger J, Winkler U, Gmyrek D. High-frequency oscillatory ventilation near resonant frequency of the respiratory system in rabbits with normal and surfactant depleted lungs. Eur J Pediatr 1991; 150: 671–675

32. Schulze A, Schaller P, Jonzon A, Sedin G. Assisted mechanical ventilation using elastic unloading: a study in cats with normal injured lungs. Pediatr Res 1993; 34: 600–605

33. Schulze A, Rich W, Schellenberg L, Schaller P, Held GP. The effect of volume- and flow-proportional assist ventilation on the pattern of spontaneous breathing, diaphragmatic EMG, FRC and blood pressure in rabbits (abstract). Pediatr Res 1995; 37: 349A

34. Schulze A, Jonzon A, Schaller P, Sedin G. Effects of ventilator resistance and compliance on phrenic nerve activity in spontaneously breathing cats. Am J Respir Crit Care Med 1996; 153: 671–676

35. Schulze A, Schaller P. Proportional assist ventilation: a new strategy for infant ventilation? Neonat Resp Dis 1996; 1: 1–10

36. Stahl CA, Geiger K, Guttmann J. Determination of respiratory system mechanics during spontaneous breathing – a model investigation. Intensive Care Med 1998; 24 (Suppl 1): S117

37. Stawitcke FA, Jimison HB, Ream AK, Mordan WJ, Piziali R. Patentschrift „Beatmungsgerät" US 354993.05.03. 1982

38. Stocker R, Fabry B, Eberhard L, Haberthür C. Support of spontaneous breathing in the intubated patient: Automatic tube compensation (ATC) and proportional assist ventilation (PAV). Acta Anaesth Scand Suppl 1997; 111: 123–128

39. Stocker R, Fabry B, Haberthür Ch. New modes of ventilatory support in spontaneously breathing intubated patients. In: Vincent JL. Yearbook of Intensive Care and Emergency Medicine, 1997

40. Tyler JM, Grape B. The influence of mechanical assistance to respiration on the ventilatory response to carbon dioxide in emphysema. Am Rev Respir Dis 1962; 86: 29–36

41. Younes M, Bilan D, Jung D, Kroker, H. An apparatus for altering the mechanical load of the respiratory system. J Appl Physiol 1987; 62: 2491–2499

42. Younes M. Proportional Assist Ventilation, a new approach to ventilatory support-theory. Am Rev Respir Dis 1992; 145: 114–120

43. Younes M, Puddy A, Roberts D, Light RB, Quesada A, Taylor K, Oppenheimer L, Cramp H. Proportional Assist Ventilation – results of a clinical trial. Am Rev Respir Dis 1992; 145: 121–129

## 5.2 Automatische Tubuskompensation

Englisch: automatic tube compensation (ATC)

### 5.2.1 Problemstellung – die Flussabhängigkeit des Tubuswiderstandes und seine Kompensation

Alle bisherigen – und bisher besprochenen – Beatmungsverfahren gehen stillschweigend von einem linearen Verhalten der mechanischen Eigenschaften des respiratorischen Systems aus. Wie im vorigen Kapitel bereits dargelegt, ist ein lineares Verhalten der Atemmechanik bei oro- oder nasotracheal intubierten oder tracheotomierten Patienten jedoch überhaupt nicht mehr gegeben. Wesentliche Ursache dieser Nichtlinearität ist der flussabhängige Druckabfall über einem Endotrachealtubus oder einer Trachealkanüle.

Abbildung 5.2 zeigt die nicht-linearen Druck-Fluss-Kennlinien von Endotrachealtuben mit verschiedenen Innendurchmessern. Der physikalische Grund für den nicht-linearen Kennlinienverlauf ist der turbulente Gasfluss im Tubus. Diese nicht-linearen Kennlinien belegen die Flussabhängigkeit des Tubuswiderstandes [10, 18, 21, 24, 27]. Bei Spontanatmung und bei druckregulierter Beatmung ändert sich der inspiratorische Gasfluss während eines Atemzuges laufend, dementsprechend auch der Druckabfall über dem vom Atemgas durchströmten Tubus (Abb. 5.3). So steigt beispielsweise zu Beginn eines spontanen Atemzugs der Inspirationsfluss, ausgehend von Null, kontinuierlich auf seinen inspiratorischen Spitzenwert an, um dann bis zum Ende der Inspiration wieder auf Null abzufallen. Dementsprechend steigt auch der Druckabfall über dem Tubus innerhalb der Inspiration, ausgehend von Null, auf seinen inspiratorischen Spitzenwert an, um dann bis zum Ende der Inspiration wieder auf Null abzufallen (Abb. 5.3). Je nach Inspirationsanstrengung des Patienten kann dabei der inspiratorische Spitzenfluss Werte zwischen 0,4 l/s und 2,5 l/s erreichen [8, 15, 16]. Zudem kann der inspiratorische Spitzenfluss bei spontanatmenden Patienten von Atemzug zu Atemzug variieren. Dementsprechend variiert auch der Tubuswiderstand beträchtlich, nicht

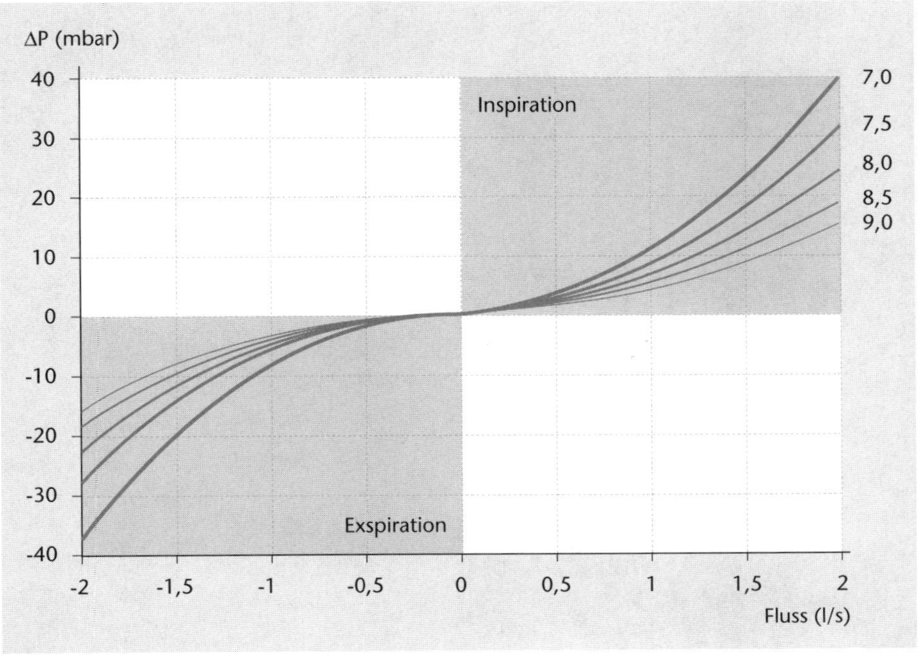


Abb. 5.2: Nicht-linearer Zusammenhang zwischen dem Druckabfall über Endotrachealtuben (ΔP in mbar) und dem Gasfluss (von 0 bis 2 l/s) bei Endotrachealtuben von 7,0 mm bis 9,0 mm Innendurchmesser und Originallänge für Inspiration und Exspiration.

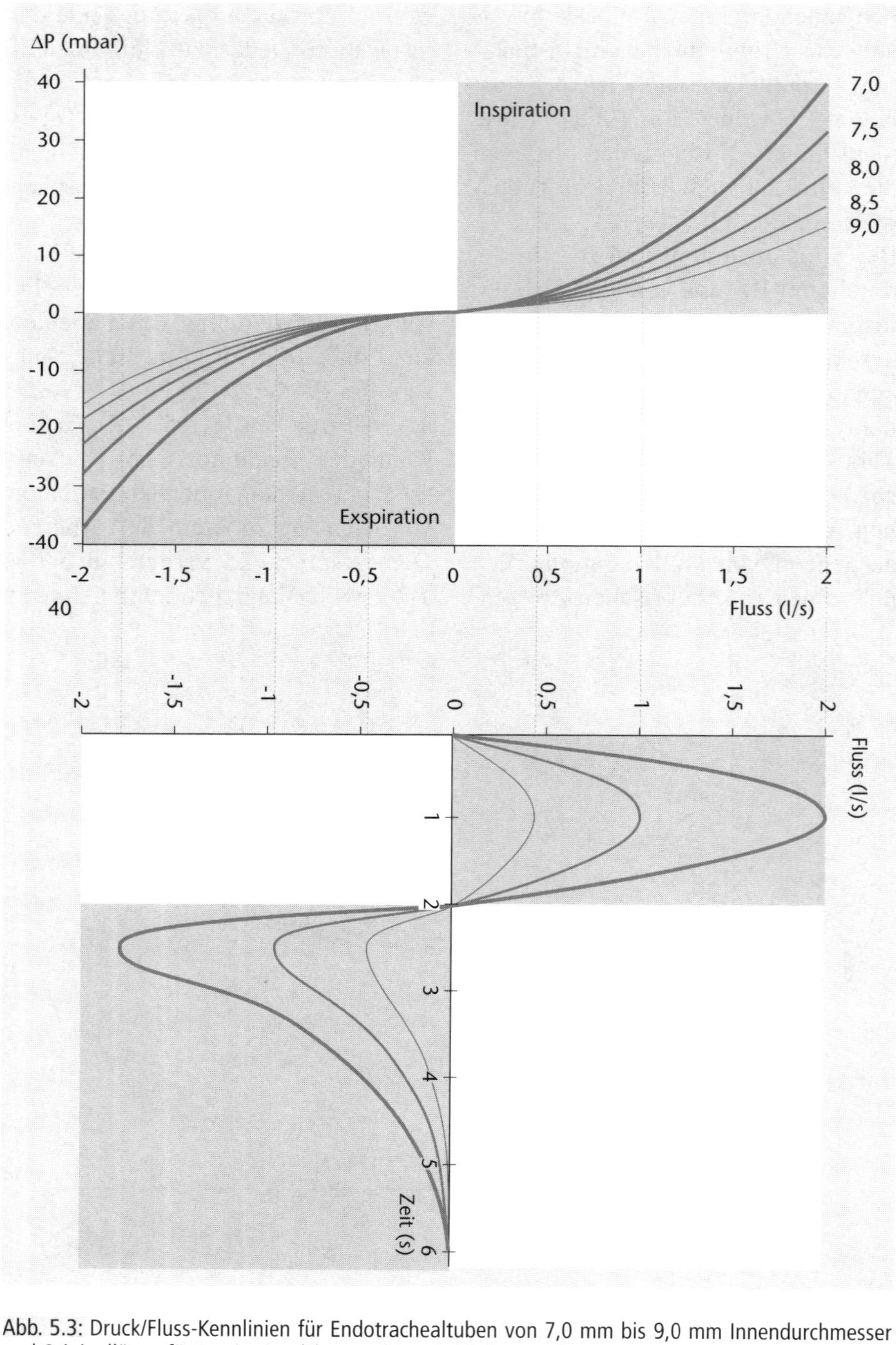


Abb. 5.3: Druck/Fluss-Kennlinien für Endotrachealtuben von 7,0 mm bis 9,0 mm Innendurchmesser und Originallänge für Inspiration (Fluss und Druckabfall positiv) und Exspiration (Fluss und Druckabfall negativ). Das untere Diagramm, das von oben nach unten durchlaufen wird, zeigt das in- und exspiratorische Flussmuster während Spontanatmung mit geringer (dünne Kurve), mittlerer und starker (dicke Kurve) Atemanstrengung des Patienten. Zu Beginn der Inspiration ist der Fluss 0 l/s und ebenso ist der Druckabfall über dem Tubus 0 mbar. Mit Beginn der Inspiration steigt der Fluss

kontinuierlich an und erreicht in der frühen bis mittleren Phase der Inspiration sein Maximum, das bei geringer Atemanstrengung ca. 0,4 l/s, bei heftiger Atemanstrengung jedoch über 2 l/s betragen kann. Mit dem inspiratorischen Anstieg des Flusses steigt auch der Druckabfall über dem Tubus (der Tubuswiderstand) kontinuierlich an und erreicht ebenfalls in der frühen bis mittleren Phase der Inspiration sein Maximum von – beispielsweise bei einem 7,5er Tubus – 3 mbar bei geringer und 32 mbar bei heftiger Atemanstrengung des Patienten. Im weiteren Verlauf der Inspiration geht der Fluss nach seinem Maximum gegen 0 l/s zurück und ebenso erreicht der Druckabfall über dem Tubus endinspiratorisch den Wert 0 mbar. Ganz ähnlich verhalten sich Fluss und Druckabfall während der Exspiration.

nur innerhalb eines Atemzuges, sondern auch von Atemzug zu Atemzug. Der exspiratorische Gasfluss zeigt bei allen Modi (auch bei den kontrollierten Beatmungsverfahren) einen exponentiellen, d. h. einen inkonstanten Verlauf, und ebenso ist auch der Druckabfall über dem Tubus während der Exspiration nicht konstant.

Die nicht-lineare Druck-Fluss-Kennlinie des Tubus hat nun für die Beatmung und die unterstützte Spontanatmung einschneidende Folgen.

Während der unterstützten Spontanatmung lässt sich infolge der Variabilität des Gasflusses und der damit verbundenen Variabilität des momentan wirksamen Tubuswiderstandes überhaupt nicht abschätzen, welcher Teil der vom Beatmungsgerät gelieferten Unterstützung am Tubuswiderstand verbraucht wird und welcher Teil dem Patienten effektiv noch zukommt. Aus denselben Gründen lässt sich nie abschätzen, welche Druckunterstützung einem Patienten zur alleinigen Kompensation des Tubuswiderstandes (beispielsweise am Ende der Entwöhnungsphase) zugeführt werden muss [14, 23]. So kann es durchaus vorkommen, dass bei einem heftig inspirierenden Patienten eine inspiratorische Druckunterstützung von beispielsweise 15 mbar im Modus PSV nicht einmal ausreicht, um den Tubuswiderstand auch nur annähernd zu kompensieren [8, 15, 16, 23–25]. Wenn derselbe Patient jedoch wenige Atemzüge später nur noch eine schwache Inspirationsanstrengung zeigt, so würde er mit den gleichen 15 mbar Druckunterstützung bis auf die zur Triggerung erbrachte Atemarbeit vollständig (passiv) beatmet.

Der von Atemzug zu Atemzug variable Tubuswiderstand kann aus Prinzip ebensowenig mit einer voreingestellten (konstanten) Druckunterstützung kompensiert werden wie der auch innerhalb eines Atemzuges variable Tubuswiderstand. Eine konstante inspiratorische Druckunterstützung führt unvermeidlich zu Überkompensation des Tubuswiderstandes bei geringen Flussraten, wie am Anfang und am Ende der Inspiration, und zu Unterkompensation bei hohen Flussraten während der Inspiration, wie dies in Abbildung 5.4 dargestellt ist. Eine Erhöhung der konstanten Druckunterstützung würde den Grad der Unterkompensation zwar verringern, gleichzeitig aber auch den Grad der Überkompensation erhöhen.

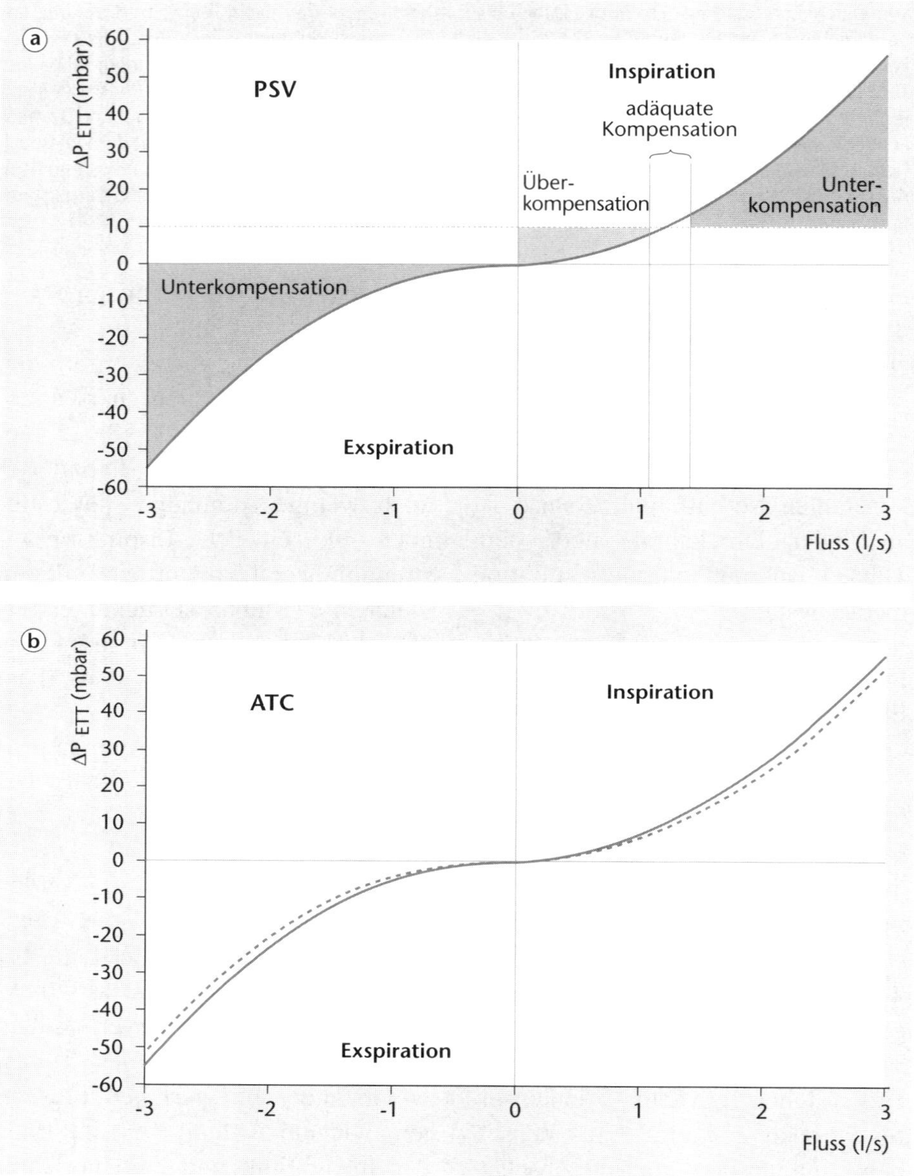


Abb. 5.4 a, b: a) Druck/Flusskennlinie eines Endotrachealtubus (ETT) mit 7,5 mm Innendurchmesser und Originallänge und darüber gelegt eine konstante inspiratorische Druckunterstützung von 10 mbar im Modus PSV. Mit einer konstanten inspiratorischen Druckunterstützung kann der flussabhängige, nicht-lineare Druckabfall über dem Tubus im Verlauf einer Inspiration nur bei einer bestimmten Flussrate adäquat kompensiert werden. Bei niedrigeren Flüssen ist der Tubus über- und bei höheren Flussraten unterkompensiert. Eine Änderung der inspiratorischen Druckunterstützung führt lediglich zu einer Verschiebung zwischen Über- und Unterkompensation. Eine exspiratorische Tubuskompensation ist nicht möglich.
b) Im Modus ATC wird der Druckabfall kontinuierlich und automatisch entsprechend der aktuellen Flussrate sowohl inspiratorisch als auch exspiratorisch kompensiert. Die durchgezogene Linie entspricht der idealen ATC-Kurve; die gepunktete Linie entspricht der realen ATC-Kurve.

Deshalb sind alle bisherigen volumen- und druckgeregelten Beatmungsverfahren prinzipiell nicht in der Lage, den Tubuswiderstand adäquat zu kompensieren und damit dem Patienten die durch den Tubuswiderstand bedingte zusätzliche Atemarbeit ohne gleichzeitige Überkompensation abzunehmen, obwohl genau dies beispielsweise für den Modus PSV immer wieder behauptet wurde [1, 4, 5, 9]. Auch im Modus PAV mit seiner flussproportionalen Unterstützung ist aus Prinzip keine adäquate Kompensation des Tubuswiderstandes möglich [14, 23–25], da die flussproportionale Unterstützung linear proportional zum Fluss erfolgt, der Tubuswiderstand jedoch nicht-linear (überproportional) vom Fluss abhängig ist.

Als gravierender Umstand kommt hinzu, dass alle bisherigen Beatmungsverfahren und alle bisherigen Verfahren für die unterstützte Spontanatmung den *exspiratorischen* Tubuswiderstand überhaupt nicht kompensieren können.

## 5.2.2 Nachteile eines nicht adäquat kompensierten Tubuswiderstandes

Das Problem des flussabhängigen, nicht-linearen Tubuswiderstandes ist von großer klinischer Bedeutung, da ein nicht adäquat kompensierter Tubuswiderstand zusätzliche Atemarbeit für den Patienten bedeutet [2, 3, 8, 14–18, 22, 26, 27] und diese durch den Tubuswiderstand verursachte zusätzliche Atemarbeit mehr als das Doppelte der normalerweise vom Patienten zu leistenden Atemarbeit betragen kann [14]. Daher ist man bis auf die Befürworter der sogenannten T-Stück-Methode und den Anwendern des CPAP-Modus (bei intubierten/tracheotomierten Patienten) übereinstimmend der Ansicht, dass die durch den Tubuswiderstand hervorgerufene zusätzliche Atemarbeit durch eine geeignete Druckunterstützung kompensiert werden sollte. So wurde für die Kompensation des Tubuswiderstandes eine inspiratorische Druckunterstützung im PSV-Modus von 5 bis 8 mbar bei lungengesunden und von 8 bis 14 mbar bei lungenkranken Patienten vorgeschlagen [1, 4, 5, 9]. In Anbetracht der Tatsache, dass der Tubuswiderstand nicht mit einer konstanten inspiratorischen Druckunterstützung kompensiert werden kann (Abb. 5.4 a), entspricht dieser Vorschlag dem Versuch, den Grad der Über- und Unterkompensation einander so anzugleichen, dass die daraus resultierende Gesamtatemarbeit für den Patienten im Mittel etwa der Gesamtatemarbeit nach erfolgter Extubation entspricht [16]. Dieser Ansatz ist jedoch grundsätzlich falsch und vergleichbar mit der Situation eines Läufers, dem zur „Kompensation" seiner für eine bestimmte Wegstrecke geleisteten Laufarbeit eine Mitfahrgelegenheit für eine gleich lange (oder auch längere) zusätzliche Wegstrecke angeboten wird. Trotz dieser „Unterstützung" hat der Läufer den ersten Teil der Wegstrecke aus eigenem Antrieb geleistet und diese von ihm geleistete Arbeit kann durch eine Mitfahrgelegenheit natürlich nicht „kompensiert" werden.

### 5.2.3 Wirkprinzip von ATC

Im respiratortechnischen Sinne kann der flussabhängige Tubuswiderstand ganz einfach dadurch kompensiert werden, dass das demand-flow-Prinzip nicht auf den Atemwegsdruck am proximalen Tubusende, sondern auf den Trachealdruck am distalen Tubusende angewendet wird. Beim konventionellen demand-flow-Prinzip wird der Istwert des Atemwegsdruckes gemessen und mit einem Sollwert verglichen. Im Modus CPAP beispielsweise ist dieser Sollwert der PEEP, im Modus PSV hingegen der inspiratorische Unterstützungsdruck. Erkennt der demand-flow-Regler eine Abweichung zwischen Istwert und Sollwert, so wird je nach Vorzeichen der Regelabweichung der Gasfluss zum Patienten erhöht oder erniedrigt, um den Atemwegsdruck auf den Solldruck zu regeln. Wird nun anstelle des Atemwegsdruckes der Trachealdruck als Sollwert vorgegeben, so wird der Widerstand des dazwischen liegenden Tubus durch den demand-flow-Regler automatisch kompensiert. Leider ist die Messung des Trachealdruckes, beispielsweise über einen in den Tubus eingelegten Messkatheter oder einen in die Tubuswandung eingearbeiteten Messkanal wegen Sekretablagerung allenfalls nur für eine beschränkte Zeit möglich. Für den zuverlässigen Betrieb eines demand-flow-Reglers ist jedoch eine kontinuierliche Bestimmung des Trachealdruckes erforderlich. Wegen der praktischen Unmöglichkeit der Trachealdruckmessung wurde in der eigenen Arbeitsgruppe ein Verfahren zur kontinuierlichen Berechnung des Trachealdruckes entwickelt [10]. Zieht man diesen berechneten Trachealdruck zur Regelung des demand-flow-Ventilators heran und ergänzt diesen um eine Unterdruckquelle, um während der Exspiration – falls notwendig – einen Unterdruck am proximalen Tubusende anlegen zu können, so kann der Widerstand des Endotrachealtubus oder der Trachealkanüle tatsächlich während der Inspiration und Exspiration kompensiert und dadurch dem Patienten die zusätzliche, durch den Tubuswiderstand bedingte Atemarbeit fast vollständig erspart werden („elektronische Extubation"; Abb. 5.4 b).

*Im Folgenden wird eine kurze Beschreibung der mathematischen Zusammenhänge bei ATC [7] und der Berechnung des Trachealdruckes [10] gegeben.*

Wie bereits erwähnt, benutzt der Steueralgorithmus von ATC den Trachealdruck als Sollwert. Der Istwert des Trachealdruckes wird auf der Grundlage des gemessenen Atemwegsdruckes ($P_{aw}$; der Druck in den zuführenden Schläuchen, also vor dem proximalen Tubusende) und dem Druckabfall über dem Tubus ($\Delta P_{ETT}$) kontinuierlich berechnet, indem $\Delta P_{ETT}$ von $P_{aw}$ subtrahiert wird:

$$P_{trach} = P_{aw} - \Delta P_{ETT} \qquad (15)$$

Der Druckabfall über dem Tubus $\Delta P_{ETT}$ kann mathematisch durch die nach Rohrer [21] benannte quadratische Approximationsgleichung beschrieben werden [10]. Dieser Approximationsgleichung liegt ein linearer Term für die laminare Strömung bei niedrigen Flussraten und ein quadratischer Term für die turbulente Strömung bei höheren Flussraten zugrunde:

$$\Delta P_{ETT} = K_1 \times \dot{V} + K_2 \times \dot{V}^2 \qquad (16)$$

Hierbei bedeuten $K_1$ und $K_2$ die tubusspezifischen Konstanten und den Fluss. Die Gleichung (16) beschreibt nichts anderes als den in der Abbildung 5.2 dargestellten nicht-linearen Zusammenhang zwischen Druckabfall über dem Tubus und Fluss, wobei die tubusspezifischen Konstanten $K_1$ und $K_2$ für jeweils einen Tubus mit bestimmtem Innendurchmesser und bestimmter Länge (sowie der Krümmung dieses Tubus und seiner inneren Oberflächenbeschaffenheit etc.) gelten. Diese tubusspezifischen Konstanten wurden in Laboruntersuchungen für Endotrachealtuben und Trachealkanülen mit unterschiedlichem Innendurchmesser und unterschiedlicher Länge bestimmt und liegen mittlerweile für alle gängigen Größen der bei Erwachsenen verwendeten Tuben [10] und der in der Pädiatrie verwendeten Tuben [12] vor.

Da der Zusammenhang zwischen Druckabfall und Fluss in Inspiration und Exspiration unterschiedlich ist, mussten die Konstanten $K_1$ und $K_2$ getrennt für Inspiration ($K_{1,in}$; $K_{2,in}$) und Exspiration ($K_{1,ex}$; $K_{2,ex}$) bestimmt und für eine adäquate Kompensation berücksichtigt werden.

Der auf der Grundlage von Gleichung (15) und (16) berechnete Trachealdruck zeigt eine sehr hohe Übereinstimmung mit dem tatsächlich gemessenen Trachealdruck sowohl im Laborversuch als auch an Patienten unter mechanischer Beatmung und bei unterstützter Spontanatmung [7, 10].

Im Falle der isolierten Applikation von ATC gilt für die vom Respirator abgegebene Druckunterstützung:

$$P_{aw} = P_{ATC} = \Delta P_{ETT} \qquad (17)$$

Bei ATC entspricht die vom Respirator übernommene Druckunterstützung gerade dem in Gleichung (16) beschriebenen Druckabfall $\Delta P_{ETT}$ über dem Tubus.

Im Prinzip stellt ATC nichts anderes als eine spezielle Form der flussproportionalen Druckunterstützung dar. Im Unterschied zu dieser erfolgt bei ATC die Druckunterstützung jedoch nicht linear zum Gasfluss (wie bei PAV), sondern nicht-linear zum Gasfluss. Wie bei PAV ist auch bei

ATC kein Triggerkriterium (im herkömmlichen Sinne) für den Beginn von Inspiration und Exspiration notwendig: Jede noch so geringe Abweichung des Trachealdruck-Istwertes vom Sollwert wird fast augenblicklich mit einer Erhöhung oder Erniedrigung der Flusslieferung gegenkorrigiert.

Im Unterschied zu dem beschriebenen (originalen) ATC, unterscheidet sich das von der Firma Dräger in der Evita 4 verwendete ATC unter anderem durch folgende Vereinfachungen. Erstens einmal wird anstelle von Gleichung (16) die einfachere Gleichung (18) verwendet:

$$\Delta P_{ETT} = K \times \dot{V}^2 \qquad (18)$$

Durch den Wegfall des linearen Terms von Gleichung (16) kommt es zwangsläufig zu einer weniger genauen Kompensation des Tubuswiderstandes, was jedoch für die klinische Praxis keine einschneidenden Folgen haben dürfte. Zweitens wird auf eine Unterdruckquelle für die exspiratorische Tubuskompensation verzichtet. Damit steht für die exspiratorische Tubuskompensation maximal ein Druckgradient zur Verfügung, der sich aus der Differenz von endexspiratorischem Druck (PEEP) und Umgebungsdruck (Atmosphärendruck) ergibt. Wurde beispielsweise ein PEEP von 10 mbar am Beatmungsgerät voreingestellt, so steht für die exspiratorische Tubuskompensation maximal eine Druckdifferenz von 10 mbar zur Verfügung, bei einem eingestellten PEEP von 5 mbar sind dies nur noch maximal 5 mbar. Der Grad der exspiratorischen Tubuskompensation hängt also von der Höhe des eingestellten PEEP ab. Der Verzicht auf eine Unterdruckquelle und damit der Verzicht auf eine adäquate Tubuskompensation auch bei forcierter Exspiration stellt nach unserer Erfahrung (auch nach Befragung unserer Patienten!) eine schwerwiegende Einschränkung dar.

### 5.2.4 Einsatz von ATC

ATC ist nun nicht einfach ein weiterer Beatmungsmodus, der im Sinne einer „elektronischen Extubation" nur gerade am Ende der Entwöhnung von der mechanischen Beatmung (Weaning), beispielsweise für die sichere Voraussage des Extubationserfolges, angewendet werden kann. Vielmehr stellt ATC ein Verfahren dar, das sich prinzipiell mit allen anderen Beatmungsmodi kombinieren lässt, um so den störenden Einfluss des variablen wirksamen Tubuswiderstandes zu eliminieren.

Von besonderer Bedeutung ist die Kombination von ATC mit der proportionalen Druckunterstützung PAV. Im vorangehenden Kapitel wurde gezeigt, dass selbst im Falle der idealen Einstellung von PAV, außer der atemmechanischen Normbelastung durch $E_{norm}$ und $R_{norm}$ immer noch der flussabhängige Strömungswiderstand des Endotrachealtubus durch die Atemmuskulatur des spontanatmenden Patienten zu überwinden ist [siehe Gleichung (13)]. Erst wenn beim intubierten oder tracheotomierten Patienten der Tubuswiderstand als wesentliche nicht-lineare Komponente kompensiert ist, ist von der Gültigkeit des der proportionalen Druckunterstützung zugrunde liegenden Prinzips, nämlich die lineare Bewegungsgleichung des respiratorischen Systems, auszugehen.

Wird ATC mit PAV kombiniert so gilt für den vom Respirator abgegebenen Hilfsdruck:

$$P_{aw} = P_{PAV} + P_{ATC} \qquad (19)$$

Durch Einsetzen der Gleichungen (7) und (16) in (19) folgt damit für die Druckunterstützung durch den Respirator:

$$P_{aw} = V \times VA + \dot{V} \times FA + K_1 \times \dot{V} + K_2 \times \dot{V}^2 \qquad (20)$$

Gemäß Gleichung (12) ergibt sich dann für den Muskeldruck:

$$P_{mus} = V \times (E_{rs} - VA) + \dot{V} \times (R_{rs} - FA) + (P_{ETT} - K_1 \times \dot{V} - K_2 \times \dot{V}^2) \qquad (21)$$

Bei simultaner Applikation von PAV und ATC muss die Atemmuskulatur des spontanatmenden Patienten nur noch die am Respirator eingestellte und als normal angesehene atemmechanische Belastung überwinden:

$$P_{mus} = V \times E_{norm} + \dot{V} \times R_{norm} \qquad (22)$$

### 5.2.5 Vorteile von ATC

Das Konzept von ATC legt eine Reihe von Vorteilen für den intubierten oder tracheotomierten, spontanatmenden Patienten nahe, wovon die meisten in den bisherigen klinischen Studien bestätigt werden konnten.

Ein erster Vorteil liegt bereits im Wegfall eines Triggerkriteriums für den Beginn von Inspiration und Exspiration. Damit wird das Auftreten von Fehltriggerung und Selbsttriggerung bei ATC wirkungsvoll verhindert [14] und somit einer der Ursachen für das Auftreten von Desynchronisation zwischen Patient und Beatmungsgerät vorgebeugt [6].

Ein weiterer, naheliegender Vorteil ist die wirkungsvolle Verminderung der zusätzlichen, durch den Tubuswiderstand verursachten Atemarbeit. Dies konnte im Vergleich zum Modus PSV sowohl bei orotracheal intubierten [8] als auch bei tracheotomierten Patienten [15, 16] eindeutig nachgewiesen werden. Bei einer Gruppe von tracheotomierten Patienten mit unterschiedlicher Inspirationsanstrengung konnte zudem gezeigt werden, dass die durch den Tubuswiderstand verursachte zusätzliche Atemarbeit im CPAP-Modus mehr als die Hälfte der gesamten inspiratorischen Atemarbeit dieser Patienten ausmachen kann [16]. Obwohl die zusätzliche, durch den Tubuswiderstand hervorgerufene Atemarbeit auch mit einer geeignet hohen, konstanten Druckunterstützung im Modus PSV wirkungsvoll vermindert werden kann, geht diese Art der Tubuskompensation infolge der unvermeidbaren Überkompensation des Tubuswiderstandes unweigerlich mit einer Überdruckbeatmung einher. Dies bedeutet – wie es der Sinn des Wortes „Überdruckbeatmung" nahelegt – immer auch eine Beatmung des Patienten [8, 16].

Mit der wirkungsvollen Verminderung der tubusbedingten zusätzlichen Atemarbeit ohne gleichzeitig störende Einflussnahme auf das Atemmuster des Patienten erlaubt ATC, dass auch der intubierte oder tracheotomierte Patient weitgehend mit seinem ihm natürlichen Atemmuster atmen kann. Dies wurde durch einige typische Einzelbeispiele belegt [14, 23–25].

Da ATC erstens lediglich den Widerstand von Endotrachealtubus oder Trachealkanüle in- und exspiratorisch kompensiert und demnach dem Patienten keine darüber hinausgehende Unterstützung bietet, zweitens ohne fehleranfälliges Triggerkriterium für den Beginn von Inspiration und Exspiration auskommt und drittens das Beatmungsmuster des Patienten unbeeinflusst lässt, wurde für ATC auch der Begriff der *„elektronischen Extubation"* geprägt [14, 19]. Abgesehen von der Tatsache, dass ein „elektronisch kompensierter" Tubus im Vergleich zu einer realen Extubation die Problematik einer lokalen Reizung mit all den damit verbundenen Nachteilen (wie Fremdkörpergefühl, Hustenreiz, usw.) natürlich nicht beseitigen kann, wird mit ATC im Hinblick auf ein ungestörtes Atemmuster und einen adäquat kompensierten Tubuswiderstand die „elektronische Extubation" tatsächlich ermöglicht. Als Hinweis für die Richtigkeit dieser Aussage darf der signifikant höhere Komfort unter ATC im Vergleich zum Modus PSV (mit 10 mbar Druckunterstützung) bei Probanden gesehen werden [11, 20]. Den wohl nachhaltigsten Beweis für das Konzept der „elektronischen Extubation" konnte mit der deutlich zuverlässigeren Voraussage einer erfolgreichen oder erfolglosen Extubation im Modus ATC gegenüber dem Modus PSV oder der sogenannten T-Stück-Methode bei insgesamt 90 intubierten Patienten erbracht werden. In dieser Untersuchung konnten 6 von 12 schwierig zu entwöhnenden Patienten, welche weder am T-Stück noch mit PSV extubierbar schienen, erfolgreich unter ATC extubiert werden.

### 5.2.6 Einschränkungen von ATC

Folgende Einschränkungen bei der klinischen Anwendung von ATC gilt es zu beachten:

Erstens ist der Stellenwert der exspiratorischen Tubuskompensation bei Patienten mit aktiver Atemwegsobstruktion in Frage zu stellen. Durch die Kompensation des exspiratorischen Tubuswiderstandes (vergleichbar mit dem Wegfall der Lippenbremse) könnte – nach dem equal-pressure-point-Konzept – das Auftreten eines Atemwegskollapses begünstigt werden. Liegen jedoch keine aktiven Bronchospasmen vor, so ist ATC gerade bei diesen Patienten eine sehr wirkungsvolle Methode, um einer dynamischen Volumenretention und damit dem Auftreten von intrinsic PEEP (auto PEEP) vorzubeugen. Mittlerweile erlaubt das von Dräger realisierte ATC-Konzept wie unsere experimentelle Lösung eine selektive Abschaltung der exspiratorischen Tubuskompensation, was für eine gefahrlose Anwendung von ATC bei Patienten mit aktiver exspiratorischer Atemwegsobstruktion doch sehr wichtig ist.

Der zweite Punkt befasst sich mit dem Konzept der „elektronischen Extubation". Würde nämlich mit ATC der Tubuswiderstand vollständig kompensiert, so hätte der intubierte oder tracheotomierte Patient unter ATC nur die Atemarbeit zur Überwindung der mechanischen Eigenschaften seines respiratorischen Systems zu leisten [siehe Gleichung (22)], nicht aber – wie dies nach realer Extubation der Fall ist – zusätzlich auch die Atemarbeit zur Überwindung des Widerstands der oberen Atemwege. Infolge nicht-idealer Regeleigenschaften eines auch noch so schnellen Beatmungsgerätes kann der Tubuswiderstand mit ATC jedoch niemals vollständig (ideal) kompensiert werden. Bei unserem experimentellen Beatmungsgerät fanden wir bei „realem" ATC einen nicht kompensierten inspiratorischen Druckabfall zwischen 2 mbar bei ruhiger und 5 mbar bei sehr heftiger Inspirationsanstrengung des Patienten. Da bei nicht-intubierten Probanden der durch den Widerstand der oberen Atemwege verursachte Druckabfall ebenfalls etwa 2 mbar bei ruhiger und 6 mbar bei sehr heftiger Atmung beträgt, behält das Konzept der elektronischen Extubation unter „realem" ATC seine Gültigkeit bei.

Drittens gilt es das Konzept von ATC bei möglicher Tubusobstruktion durch Sekret zu prüfen. Die Berechnung des Trachealdruckes geht nämlich von den tubusspezifischen Koeffizienten $K_1$ und $K_2$ aus, die für den unverschmutzten Tubus gelten. Kommt es zur partiellen Tubusobstruktion durch Sekret, so erhöht sich der Tubuswiderstand entsprechend. Da der so erhöhte Tubuswiderstand vom ATC-Algorithmus nicht bemerkt werden kann, hat dies eine Unterschätzung des Druckabfalls über dem (verschmutzten) Tubus und damit zwangsläufig eine unvollständige Tubuskompensation zur Folge. Durch Analyse des exspiratorischen Gasflusses ist es allerdings möglich, partielle Tubusobstruktionen auf nicht-invasivem Wege zu detektieren [13]. Mit einem einfachen Verfahren ist es anschließend möglich, die aktuellen tubusspezifischen Konstanten, am Patientenbett neu zu bestimmen und die korrigierten Werte in den ATC-Algorithmus einzuspeisen [28]. Wird dieses Verfahren ein- bis zweimal täglich angewendet, so sollte Unterkompensation infolge Sekretablagerung wirkungsvoll verhindert werden können.

Zusammenfassend stellt der Modus ATC eine äußerst sinnvolle Ergänzung zu bestehenden Beatmungsverfahren dar. Insbesondere für den Modus PAV ist ATC eine elementare Ergänzung zur Unterstützung der Spontanatmung bei orotracheal oder nasotracheal intubierten und tracheotomierten Patienten. Es ist dementsprechend wünschenswert, dass dieser Modus in möglichst viele Beatmungsgeräte implementiert würde.

### 5.2.7 Literatur

1. Alberti A, Gallo F, Fongaro A, Valenti S, Rossi A. P0.1 is a useful parameter in setting the level of pressure support ventilation. Intensive Care Med 1995; 21: 547–553

2. Banner MJ, Jaeger MJ, Kirby RR. Components of the work of breathing and implications for monitoring ventilator-dependent patients. Crit Care Med 1994; 22: 515–523

3. Bolder PM, Healy TEJ, Bolder AR, Beatty PCW, Kay B. The extra work of breathing through adult endotracheal tubes. Anesth Analg 1986; 65: 853–859

4. Brochard L, Harf A, Lorino H, Lemaire F. Inspiratory pressure support prevents diaphragmatic fatigue during weaning from mechanical ventilation. Am Rev Respir Dis 1989; 139: 513–521

5. Brochard L, Rua F, Lorino H, Lemaire F, Harf A. Inspiratory pressure support compensates for the additional work of breathing caused by the endotracheal tube. Anesthesology 1991; 75: 739–745

6. Fabry B, Guttmann J, Eberhard L, Bauer T, Haberthür C, Wolff G. An analysis of desynchronisation between the spontaneously breathing patient and ventilator during inspiratory pressure support. Chest 1995; 107: 1387–1394

7. Fabry B, Guttmann J, Eberhard L, Wolff G. Automatic compensation of endotracheal tube resistance in spontaneously breathing patients. Technol Health Care 1994; 1: 281–291

8. Fabry, Haberthür C, Zappe D, Guttmann J, Kuhlen R, Stocker R. Breathing pattern and additional work of breathing in spontaneously breathing patients with different ventilatory demands during inspiratory pressure support and automatic tube compensation. Intensive Care Med 1997; 23: 545–552

9. Fiastro JF, Habib MP, Quan SF. Pressure support compensation for the additional work of breathing caused by the endotracheal tube. Chest 1988; 93: 499–505

10. Guttmann J, Eberhard L, Fabry B, Bertschmann W, Wolff G. Continuous calculation of intratracheal pressure in tracheally intubated patients. Anesthesiology 1993; 79: 503–513

11. Guttmann J, Bernhard H, Mols G, Benzing A, Hofmann P, Haberthür C, Zappe D, Fabry B, Geiger K. Respiratory comfort of automatic tube compensation and inspiratory pressure support in conscious humans. Intensive Care Med 1997; 23: 1119–1124

12. Guttmann J, Kessler V, Mols G, Hentschel R, Haberthür C, Geiger K. Calculation of intratracheal pressure in the presence of pediatric endotracheal tubes. Crit Care Med 2000; 28: 1018–1026

13. Guttmann J, Eberhard L, Haberthür C, Mols G, Kessler V, Lichtwarck-Aschoff M, Geiger K. Detection of endotracheal tube obstruction by analysis of the expiratory flow signal. Intensive Care Med 1998; 24: 1163–172

14. Haberthür Ch, Fabry B, Zappe D, Eberhard L, Trüeb K, Stulz P. Automatic tube compensation (ATC) und proportional assist ventilation (PAV): Erste klinische Erfahrungen mit einem neuen Modus zur Unterstützung von intubierten, spontanatmenden Patienten. Intensivmed 1996; 33: 282–292

15. Haberthür C, Fabry B, Stocker R, Ritz R, Guttmann J. Additional inspiratory work of breathing imposed by tracheostomy tubes and non-ideal ventilator properties in critically ill patients. Intensive Care Med 1999; 25: 514–519

16. Haberthür C, Elsasser S, Eberhard L, Stocker R, Guttmann J. Total versus tube-related additional work of breathing in ventilator dependent patients. Acta Anaesthesiol Scand 2000; 44: 749–757

17. Habib MP. Physiological implications of artificial airways. Chest 1989; 96: 180–184

18. Katz JA, Roger WK, Gjerde GE. Inspiratory work and airway pressure with continuous positive airway pressure delivery systems. Chest 1985; 88: 519–526

19. Kuhlen R, Rossaint R. Electronic extubation – is it worth trying? Editorial. Intensive Care Med 1997; 23: 1105–1107

20. Mols G, Rohr E, Benzing A, Haberthür C, Geiger K, Guttmann J. Breathing pattern associated with respiratory comfort during automatic tube compensation and pressure support ventilation in normal subjects. Acta Anaesthesiol Scand 2000; 28: 1940–1946

21. Rohrer F. Physiologie der Atembewegung. In: Bethe A, von Bergmann G, Embden G, Ellinger A (eds.) Handbuch der normalen und pathologischen Physiologie, vol 2. Berlin: Springer Verlag, 1925: 70–127

22. Shapiro M, Wilson RK, Casar G, Bloom K, Teague RB. Work of breathing through different sized endotracheal tubes. Crit Care Med 1986; 14: 1028–1031

23. Stocker R., Haberthür C. Prinzipien der Entwöhnung von der mechanischen Beatmung und deren Berücksichtigung in neuen Beatmungsmodi. Intensivmed 1999 (in press)

24. Stocker R, Fabry B, Eberhard L, Haberthür C. Support of spontaneous breathing in the intubated patient: automatic tube compensation (ATC) and proportional assist ventilation (PAV). Acta Anaesth Scand 1997; 41 (Suppl 111): 123–128

25. Stocker R, Fabry B, Haberthür Ch. New modes of ventilatory support in spontaneously breathing intubated patients. In: Vincent JL (editor), Yearbook of intensive care and emergency medicine, 1997

26. Viale JP, Annat G, Bertrand O, Godard J, Motin J. Additional inspiratory work in intubated patients breathing with continuous positive airway pressure systems. Anesthesiology 1985; 63: 536–539

27. Wright PE, Marini JJ, Bernard GR. In vitro versus in vivo comparison of endotracheal tube airflow resistance. Am Rev Respir Dis 1989; 140: 10–16

28. Zappe D, Fabry B, Eberhard L, Bernhard H, Haberthür C, Stulz P, Guttmann J. In vivo determination of tube coefficients for long-term monitoring of intratracheal pressure (abstract). Eur Respir J 1995; 8 (Suppl 19): 39s

# 6 Nichtinvasive Beatmung

Josef Briegel, Erich Kilger, Bodo Pichler

## 6.1 Definition und Vorteile der nicht-invasiven Beatmung

Nichtinvasive Beatmung bezeichnet eine maschinelle Atemhilfe ohne künstlichen endotrachealen Luftweg. Im klassischen Sinne versteht man hierunter die negative Druckbeatmung mittels eiserner Lunge oder ähnlich funktionierender Systeme. Hierbei wird zur Inspiration der Thorax einem subatmosphärischen Druck ausgesetzt, um hierdurch das intrathorakale Volumen zu vergrößern. In den vergangenen 10 Jahren hat die nichtinvasive positive Druckbeatmung über Nasen- oder Gesichtsmasken weite Verbreitung gefunden. Diese Form der nichtinvasiven Beatmung ist bei akuter respiratorischer Insuffizienz unterschiedlicher Genese intensiv untersucht worden und ihre Nützlichkeit dokumentiert. Daneben hat sich die nichtinvasive positive Druckbeatmung bei der Entwöhnung vom Respirator nach Langzeitbeatmung etabliert.

Die Vorteile der nichtinvasiven Beatmung liegen auf der Hand: Die physiologischen Atemschutzreflexe wie Schluck- und Hustenreflex bleiben intakt, die Inspirationsluft wird über die natürlichen Atemwege befeuchtet und erwärmt, die Patienten sind in der Lage zu sprechen und zu essen. Der Verzicht auf einen künstlichen endotrachealen Luftweg hat darüber hinaus den Vorteil, dass gefürchtete Komplikationen der Intubation wie Verletzungen und Defektheilungen an Stimmbändern und Trachea vermieden werden. Das Risiko tiefer Atemwegsinfektionen ist unter nichtinvasiver Beatmung erheblich reduziert. Schließlich bleibt unter nichtinvasiver Beatmung die physiologische Autoinhalation von Stickstoffmonoxid (NO), welches in den Schleimhäuten der natürlichen Luftwege gebildet wird, erhalten.

Aus diesen Gründen bietet die nichtinvasive positive Druckbeatmung (Noninvasive Positive Pressure Ventilation: NPPV) gerade im Bereich der Intensivmedizin einige entscheidende Vorteile bei der Behandlung von Patienten mit akuter respiratorischer Insuffizienz.

## 6.2 Nichtinvasive Beatmung mit negativen Atemwegsdrücken

Vor mehr als 70 Jahren haben der Ingenieur P. Drinker, der Physiologe L. Shaw und der Pädiater McKhann gemeinsam eine eiserne Lunge entwickelt, zunächst zur Behandlung asphyktischer Patienten nach Arbeitsunfällen, später zur Behandlung von Patienten mit bulbospinaler Poliomyelitis und zentraler Atemlähmung. Bei der negativen Druckbeatmung wird während der Inspiration in einer Druckkammer ein Unterdruck erzeugt, der die Exkursion des Thorax bei der Inspiration unterstützt. Heute wird diese Form der nichtinvasiven Beatmung vor allem in der Therapie der akuten Exazerbation einer chronisch obstruktiven Lungenerkrankung (COPD) oder bei neuromuskulären Grunderkrankungen angewendet. Weitere Indikationen sind die Behandlung des akuten Atemnotsyndroms von Neonaten und die Entwöhnung von mechanischer Beatmung nach Rechtsherzeingriffen.

Die negative Druckbeatmung kann nicht nur mittels eiserner Lunge appliziert werden, sondern auch mittels eines sogenannten Poncho-Wrap-Systems, welches intermittierend einen negativen Druck im Bereich des Brustkorbes und oberen Abdomens herstellt. Dieses System kann sowohl für die Heimbeatmung verwendet werden als auch, in Kombination mit positiver Druckbeatmung über einen endotrachealen Tubus, in der Klinik. Hierbei können transpulmonale Drücke generiert werden wie unter einem PEEP (positive endexpiratory pressure) von 15 mbar ohne schwerwiegende Effekte auf die Hämodynamik.

## 6.3 Nichtinvasive Beatmung mit positiven Atemwegsdrücken (NPPV)

### 6.3.1 Technik der NPPV

#### Ausrüstung

Die NPPV wird mittels herkömmlicher Respiratoren und Masken beziehungsweise Mundstücke durchgeführt (Abb. 6.1 und 6.2). Die Masken werden in der Regel mit Haltebändern fixiert. Sowohl Gesichts- als auch Nasenmasken kommen zur Anwendung. In den vergangenen Jahren haben sich neben den klassischen Gesichtsmasken vor allem Nasenmasken in der klinischen Praxis durchgesetzt. Nasenmasken bieten einen höheren Patientenkomfort und finden daher eine hohe Akzeptanz. Sie sind aus Silikon hergestellt und in verschieden Größen erhältlich. Entscheidend ist, dass im Bereich der Nasen Luftleckagen vermieden werden. Die Mundöffnung stellt selten eine Leckage-Öffnung dar, da der Druck der Zunge gegen den weichen Gaumen aus-

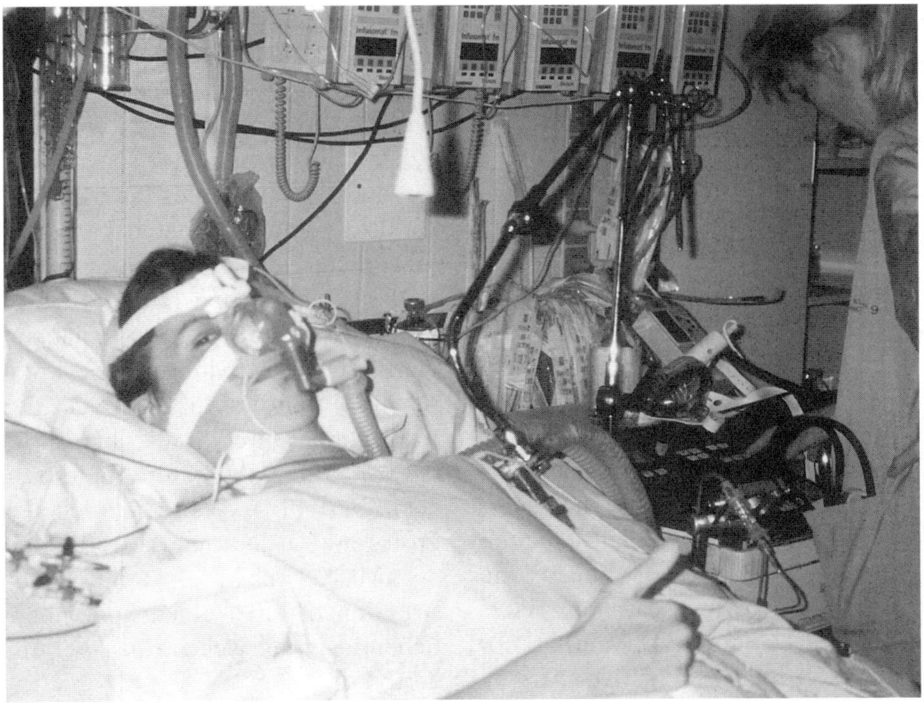

Abb. 6.1: Intermittierende nichtinvasive Beatmung über Nasenmaske.

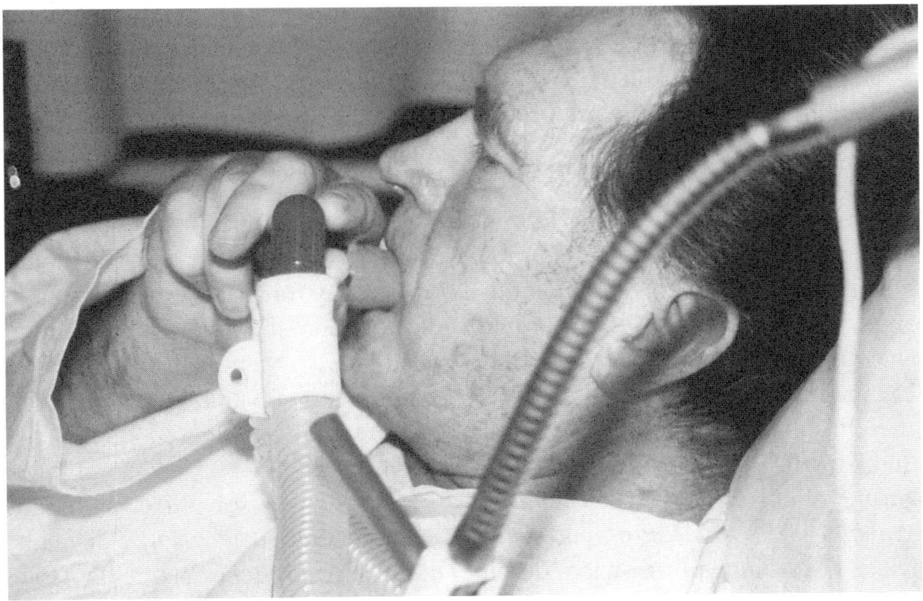

Abb. 6.2: Intermittierende nichtinvasive Beatmung über Mundstück.

reicht, um die Mundhöhle abzudichten. Neben Masken kommen sogenannte „nasal pillows“ zum Einsatz, die in die äußeren Nasenöffnungen eingeführt werden.

## Beatmungsverfahren

Sowohl volumen- als auch druckgesteuerte Beatmungsverfahren können zur nichtinvasiven Beatmung herangezogen werden. Druckgesteuerte Beatmungsverfahren finden hierbei eine höhere Akzeptanz als volumenkontrollierte Beatmungsverfahren. Unter den druckgesteuerten Beatmungsverfahren kommen die druckkontrollierte Beatmung PCV (Pressure Controlled Ventilation), BIPAP (Biphasic Positive Airway Pressure), die druckunterstützte Beatmung PSV (Pressure Support Ventilation) und CPAP (Continuous Positive Airway Pressure) zum Einsatz.

Bei der druckkontrollierten Beatmung handelt es sich um ein Druck-Zeit-gesteuertes Verfahren, wobei die Dauer der Inspirationszeit durch ein vorgewähltes Zeitfenster festgelegt ist. Die Höhe der Hubvolumina hängt zum einen von der Compliance von Thoraxwand und Lunge ab, zum anderen vom Ausmaß der Eigenatmung des Patienten.

Sehr gut toleriert wird die druckunterstützte Beatmung (PSV), die in gering modifizierter Form auch als „Bilevel-PAP“ zur Verfügung steht. Diese Beatmungsform wird durch Druck- und Flussmesswerte gesteuert, wobei der Respirator das Ende der Inspiration dadurch erkennt, dass der aktuelle Luftstrom nur noch 25 % des inspiratorischen Spitzenflusses beträgt. Geht ein beträchtlicher Teil des inspiratorischen Flusses über ein undichtes Atemsystem verloren, kann das Ende der Inspiration nicht mehr erkannt werden. Neuere Beatmungsgeräte (z. B. Siemens Servo Ventilator 300) erlauben daher die Einstellung eines kritischen Zeitfensters für die Dauer der Inspiration. Wird dieses überschritten, wird die Atemhilfe unterbrochen. Auf diese Weise werden bei größeren Luftleckagen im Bereich der Maske schwere Atemwegsobstruktionen durch einen kontinuierlichen inspiratorischen Fluss verhindert.

Andere Beatmungsgeräte (z. B. Dräger Evita 4) messen den Leckagefluss kontinuierlich und berücksichtigen diesen automatisch bei der Erkennung des Inspirationsanfangs (Trigger) und des Inspirationsendes. Zusätzlich wird die Inspirationszeit auf einen fest eingestellten Wert begrenzt.

Ein weiteres druckgesteuertes Beatmungsverfahren ist BIPAP (biphasic airway pressure), bei welchem der Patient auf zwei vorgewählten positiven Atemwegsdruckniveaus spontan atmen kann. Die Phasen mit höheren und niedrigeren Atemwegsdrücken können frei kombiniert werden, wobei sowohl das Phasenzeitverhältnis beider Druckniveaus, die BIPAP-Frequenz sowie die Höhe der Druckniveaus frei variiert werden. Gegenüber der Spontanatmung mit CPAP bewirkt BIPAP eine zusätzliche alveoläre Ventilation durch den Wechsel der Atemwegsdrücke. Unter CPAP versteht man eine ungehinderte Spontanatmung bei positiven Atemwegsdrücken. CPAP erhöht durch kontinuierlichen positiven Atemwegsdruck die funktionelle Residualkapazität (FRC). Über die Öffnung kollabierter, kleiner Atemwege werden Alveolen zur Ventilation rekrutiert; somit nehmen Ventilations-Perfusions-Störungen und ein pulmonaler Shunt ab. Ferner wird die Compliance erhöht und somit die vom Patienten zu leistende Atemarbeit vermindert. Bei erhöhtem intrathorakalen Volumen und erweiterten Atemwegen nimmt zudem die Resistance ab.

## Einsatz des NPPV – Voraussetzungen, Komplikationen und Kontraindikationen

Die nichtinvasive Beatmung setzt einen kooperativen Patienten voraus. Ängstliche, wenig kooperative oder agitierte Patienten sind für dieses Verfahren nicht geeignet. Die psychische Betreuung der Patienten durch Ärzte und Fachpflegepersonal ist von außerordentlicher Bedeutung. Patienten müssen bei der ersten Anwendung mit dem System und insbesondere mit den Masken vertraut gemacht werden. Hilfreich ist, die Patienten darauf hinzuweisen, dass sie die Atemhilfe jederzeit unterbrechen können. Die Atemhilfe sollte an den Grad der respiratorischen Insuffizienz angepasst werden. Ein gutes klinisches Merkmal hierfür ist die Aktivität des Musculus sternocleidomastoideus. Eine spontane Aktivierung dieses wichtigsten Atemhilfsmuskels spricht für eine noch unzureichende Atemhilfe. Diese sollte stufenweise erhöht werden, bis eine Spontanaktivität dieses Muskels nicht mehr zu beobachten ist. Auch eine Asynchronie zwischen Beatmungsmuster und Spontanatmung des Patienten muss rasch erkannt und durch Modifikation des Beatmungsmusters behoben werden. Wie auch bei der konventionellen Beatmung muss der Patient sorgfältig überwacht werden. Diese Überwachung schließt neben der klinischen Beobachtung die Pulsoxymetrie und intermittierende Blutgasanalysen mit ein. Weiterhin muss das System auf Luft-Leckagen besonders im Bereich der Nasenwurzel untersucht werden. Mögliche Druckstellen durch die Masken an Glabella oder Kinn sind zu vermeiden. Bei höheren Atemwegsdrücken kann es zur Inflation von Luft in den Magen mit nachteiligen Effekten auf die Atemmechanik kommen. Eine gastrale Überdehnung ist sehr unwahrscheinlich, wenn der inspiratorische Atemwegsdruck unter 25 mbar liegt. Zum Zwecke der Heimbeatmung ist es von Vorteil, Geräte mit einer höheren Leckage-Toleranz zu wählen.

Die häufigsten Komplikationen der nichtinvasiven Beatmung sind Drucknekrosen vor allem im Bereich der Nasenwurzel oder im

Kinnbereich. Undichte Masken können eine Konjunktivitis verursachen. Bei höheren Atemwegsdrücken (> 25 mbar) ist eine Aerophagie möglich, die unter Umständen durch abdominelle Druckerhöhung die spontane Ventilation weiter beeinträchtigen kann. Die gefürchtetste Komplikation stellt die Aspiration dar.

Kontraindikationen zur nichtinvasiven Beatmung sind fehlende Schutzreflexe, hämodynamische Instabilität, ein unkooperativer, eintrübender Patient oder eine Zunahme der Dyspnoe bei respiratorischer Azidose und Hypoxämie trotz nichtinvasiver Atemhilfe.

### 6.3.2 Effekte der NPPV auf die Lungenfunktion

Die Lungenfunktion bei einer akuten respiratorischen Insuffizienz ist charakterisiert durch eine Kombination von Gasaustauschstörung und Atempumpstörung. Die Gasaustauschstörung wird vorwiegend über eine inhomogene Verteilung von alveolärer Ventilation (VA) und Perfusion (Q) hervorgerufen mit dem Leitsymptom einer Hypoxämie. Kompensatorisch kommt es zu einer Steigerung der Ventilation, wobei das Leistungsvermögen der Atempumpe überschritten werden kann, so dass eine Ermüdung bis Erschöpfung der Atemmuskulatur auftritt. Neben der Hypoxämie tritt dann auch eine Hyperkapnie als Leitsymptom des Atempumpversagens auf. In dieser Situation verbessert eine Sauerstofftherapie zwar die Oxygenierung, jedoch ist die Entlastung der Atempumpe durch maschinelle Beatmung das wirksamste Prinzip, um die drohende Hypoventilation zu vermeiden und zu therapieren. Durch intermittierende NPPV kommt es zur Erholung der Atemmuskulatur mit einer Neusynthese von Energieträgern wie Glykogen, ATP, Glucose, Fettsäuren.

Auf Parameter der Lungenfunktion hat die NPPV unmittelbare Effekte, wie eine in Abbildung 6.3 dargestellte Blutgasanalyse illustriert. Bei einem Patienten mit akuter respiratorischer Insuffizienz und Hyperkapnie bewirkt eine 20-minütige Spontanatmung mittels Masken-CPAP mit einer inspiratorischen Sauerstoffkonzentration ($FiO_2$) von 0,2 l eine Steigerung des $PaO_2$ von etwa 50 auf 60 mmHg. Gleichzeitig nimmt der $PaCO_2$ als Ausdruck einer besseren alveolären Ventilation ab. Dies resultiert in einer sofortigen Steigerung des pH. Interessanterweise bleibt auch nach Beendigung des Masken-CPAP eine bessere alveoläre Ventilation erhalten, kenntlich an niedrigeren $PaCO_2$-Werten. Die nichtinvasive PSV bei einer $FiO_2$ von 0,2 1 führt zu einem deutlicheren Anstieg des $PaO_2$ und zu einem stärkeren Abfall des $PaCO_2$. Die Abbildung demonstriert ferner, dass eine intermittierende nichtinvasive Beatmung zu einer nachhaltigen Verbesserung von Oxygenierung und Ventilation führt [1].

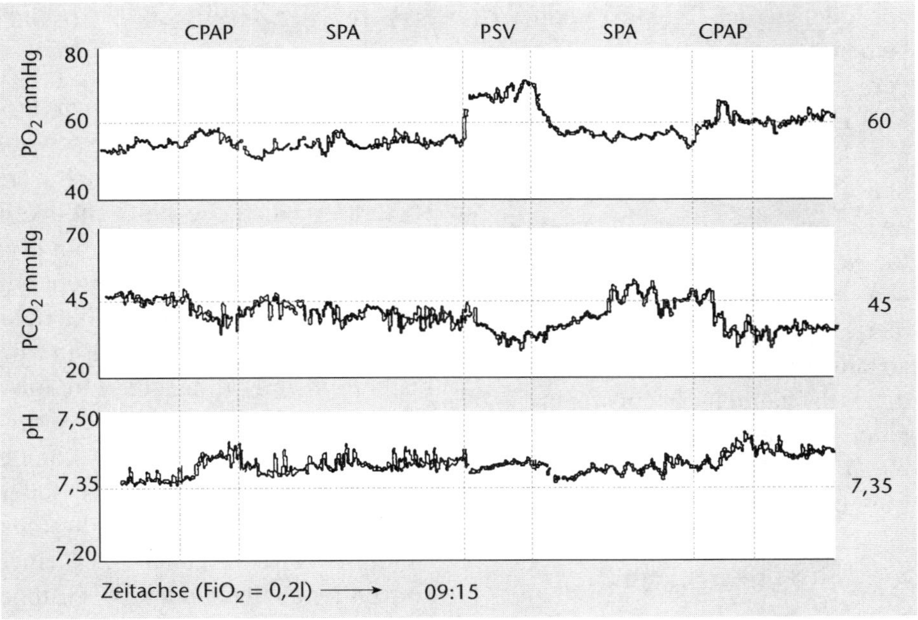


Abb. 6.3: Effekte einer intermittierenden nichtinvasiven Beatmung auf den pulmonalen Gasaustausch (Blutgasanalyse). SPA = Spontanatmung, CPAP = continuous positive airway pressure, PSV = pressure support ventilation.

### 6.3.3 Indikationen zur NPPV im Bereich der Intensivmedizin

#### Akute Exazerbation einer chronisch obstruktiven Lungenerkrankung

Gut belegt ist die Wirksamkeit der NPPV bei der Behandlung der akuten Exazerbation einer chronisch obstruktiven Lungenerkrankung. Mehrere Studien konnten eine reduzierte Intubationsrate und einen verkürzten Aufenthalt auf der Intensivstation und im Krankenhaus beim Einsatz der NPPV nachweisen [2, 3]. Eine kürzlich publizierte Metaanalyse kommt zu dem Schluss, dass auch die Letalität dieses schwerkranken Patientenkollektivs bei Verwendung der NPPV abnimmt [4].

Ganz offensichtlich profitieren vor allem Patienten mit erhöhter Atemarbeit infolge eines hohen intrinsischen PEEP. Gut belegt ist, dass die Anwendung eines externen PEEP die exspiratorischen Flussraten steigert und somit die Exspiration unterstützt. Empfohlen wird generell bei Patienten mit COPD ein externer PEEP zwischen 6 und 8 mbar. Unter dieser Einstellung werden zum einen maximal mögliche exspiratorische Flüsse gemessen und zum anderen die frühinspiratorische Atemarbeit zur Auslösung der Inspirationsventile (Fluss-Trigger oder Druck-Trigger) reduziert. Neben der konventionellen Therapie der akuten Exazerbation einer COPD sollte möglichst frühzeitig mit dem Einsatz der NPPV begonnen werden. Mögliche Hypoxämien zwischen den Beatmungsperioden müssen mit Sauerstoff-Insufflationen kompensiert werden. Protrahierte hypoxämische Episoden sind absolut zu vermeiden, da sie kardiale Ischämien begünstigen und unter anderem auch den Einsatz der NPPV erschweren (s. kardiogenes Lungenödem).

## Akute respiratorische Insuffizienz

Auch bei einer akuten respiratorischen Insuffizienz aus Gründen, die nicht auf eine COPD zurückzuführen sind, erscheint der Einsatz der NPPV vorteilhaft [5]. Hinsichtlich der Effekte auf den pulmonalen Gasaustausch ist die NPPV gleichwertig mit einer Beatmung über künstliche Luftwege. Allerdings sind schwere Komplikationen und Infektionen (Pneumonie und Sinusitis) bei Patienten unter konventioneller Beatmung mit künstlichem Luftweg häufiger, was mit einem längeren Aufenthalt auf der Intensivstation verbunden ist. Besonders Patienten mit Hypoxämie und Hyperkapnie scheinen von der NPPV zu profitieren.

## Asthma bronchiale und Status asthmaticus

Daten unkontrollierter Studien lassen vermuten, dass NPPV sowohl den pulmonalen Gasaustausch verbessert als auch die Notwendigkeit zur Intubation reduziert. Zudem bietet NPPV die Möglichkeit, bronchodilatatorisch wirksame Medikamente in Form von Aerosolen in die Inspirationsluft zu mischen. In einer Studie an Patienten mit exazerbiertem Asthma bronchiale konnte nachgewiesen werden, dass unter NPPV die exspiratorische Flussrate zunimmt im Vergleich zu einer konventionell behandelten Gruppe [6].

## Entwöhnung nach Langzeitbeatmung

Das Auftreten von Komplikationen bei der Beatmung mit künstlichem Luftweg (z. B. nosokomiale Pneumonien oder Sinusitiden) hängt entscheidend von der Dauer der Beatmung ab. Deshalb ist eine möglichst kurze Beatmungsdauer anzustreben. Auf der anderen Seite ist bekannt, dass Patienten nach zu früh vorgenommener Extubation vital gefährdet sind und nach notfallmäßiger Reintubation häufiger versterben [7]. Deshalb erscheint es sinnvoll, die Beatmungsdauer mit künstlichem Luftweg durch den Wechsel auf eine NPPV zu verkürzen und gleichzeitig ein Weaning-Versagen zu verhindern. Dieses Vorgehen ist vor allem bei Patienten angezeigt, die schwierig von der Langzeitbeatmung zu entwöhnen sind. Hierbei kann durch intermittierende nichtinvasive Beatmung der pulmonale Gasaustausch, das Atemmuster und die Atemarbeit nachhaltig verbessert werden [1]. Eine kontrollierte Studie belegt, dass die Intubationsdauer unter Anwendung von NPPV verkürzt werden kann [8]. Unterschiedliche Ergebnisse werden hinsichtlich der Dauer der Entwöhnung unter NPPV berichtet. In einer neuen Studie war die Entwöhnungsdauer unter NPPV kürzer als unter Pressure Support Ventilation mit endotrachealer Intubation [9].

Wichtig ist, die NPPV nicht als eine Alternative, sondern vielmehr als Ergänzung zu herkömmlichen Entwöhnungsmethoden zu betrachten. Trotz intensiver Untersuchungen ist die Prognose eines Weaning-Erfolges anhand klassischer Weaning-Kriterien immer noch unzuverlässig. Aus diesem Grund erscheint es sinnvoll, NPPV als eine ergänzende Therapie in den Prozess der Entwöhnung zu integrieren. In Fällen mit grenzwertiger Lungenfunktion kann das Risiko einer Reintubation erheblich reduziert werden (Abb. 6.4).

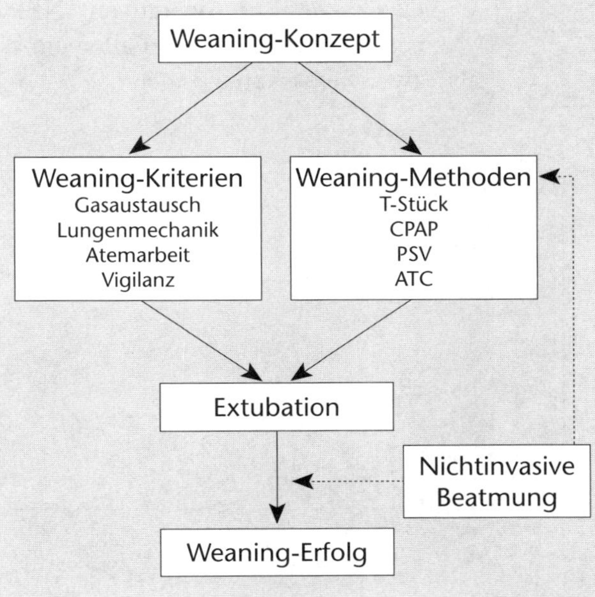


Abb. 6.4: Konzepte für die Entwöhnung vom Respirator unter Einbeziehung der nichtinvasiven Beatmung. CPAP = continuous positive airway pressure, PSV = pressure support ventilation, ATC = automatic tube compensation.

## NPPV nach thorax- bzw. kardiochirurgischen Eingriffen

Unserer Erfahrung nach profitieren auch Patienten nach thorax- oder kardiochirurgischen Eingriffen von einer NPPV. Während in einer großen Kohortenstudie an 11 330 Patienten eine Reintubationsrate von 6,6 % nach kardiochirurgischen Eingriffen berichtet wird, beträgt die Reintubationsrate in unserem Patientenkollektiv nur 1,2 %, wobei diese Patienten im Anschluss an eine durchschnittliche Beatmungsdauer von 8 Stunden während der Operation routinemäßig mit intermittierender NPPV therapiert werden. Die

Dauer der postoperativen NPPV beträgt in den meisten Fällen ein bis zwei Tage (Abb 6.5).

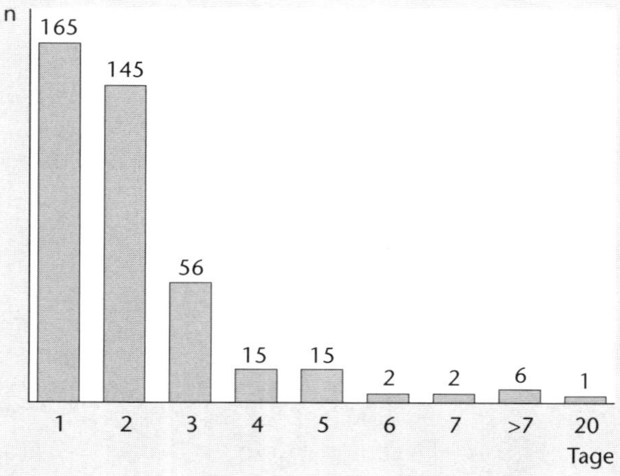


Abb. 6.5: Dauer der intermittierenden nichtinvasiven Beatmung nach kardiochirurgischen Eingriffen.

### Kardiogenes Lungenödem

Bereits im Jahre 1937 behandelte Barach Patienten mit kardiogenem Lungenödem mit Hilfe eines neu konstruierten Masken-CPAP-Gerätes. Bei hydrostatischem (kardiogenem) Lungenödem senken kontinuierlich positive Atemwegsdrücke die linksventrikuläre Vor- und Nachlast und verbessern somit die myokardiale Pumpfunktion. Darüber hinaus wird die Compliance erhöht und somit die vom Patienten zu leistende Atemarbeit vermindert. Trotz dieser lungenphysiologischen Vorteile geriet CPAP als Behandlungsmöglichkeit des kardiogenen Lungenödems über Jahrzehnte hinweg in Vergessenheit. Erst vor wenigen Jahren belegten zwei kontrollierte Studien, dass CPAP im Vergleich zur Sauerstoffinsufflation bei kardiogenem Lungenödem die Oxygenierung signifikant verbessert [10]. Darüber hinaus wurde eine bestehende respiratorische Azidose effizient behandelt, was sich folglich in einer geringeren Intubationsrate manifestierte. Insgesamt fiel die Intensivbehandlungsdauer des kardialen Lungenödems unter CPAP kürzer aus als unter Sauerstoffinsufflation.

Unklar ist bis heute der Stellenwert der druckgesteuerten Beatmung bei kardiogenem Lungenödem. Im Vergleich zu CPAP scheint Bilevel-PAP keinen Vorteil zu bieten, möglicherweise erhöht es sogar die Rate an Myokardinfarkten. Inwieweit andere druckgesteuerte Beatmungsverfahren gegenüber CPAP vorzuziehen sind, ist derzeit nicht zu beantworten.

## 6.3.4 Indikationen zur NPPV als Langzeittherapie

### Chronisches respiratorisches Versagen bei schweren chronisch obstruktiven Lungenerkrankungen

Der Stellenwert der NPPV bei schweren Verlaufsformen einer COPD mit ausgeprägter respiratorischer Azidose ($pCO_2$ >60 mmHg) ist immer noch in Diskussion. Zwar ist unstrittig, dass NPPV für mehrere

Stunden in der Nacht Lungenfunktionsparameter der Oxygenierung und der Ventilation sowie Marker der Lebensqualität eindeutig verbessert. Allerdings sind diese Effekte erst bei konsequenter Durchführung der NPPV über Tage bis Wochen erkennbar. Deshalb akzeptieren viele Patienten mit schwerer COPD diese Therapieform nicht und brechen frühzeitig ab. Gegenwärtig ist nicht geklärt, ob die NPPV einen Vorteil gegenüber einer Sauerstoff-Langzeittherapie bieten kann.

## Chronisches respiratorisches Versagen bei neurologischen Erkrankungen

Neurologische Erkrankungen der Atempumpe und der Atemregulation können eine chronische Insuffizienz der Atmung hervorrufen. Beispielsweise bewirken hohe Querschnittsläsionen, abhängig von der Lokalisation, Innervationsstörungen der Atemmuskulatur bis hin zum kompletten Verlust der Spontanatmung. Patienten mit neuromuskulären Erkrankungen hingegen entwickeln ein fortschreitendes Versagen der Atempumpe in erster Linie durch muskuläre Schwäche. In einigen seltenen Fällen (z. B. amyotrophe Lateralsklerose) kann ausschließlich die Atemmuskulatur betroffen sein. Eine über lange Zeit anhaltende Schwäche der Atemmuskulatur führt zu einer Abnahme der Lungenvolumina mit konsekutiver Abnahme der Brustwand-Compliance und der elastischen Lungenstrukturen, was eine Zunahme der Atemarbeit bedeutet. Eine chronische Hypoventilation ist die Folge dieser Veränderungen, die vor allem während des REM-Schlafes zu intermittierenden Obstruktionen der Atemwege und zu einer gestörten Atemregulation führen können. Da zudem die Atemschutzreflexe während des Schlafes abgeschwächt sind, kommt es bei Patienten mit chronischen Hypoventilations-Syndromen nicht selten zu nächtlichen Aspirationen mit pulmonalen Infektionen.

Klagen Patienten mit neuromuskulären Erkrankungen über morgendliche Kopfschmerzen, Müdigkeit und Schlafstörungen, sollten sie für eine intermittierende oder nächtliche nichtinvasive Beatmung evaluiert werden. Regelmäßige Untersuchungen von Blutgasen und Lungenfunktionsparametern erleichtern die Indikationsstellung. Serielle Messungen der Vitalkapazität, der maximalen inspiratorischen und exspiratorischen Kraft geben über die Progression der Erkrankung Auskunft. Wenn die Vitalkapazität unter 13 bis 15 ml/kg Körpergewicht und die inspiratorische Kraft unter 30 mmHg fallen sowie eine Hyperkapnie ($PaCO_2$ > 45 mmHg) und Hypoxämie ($PaO_2$ < 60 mmHg) vorliegt, ist die Indikation für intermittierende nichtinvasive Beatmung gegeben. Druck-Zeit-gesteuerte Beatmungsmodi über Nasenmasken sind für diese Indikation weit verbreitet [11]. Patienten mit einem kompletten Verlust der Atemregulation (z. B. Querschnittsläsion C2 oder bulbospinale Form der Poliomyelitis) werden aus Sicherheitsgründen über ein Tracheostoma beatmet. Hierbei ist ein volumenkontrollierter Beatmungsmodus Methode der Wahl.

### Schlafapnoe-Syndrom

Schlaf-Apnoe-Syndrome werden durch Obstruktion der oberen Atemwege im Pharynxbereich oder durch zentrale Atemregulationsstörungen hervorgerufen. Deshalb wird in der Literatur zwischen obstruktiver und zentraler Schlaf-Apnoe unterschieden. Wie computertomographische Untersuchungen ergeben haben, zeigen Patienten mit obstruktiver Schlaf-Apnoe geringere Durchmesser der oberen Luftwege vorwiegend im Bereich des Hypopharynx. Im wachen Zustand kann offensichtlich die erhöhte Resistance der oberen Atemwege durch entsprechende Aktivierung und zentrale Koordinierung der 24 paarigen Muskeln im Bereich des Pharynx reduziert werden. Nicht so während des Schlafes, wo die zentrale Koordinierung der pharyngealen Muskelgruppen und der inspiratorischen Atemmuskeln beeinträchtigt wird. Durch den Verschluss der oberen Atemwege bleibt der Versuch, die Ventilation zu steigern, vergeblich, es stellt sich eine inverse Atmung ein. Im Verlauf einer Nacht erwachen Patienten mit Schlaf-Apnoe-Syndrom mehrfach, um eine bedrohliche Hyperkapnie und Hypoxämie abzuwenden. Vermutlich wird die zentrale Koordinierung der oberen Atemwegsmuskeln mit der inspiratorischen Pumpmuskulatur durch über Jahre bestehende breite Schwankungen des $PaO_2$ und des $PaCO_2$ während des Schlafes weiter gestört. Deshalb ist bei Patienten mit obstruktivem Schlaf-Apnoe-Syndrom die ventilatorische Antwort auf Hyperkapnie und Hypoxämie aufgrund einer reduzierten Sensitivität zentraler und peripherer Chemorezeptoren vermindert. Therapie der Wahl ist die nichtinvasive Beatmung mit CPAP über Nasenmaske.

## 6.4 Literatur


1. Kilger E, Briegel J, Haller M, Frey L, Schelling G, Stoll C, Pichler B, Peter K (1999) Effects of noninvasive positive pressure ventilatory support in non-COPD patients with acute respiratory insufficiency after early extubation. Intensive Care Med. 25:1374–1380

2. Brochard L, Mancebo J, Wysocki M, Lofaso F, Conti G, Rauss A, Simonneau G, Benito S, Gasparetto A, Lemaire F (1995) Noninvasive ventilation for acute exacerbations of chronic obstructive pulmonary disease [see comments]. N.Engl.J.Med. 333:817–822

3. Kramer N, Meyer TJ, Meharg J, Cece RD, Hill NS (1995) Randomized, prospective trial of noninvasive positive pressure ventilation in acute respiratory failure [see comments]. Am.J.Respir.Crit Care Med. 151:1799–1806

4. Keenan SP, Kernerman PD, Cook DJ, Martin CM, McCormack D, Sibbald W (1997) Effect of noninvasive positive pressure ventilation on mortality in patients admitted with acute respiratory

failure: A meta-analysis. Crit.Care Med. 25:1685–1692

5. Antonelli M, Conti G, Rocco M, Bufi M, De Blasi RA, Vivino G, Gasparetto A, Meduri GU (1998) A comparison of noninvasive positive-pressure ventilation and conventional mechanical ventilation in patients with acute respiratory failure [see comments]. N.Engl.J.Med. 339:429–435

6. Pollack CV Jr., Fleisch KB, Dowsey K (1995) Treatment of acute bronchospasm with beta-adrenergic agonist aerosols delivered by a nasal bilevel positive airway pressure circuit. Ann.Emerg.Med. 26:552–557

7. Esteban A, Alia I, Gordo F, Fernandez R, Solsona JF, Vallverdu I, Macias S, Allegue JM, Blanco J, Carriedo D, Leon M, de-la Cal MA, Taboada F, Gonzalez-de VJ, Palazon E, Carrizosa F, Tomas R, Suarez J, Goldwasser RS (1997) Extubation outcome after spontaneous breathing trials with T-tube or pressure support ventilation. The Spanish Lung Failure Collaborative Group. Am.J.Respir.Crit.Care Med. 156:459–465

8. Nava S, Ambrosino N, Clini E, Prato M, Orlando G, Vitacca M, Brigada P, Fracchia C, Rubini F (1998) Noninvasive mechanical ventilation in the weaning of patients with respiratory failure due to chronic obstructive pulmonary disease. A randomized, controlled trial. Ann.Intern.Med. 128:721–728

9. Girault C, Daudenthun I, Chevron V, Tamion F, Leroy J, Bonmarchand G (1999) Noninvasive ventilation as a systematic extubation and weaning technique in acute-on-chronic respiratory failure: a prospective, randomized controlled study. Am.J.Respir.Crit Care Med. 160:86–92

10. Bersten AD, Holt AW, Vedig AE, Skowronski GA, Baggoley CJ (1991) Treatment of severe cardiogenic pulmonary edema with continuous positive airway pressure delivered by face mask. N.Engl.J.Med. 325:1825–1830

11. Pinto AC, Evangelista T, Carvalho M, Alves MA, Sales-Luis ML (1995) Respiratory assistance with a non-invasive ventilator (BIPAP) in MND/ALS patients: survival rates in a controlled trial. J.Neurol.Sci. 129 Suppl:19–26

# 7 Die Entwöhnung von der Beatmung

Ralf Kuhlen, Eva Jürgens, Martin Max

## 7.1 Einleitung

Auch wenn die maschinelle Beatmung heute zu den intensivmedizinischen Routinemaßnahmen bei der Behandlung der respiratorischen Insuffizienz gehört, konnte in mehreren Untersuchungen der letzten Jahre gezeigt werden, dass die Beatmungstherapie an sich mit nennenswerten Risiken und unerwünschten Nebenwirkungen behaftet sein kann. Der wesentliche pathophysiologische Faktor hierfür ist die Umkehrung der intrathorakalen Druckverhältnisse während der Beatmung mit positivem Druck, mit den hieraus resultierenden negativen Rückwirkungen auf das kardio-zirkulatorische System und die Organperfusion sowie der Gefahr eines Baro- oder Volutraumas. Zusätzlich wurde deutlich, dass die Dauer der Intubation und Beatmung einen wesentlichen Risikofaktor für die Entwicklung einer nosokomialen Pneumonie darstellt. Ruiz-Santana und Mitarbeiter [1] berichteten über eine Zunahme der Pneumonierate von 8,5 % in den ersten drei Tagen nach Intubation bis auf 45,6 % nach dem vierzehnten Tag.

Diese Befunde haben zu dem Grundsatz geführt, die Dauer der maschinellen Beatmung zu verkürzen und den Patienten so schnell wie möglich zu extubieren.

Dem Prozess der Entwöhnung von der Beatmung kommt hierdurch eine große klinische Bedeutung zu, die sich beispielhaft daran ablesen lässt, daß Esteban und Mitarbeiter in einer multizentrischen Umfragestudie über die verschiedenen Methoden der maschinellen Beatmung in Spanien herausfanden, dass im Durchschnitt ca. 40 % der gesamten Dauer der Beatmungstherapie auf die Phase der Entwöhnung entfallen [2].

In Ermangelung technischer Alternativen bestand früher die Entwöhnung praktisch in der abrupten Beendigung der Beatmungstherapie zugunsten der nicht weiter unterstützten Spontanatmung an einem T-Stück. Die Entwicklung einer Vielzahl von Methoden zur maschinellen Unterstützung der Spontanatmung hat es in den letzten Jahren ermöglicht, die Entwöhnung eher dem Wortsinn entsprechend als eine graduelle Reduktion des maschinellen Anteils an der Ventilation zu gestalten [3]. Die Vielzahl der zur Verfügung stehenden Verfahren wirft allerdings die Frage auf, welches Verfahren für welchen Patienten gewählt werden sollte, um eine schnelle und erfolgreiche Entwöhnung zu ermöglichen. Dieses Problem wurde in den letzten Jahren in großen multizentrischen Studien untersucht [4, 5, 6], die gezeigt haben, dass es durchaus möglich ist, die Beatmungsdauer durch die Anwendung standardisierter Entwöhnungsverfahren zu reduzieren, ohne dass allerdings eine übereinstimmende Präferenz für ein spezifisches Vorgehen gefunden werden konnte. Wichtiger als das gewählte Verfahren scheint die Art und Weise zu sein, in der die verschiedenen Verfahren bei unterschiedlichen Patientengruppen angewendet werden. Um die richtige Auswahl und Anwendung der verschiedenen Vorgehensweisen für den individuellen Patienten treffen zu können, ist es unabdingbar die pathophysiologischen Grundlagen der Entwöhnung zu berücksichtigen [7, 8].

## 7.2 Häufigkeit und Bedeutung der schwierigen Entwöhnung

Die Häufigkeit der schwierigen Entwöhnung wird in großen Studien mit ca. 20 % aller beatmeten Patienten angegeben. Während nach kurzzeitiger Beatmungstherapie, etwa zur postoperativen Nachbeatmung, die Entwöhnung in aller Regel unproblematisch verläuft, ist nach länger dauernder Beatmungstherapie und bei Patienten mit schweren Lungenschäden deutlich häufiger mit Entwöhnungsproblemen zu rechnen. Vor allem bei Vorliegen chronisch obstruktiver Lungenerkrankungen (COPD) ist in einem deutlich höheren Prozentsatz von bis zu 50–80 % mit Entwöhnungsproblemen zu rechnen [8].

Trotz der hohen klinischen Relevanz, ist der Begriff der schwierigen Entwöhnung angesichts der Vielzahl der relevanten Faktoren nicht eindeutig definiert. Die Problematik der unscharfen Definition des Begriffes erklärt sich dadurch, dass sowohl die Einschätzung, wann mit der Entwöhnung begonnen werden soll, als auch die Einschätzung des weiteren Verlaufs der Entwöhnung vor allem empirischen und sehr subjektiven Kriterien unterliegen, anstatt durch objektive Parameter abgesichert zu sein. Somit wird auch der Begriff der schwierigen Entwöhnung subjektiv geprägt sein.

Vor dem Hintergrund, dass der Prozess der Entwöhnung einen großen Anteil der Gesamtzeit der Beatmungstherapie in Anspruch nimmt und die gescheiterte Entwöhnung mit schwerwiegenden Nebenwirkungen behaftet sein kann, wäre es wünschenswert, objektive Parameter zur Einschätzung der Entwöhnung zu haben, um hieraus die entsprechenden therapeutischen Konsequenzen ziehen zu können.

Als Versuch eine solche objektive Grundlage zu schaffen, wurde in mehreren neueren Studien eine zweistündige Phase der nicht assistierten Spontanatmung mittels T-Stück benutzt, um zu evaluieren, ob ein Patient einfach von der Beatmung entwöhnt werden und schließlich extubiert werden kann. Die Kriterien, die zur Beurteilung eines solchen Versuches herangezogen werden, sind in Tabelle 7.1 aufgeführt.

Besteht ein Patient einen solchen „T-Stück-Versuch" erfolgreich, sollte die Extubation in aller Regel möglich sein, während schwierig zu entwöhnenden Patienten einer speziellen Entwöhnungstechnik bedürfen. Auch wenn die „T-Stück-Versuche" sowohl im klinischen Alltag als auch in wissenschaftlichen Untersuchungen häufig Verwendung finden, ist ihr Aussagewert nicht unbestritten. Dies liegt vor allem darin begründet, dass auch nach einem erfolgreich bestandenen „T-Stück-Versuch" mit einer Reintubationsrate zwischen 15 und 20 % zu rechnen ist [2, 5, 9]. Offensichtlich ist der positive Vorhersagewert dieses Vorgehens angesichts der hohen Reintubationsrate nur ungenügend. Dies erscheint besonders vor dem Hintergrund wesentlich, dass bei Patienten die reintubiert werden mussten, die Letalität auf der Intensivstation deutlich höher ist als bei erfolgreich extubierten Patienten. In einer großen, multizentrischen Studie wurde über eine Letalität von 2,6 % bei erfolgreich entwöhnten Patienten verglichen mit 27 % bei Patienten, die reintubiert werden mussten, berichtet [9].

Die abrupte Beendigung der Überdruckbeatmung zugunsten der nicht assistierten T-Stück Atmung ist keineswegs frei von Risiken. Diese Risiken resultieren vornehmlich aus der abrupten Änderung der intrathorakalen Druckverhältnisse

Tab. 7.1: Klassische Kriterien für die erfolgreiche Entwöhnung

| | |
|---|---|
| Atemzugvolumen ($V_t$) | > 5 ml/kg |
| Vitalkapazität (VC) | > 10–15 ml/kg |
| Atemfrequenz (f) | < 35/min |
| Atemminutenvolumen ($\dot{V}_E$) | < 10 l/min |
| Maximales $\dot{V}_E$ | > 2 × $\dot{V}_E$ in Ruhe |
| Maximale Inspirationskraft ($Pi_{max}$) | > 25–30 $cmH_2O$ |
| Atemwegsokklusionsdruck (P0,1) | < 7 $cmH_2O$ |
| $PaO_2$ ($FiO_2$ < 0,4) | > 60 mmHg |
| $PaCO_2$ - Anstieg | < 8 mmHg |
| pH | > 7,30 |

mit ihren Rückwirkungen auf die Hämodynamik sowie aus der akuten Beanspruchung der Atemmuskulatur, die nun die gesamte Atemarbeit leisten muss, was möglicherweise zur muskulären Erschöpfung führen kann. Lemaire und Mitarbeiter [10] berichteten über die Möglichkeit der akuten linksventrikulären Dekompensation im Rahmen eines solchen T-Stück-Versuches. Durch den Wegfall des positiven Atemwegsdruckes sowie durch die Entwicklung von negativen inspiratorischen Drücken bei Spontanatmung kann eine akute Erhöhung der Nachlast des linken Herzens auftreten. Diese Nachlasterhöhung kann bei entsprechend vorbelasteten Patienten bis hin zum Bild der linksventrikulären Dekompensation führen und somit die Entwöhnung deutlich erschweren.

Ein weiteres Risiko stellt die Tatsache dar, dass ein gescheiterter Entwöhnungsversuch einen nennenswerten psychischen wie auch physischen Stressfaktor für den Patienten bedeuten kann. Scheitert der Entwöhnungsversuch aufgrund einer muskulären Erschöpfung, so kann dies eine längerfristige Beeinträchtigung der Atemmuskulatur nach sich ziehen und somit den Entwöhnungsprozeß verlängern. Laghi und Mitarbeiter [11] konnten bei gesunden Probanden zeigen, dass nach Induktion einer Episode respiratorischer Muskelerschöpfung die Kontraktilität des Zwerchfells für mehr als 24 Stunden beeinträchtigt blieb. Auch aus diesem Grunde scheint es wesentlich, jegliche gescheiterten Entwöhnungsversuche mit der Entwicklung respiratorischer Insuffizienz und Erschöpfung zu vermeiden.

## 7.3 Pathophysiologie der Entwöhnung

### 7.3.1 Voraussetzungen für die erfolgreiche Entwöhnung

Die wesentliche Voraussetzung einer erfolgreichen Entwöhnung besteht darin, dass ein Gleichgewicht zwischen der notwendigen und der möglichen Atemarbeit besteht. Die Entwöhnung wird nur dann erfolgreich sein, wenn der Patient auf Dauer in der Lage ist, die zur Spontanatmung notwendige Muskelarbeit aufzubringen. Überschreitet die notwendige Atemarbeit die Leistungsfähigkeit der Atemmuskulatur, wird sich der Patient an seiner eigenen Atmung erschöpfen und eine zunehmende respiratorische Insuffizienz entwickeln. Im Verlauf einer solchen „inspiratorischen Muskelermüdung" [12] wird sich als erstes klinisches Anzeichen der Diskrepanz zwischen notwendiger Atemarbeit und muskulärer Kraft eine hochfrequente und flache Atmung entwickeln, die im Englischen als „rapid shallow breathing" beschrieben wird. Wegen der relativen Abnahme der alveolären Ventilation aufgrund der erhöhten Totraumventilation bei diesem Atemmuster wird sich eine $CO_2$-Retention und letztlich eine respiratorische Azidose entwickeln. Weitere klinische Manifestationen der unzureichenden Funktion der „Atempumpe“ können die Entwicklung einer paradoxen Atmung oder auch ein sogenannter „respiratory alternans“, also die wechselnde Brust- und Bauchatmung sein.

*Um der Entwicklung einer solchen inspiratorischen Muskelermüdung vorzubeugen, ist die Stabilisierung des Gleichgewichtes zwischen der erforderlichen und der möglichen Atemarbeit der wesentliche Ansatzpunkt der therapeutischen Bemühungen bei der Entwöhnung von der Beatmung.*

Zur Herleitung dieses Konzeptes ist es hilfreich, die verschiedenen Determinanten der gesamten notwendigen Atemarbeit zu besprechen.

### 7.3.2 Determinanten der notwendigen Atemarbeit

Die gesamte, erforderliche Atemarbeit lässt sich unterteilen in den patientenabhängigen Anteil und den Anteil der sogenannten zusätzlichen, durch das Beatmungssystem bedingten Atemarbeit („added work of breathing“). Dieser Anteil der Atemarbeit fällt beim intubierten, spontan atmenden Patienten dadurch an, dass der Endotrachealtubus und das Beatmungssystem zusätzliche Widerstände darstellen, die überwunden werden müssen. Zur Übersicht sind die wichtigsten Faktoren für die Zusammensetzung der Atemarbeit in Tabelle 7.2 angegeben.

#### Patientenabhängige Faktoren

**Mechanik des respiratorischen Systems**

Die Ventilation der Lunge gehorcht einfachen physikalischen Gesetzen: Damit Gas in die Lungen fließen kann, muss es zu einem Druckgra-

Tab. 7.2: Determinanten der erforderlichen Atemarbeit

| Patientenabhängige Faktoren | „Added work of breathing“ |
|---|---|
| Compliance | Größe des Endotrachealtubus |
| Resistance | |
| $PEEP_i$ | Triggerschwelle |
| $VO_2$ | Demand-flow-Systeme |
| $VCO_2$ | |
| | Höhe des Gasflusses |
| Grad der Analgosedierung | |
| Schmerzen, Stress | Grad der Synchronisation |

dienten zwischen der äußeren Öffnung der Atemwege und dem Umgebungsdruck der Lunge, dem Pleuradruck, kommen. Diese transpulmonale Druckdifferenz ($P_{tp}$) muß ausreichend hoch sein, um die elastischen und die resistiven Widerstände des respiratorischen Systems zu überschreiten, so dass Gas in die Lungen fließt. Bei nicht assistierter Spontanatmung wird $P_{tp}$ ausschließlich durch die Atemmuskulatur generiert, so dass die Atemmuskulatur einen höheren Druck aufbauen muss, wenn die resistiven oder elastischen Widerstände des respiratorischen Systems erhöht sind. Da die elastischen Widerstände von der Compliance und die resistiven Widerstände von der Resistance abhängen, ergibt sich hieraus, dass die von der Atemmuskulatur zu leistende Atemarbeit maßgeblich von der Compliance (C) und der Resistance (R) des respiratorischen Systems abhängt.

Die Dehnbarkeit oder *Compliance* des respiratorischen Systems berechnet sich als Quotient aus der Volumenänderung in der Lunge und der damit einhergehenden Änderung des transpulmonalen Drucks:

$$C = \Delta V / \Delta P_{tp} \qquad (1)$$

Ist die Compliance aufgrund verschiedener Krankheitsbilder erniedrigt, muss für ein suffizientes Atemzugvolumen ($V_t$) ein deutlich erhöhter $P_{tp}$ aufgebaut werden, was zu einer gesteigerten Atemarbeit führt. Somit führt eine Verbesserung der Compliance für den Patienten in der Regel zu einer Erleichterung seiner Atemarbeit.

Da die Compliance in gewissen Grenzen mit zunehmendem Lungenvolumen steigt, kann die Applikation von positivem end-exspiratorischem Druck (PEEP) über eine Rekrutierung bisher verschlossener Gasräume in der Lunge zu einer verbesserten Compliance führen. Dieser positive Effekt des PEEP ist allerdings nur dann zu erwarten, wenn die funktionelle Residualkapazität (FRC) tatsächlich zu steigern ist. Wird das PEEP-Niveau über diesem Wert eingestellt, kann dies zur Überdehnung der Alveolen mit einem hieraus folgenden Abfall der Compliance führen.

Immer dann, wenn pulmonale Ursachen für eine erniedrigte Compliance vorliegen (z. B. Pleuraergüsse, Pneumothoraces, Atelektasen, Lungenödem, Pneumonie) oder auch wenn die Dehnbarkeit des respiratorischen Systems durch Erhöhung des intraabdominellen Drucks wie etwa bei Adipositas oder großen Raumforderungen eingeschränkt ist, wird die Entwöhnung oftmals erst nach erfolgreicher Therapie dieser Zustände gelingen. In diesem Zusammenhang sollte besonderes Augenmerk auf die Flüssigkeitstherapie und -bilanz des Patienten gerichtet werden, da die Ausbildung eines interstitiellen Lungenödems zu einer deutlichen Abnahme der Compliance führen kann. Dies ist vor allem deshalb wichtig, da die Beatmung mit positivem Druck in aller Regel mit einer Wasser- und Natriumretention einhergeht, so dass in der Phase der Entwöhnung die Gabe von Diuretika oftmals hilfreich ist.

Der Atemwegswiderstand oder die *Resistance* des respiratorischen Systems berechnet sich als Quotient aus dem transpulmonalen Druck und der Gasströmung (flow, f) in den Atemwegen:

$$R = P_{tp}/f \qquad (2)$$

Bei Erhöhung der Resistance muss ebenfalls ein erhöhter Druck von der Atemmuskulatur aufgebracht werden, um eine ausreichende Gasströmung aufzubauen, so dass auch hierdurch die Atemarbeit ansteigt. Aufgrund dieses Problems gestaltet sich die Entwöhnung bei Patienten mit chronisch obstruktiven Lungenerkrankungen besonders schwierig, was zu dem hohen Prozentsatz an gescheiterten Entwöhnungsversuchen bei COPD führt.

Bei der Entwöhnung von Patienten mit erhöhter Resistance steht zunächst die Verkleinerung der Resistance durch geeignete Therapiemaßnahmen wie Bronchodilatation oder Sekretolyse im Vordergrund [13].

PEEP sollte bei diesen Patienten nur mit Vorsicht angewendet werden, da bei Patienten mit COPD in aller Regel eine erhöhte FRC durch Limitierung des Gasflusses der kleinen Atemwege vorliegt (air trapping). Als Ausdruck der Flusslimitierung kommt es zur unvollständigen Exspiration mit der Gefahr der dynamischen Überblähung der Lunge, wodurch ein intrinsischer end-exspiratorischer Druck (PEEPi) in der Lunge entstehen kann. Die Höhe des PEEPi kann mit Hilfe einer exspiratorischen Okklusion gemessen werden: Kommt es nach end-exspiratorischem Verschluss des Exspirationsschenkels zu einem Anstieg des Atemwegsdruckes über den eingestellten PEEP-Wert, so spiegelt dieser Druckanstieg das Ausmaß des PEEPi wider.

Um eine möglichst vollständige Exspiration zu erreichen, ist bei erhöhter Resistance besonders darauf zu achten, dass die Exspirationszeit lang genug ist. Bei Beatmungsverfahren mit einstellbarem Inspirations-/Exspirationsverhältnis sollte dieses zugunsten der Exspirationszeit eingestellt sein. Ebenso sollte die Atemfrequenz nicht zu hoch sein, da eine hohe Atemfrequenz die Exspirationszeit relativ verkürzt. Die Begrenzung des PEEPi ist insbesondere bei der einsetzenden Spontanatmung wichtig, da eine ausgeprägte dynamische Überblähung der Lunge zu einer ungünstigen Geometrie der Atemmuskelfasern mit Verschlechterung der Länge-Kraft-Relation führt. Hierdurch nimmt die Leistungsfähigkeit der Inspirationsmuskulatur ab, während auf der anderen Seite die zu leistende Atemarbeit steigt, da der Patient vor Beginn des inspiratorischen Gasflusses einen negativen Druck zur Überwindung des PEEPi aufbauen muß [14, 15].

Bei der assistierten Spontanatmung hat sich die Applikation eines geringen externen PEEP auch bei Patienten mit erhöhter Resistance als sinnvoll erwiesen, da der externe PEEP durch Offenhalten der kleinen Atemwege die Resistance und das Ausmaß des PEEPi senken kann. Die Wirkung des PEEP kann also hier mit dem Ausatmen durch gespitzte Lippen verglichen werden. Bei Absinken des PEEPi wird die erforderliche Atemarbeit minimiert und die Kontraktilität der Atemmuskulatur verbessert [16]. Die Applikation von PEEP bei diesen Patienten sollte jedoch in kleinen Schritten unter genauer Kontrolle des Gasaustausches, der Hämodynamik und der Atemmechanik erfolgen.

### Sauerstoffverbrauch ($VO_2$) und Kohlendioxidproduktion ($VCO_2$)

Da unter homöostatischen Bedingungen die Sauerstoffaufnahme und der Sauerstoffverbrauch ($VO_2$) sowie die Kohlendioxidabgabe und die Kohlendioxidproduktion ($VCO_2$) gleich sein müssen, ergibt sich, dass der metabolische Bedarf als Determinante des respiratorischen Bedarfs einen weiteren wesentlichen Faktor für die Höhe der erforderlichen Atemarbeit darstellt.

Aus diesem Grund erweist sich die Entwöhnung als schwierig bei allen Zuständen mit einer akuten und relevanten Erhöhung von $VO_2$ oder $VCO_2$, wie etwa bei Fieber und vor allem beim septischen Syndrom. In diesen Situationen sollte zunächst die Infektion soweit beherrscht werden und die Temperatur soweit gesenkt werden, daß eine dramatische Erhöhung des metabolischen und respiratorischen Umsatzes vermieden wird.

### Ernährungstherapie

Vor diesem Hintergrund erscheint es naheliegend, dass auch die Ernährung einen Einfluss auf die Atemarbeit hat und somit eine wichtige Rolle für die Entwöhnung spielt. Hohe Kalorienzufuhr vor allem mit Kohlenhydraten kann über einen Anstieg der $VCO_2$ mit konsekutiv notwendiger Erhöhung des Atemminutenvolumens zu einer Erhöhung der notwendigen Atemarbeit beitragen [17]. Aus diesem Grunde gibt es Empfehlungen, den Kalorienbedarf des Patienten mit respiratorischer Insuffizienz mit ca. 50 % Kohlenhydraten, 20 % Protein und 30 % Fett zu decken [18]. Auf der anderen Seite sollte die Kalorienzufuhr nicht zu gering sein, da $CO_2$ einer der wichtigsten Stimulatoren des Atemzentrums ist und eine zu geringe $VCO_2$ im Extremfall zu einer unzureichenden stimulierten Spontanatmung führen kann. Darüber hinaus wurde in mehreren Studien gezeigt, dass Mangelernährung die Muskelmasse reduziert und auch die Kraft und Ausdauer der Muskulatur herabsetzt [19], während eine adäquate Ernährung zu einer Zunahme der inspiratorischen Muskelkraft führt [20], so dass hierdurch die Entwöhnung begünstigt wird [21]. In einer vergleichenden Studie zweier Ernährungsregime konnten Bassili und Deitel zeigen, dass die Entwöhnung erfolgreicher verlief bei einer Ernährung mit 2000–3000 kcal/d als mit 400 kcal/d [21]. Ähnliche Ergebnisse von Laaban zeigen, dass es während mandatorischer Minutenventilation (MMV) zu einer progressiven Zunahme der Spontanatmung und damit auch der Wahrscheinlichkeit einer erfolgreichen Entwöhnung kam, wenn Patienten mit 2300 bis 3300 kcal/d statt mit einer niedrigkalorischen Diät von 400 kcal/d ernährt wurden [22].

Neben dem Ernährungsregime spielt auch ein ausgewogenes Gleichgewicht der Elektrolyte und Mineralien eine wesentliche Rolle für die Leistungsfähigkeit der Atemmuskulatur. So kann ein Mangel an Phosphat (23), Kalzium (24) oder Magnesium (25) zu einer klinisch relevanten Abnahme der muskulären Kraft führen. Da die Korrektur dieser Mangelzustände zu einer klinisch messbaren Verbesserung der muskulären Kapazität führt, ist es während der Entwöhnung wesentlich, nach eventuell vorliegenden Elektrolytstörungen zu suchen und diese auszugleichen.

Gleiches gilt für Störungen des Säure-Basen-Gleichgewichtes, da sowohl metabolische (26) als auch respiratorische Azidosen (27, 28) zu einer Verminderung der Zwerchfellkontraktilität führen.

### Schmerzen, Stress, Analgosedierung

Es ist offensichtlich, dass Schmerzen und physischer oder psychischer Stress den Verlauf der Entwöhnung deutlich erschweren können. Neben einer suffizienten Schmerztherapie hat sich die psychologische Betreuung des Patienten während der Entwöhnung als wesentlich erwiesen. Hierzu kann die Bildung eines Teams aller betreuenden Personen unter Einschluss der Familie oder sonstiger Angehörigen des Patienten ebenso hilfreich sein, wie der Versuch den Patienten mit normalen Umweltreizen aus seinem gewohnten Umfeld (z. B. Musik, Bücher, Erzählungen) zu stimulieren. Auch das Einhalten einer Schlaf-Wach-Rhythmik ist wichtig, da bei Schlafmangel neben der generellen Beeinträchtigung des Wohlbefindens speziell auch eine Fehlregulation der Atemsteuerung zu beobachten ist [29].

Gerade bei länger dauernden schwierigen Verläufen der Entwöhnung bietet der Nachtschlaf eine willkommene Gelegenheit, damit sich die Atemmuskulatur von den Tagesanstrengungen erholen kann. Neuere Studien zeigen auch, dass nach der Entwicklung einer inspiratorischen Muskelermüdung durchaus längere Erholungsphasen nötig sind, um die ursprüngliche Leistungsfähigkeit der Muskulatur wieder zu erlangen [11].

## Beatmungssystemabhängige Faktoren

### Zusätzliche Atemarbeit durch den Endotrachealtubus

Da sich im Rahmen diese Buches ein ganzes Kapitel mit der zusätzlichen Atemarbeit beschäftigt, soll an dieser Stelle nur ganz kurz hierauf eingegangen werden.

Der Endotrachealtubus stellt eine Querschnittsverengung der oberen Atemwege dar, die zu einem Anstieg des Strömungswiderstandes führt, die maßgeblich vom Innendurchmesser des Tubus und den verwendeten Gasströmungen abhängig ist [30]. Da der Tubuswiderstand nicht linear, sondern nahezu exponentiell von Flow und Durchmesser abhängt, kann ein exzessiver Druckgradient notwendig werden, um den Gasfluss durch den Tubus zu ermöglichen. Hieraus wird verständlich, dass die Atemarbeit mit Abnahme des Tubusdurchmessers und Zunahme der Gasströmung teilweise massiv ansteigen kann [31].

Für den klinischen Verlauf der Entwöhnung wird dieser Befund immer dann relevant, wenn ein Patient diese zusätzliche Atemarbeit nicht leisten kann und sich deswegen zu erschöpfen droht. Neben den zur Verfügung stehenden Beatmungsmethoden zur Kompensation dieser zusätzlichen Atemarbeit (s.u.) sollte in einer solchen Situation eine Umintubation zugunsten eines größeren Tubus in Erwägung gezogen werden. Dies gilt vor allem, wenn Tuben mit einem Innendurchmesser kleiner als 8 mm verwendet worden sind. In diesem Zusammenhang kann in Einzelfällen auch eine Tracheotomie des schwierig zu entwöhnenden Patienten hilfreich sein, da der zusätzliche Widerstand und damit die zusätzliche Atemarbeit über die deutlich großlumigeren und kürzeren Trachealkanülen minimiert werden kann.

### Zusätzliche Atemarbeit durch nicht-ideale Eigenschaften des Beatmungssystems

Ein weiterer Grund für die Entstehung von zusätzlicher Atemarbeit ist das Beatmungssystem an sich. Für die getriggerten Beatmungsformen zur assistierten Spontanatmung, die während der Entwöhnung Verwendung finden, sind vor allem die Sensitivität des Triggermechanismus und die Charakteristik der sogenannten Demand-flow-Reglers entscheidend für das Ausmaß der zusätzlichen Atemarbeit.

Je höher die Triggerschwelle am Beatmungsgerät eingestellt ist, desto mehr Atemarbeit muss der Patient leisten. Deswegen sollte die Triggerschwelle so sensibel wie möglich eingestellt werden, ohne dass es zum Phänomen der Selbst-Triggerung („auto-trigger") kommt. Tritt dieser Fall jedoch ein, darf dies nicht automatisch zur Erhöhung der Triggerschwelle führen, sondern es müssen zunächst mögliche Gründe hierfür überprüft werden wie z. B. eine Ansammlung von Wasser im System.

In modernen Beatmungsgeräten wird die inspiratorische Gasströmung bei der assistierten Spontanatmung durch einen Demand-flow-Regler kontrolliert. Mit Hilfe dieser Regulation wird immer soviel Gasfluss vom Beatmungsgerät appliziert, dass der vorgewählte Druck im Beatmungssystem aufrecht erhalten werden kann. Die Güte dieser Regulation lässt sich also an der Differenz des tatsächlich vorherrschenden und des vorgewählten Atemwegsdruckes ($P_{aw}$) ablesen, die bei guter Regulation praktisch nicht nachweisbar sein sollte. Kann durch das Demand-System keine Druckkonstanz gewährleistet werden, sinkt der inspiratorische $P_{aw}$ deutlich unter das gegebene PEEP-Niveau, was für den Patienten einen Anstieg der inspiratorischen Atemarbeit bei fallender funktioneller Reservekapazität und somit schlechter werdendem Gasaustausch mit sich bringt. Die Entwicklung Mikroprozessor-gesteuerter Beatmungsgeräte mit zusätzlich verbesserten mechanischen Teilen hat dazu geführt, dass dieses Problem minimiert wurde und im Vergleich zur tubusbedingten Mehrarbeit lediglich einen Bruchteil ausmacht [32]. Dennoch wird auch ein gutes Regelsystem mit Beteiligung mechanischer Ventile zu einer gewissen zusätzlichen Atemarbeit führen, die gerade für den schwierig zu entwöhnenden Patienten problematisch werden kann.

Um dieses Problem zu umgehen, kann die Verwendung von kontinuierlichen Flusssystemen (High-Flow-CPAP) hilfreich sein, da mit solchen Systemen annähernd voll-

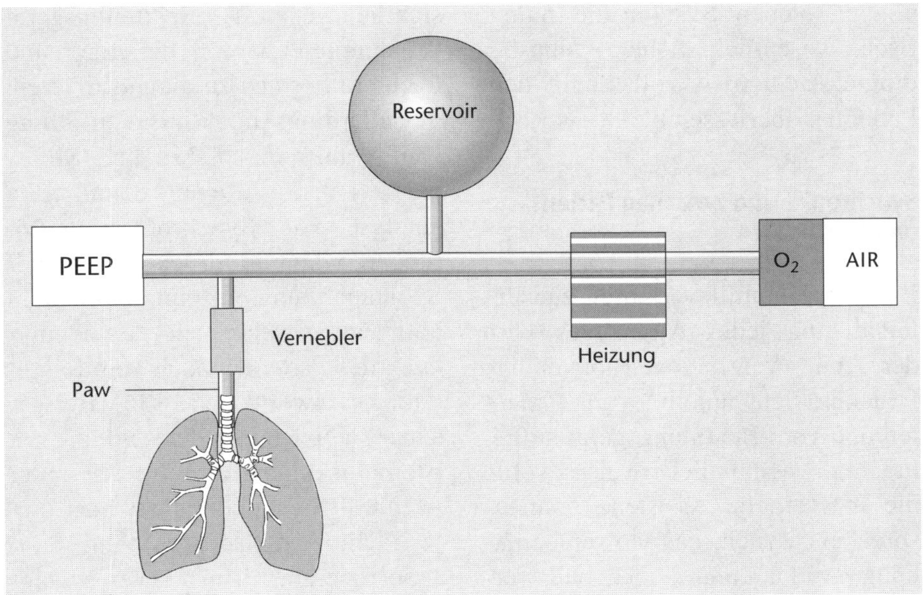


Abb. 7.1: Schematische Skizze eines High-Flow-CPAP-Systems. (Erläuterungen s.Text).

ständige Druckstabilität zu erwarten ist. Als Voraussetzung hierfür muss die kontinuierliche Gasströmung unter Zuhilfenahme eines ausreichend großen Reservoirs höher sein als die vom Patienten benötigte Gasströmung (Abb. 7.1). Dies ist in aller Regel bei 25–40 l/min Gasfluss und einem gut dehnbaren Reservoir von 20–25 l Volumen gegeben. In einem solchen System ist die systembedingte Atemarbeit minimal, wobei man aber berücksichtigen muss, dass hierbei nur noch positiver $P_{aw}$ appliziert wird (CPAP) und keine Unterstützung der Ventilation im eigentlichen Sinne geleistet wird. Im Vergleich mit kontinuierlichen Flow-Systemen kann die systembedingte Atemarbeit mit älteren Demand-flow-Systemen um bis zu 22 % ansteigen [33]. Allerdings gilt es zu berücksichtigen, dass auch mit einem solchen System die numerisch wesentlich höhere tubusbedingte Atemarbeit vollständig dem Patienten überlassen bleibt.

### Synchronisation zwischen Patient und Ventilator

Bei den Atemhilfsverfahren zur Unterstützung jedes Atemzuges wird der zur Ventilation notwendige Druckgradient anteilig vom Patienten und vom Beatmungsgerät aufgebracht. Verständlicherweise sollte die maschinelle Assistenz dementsprechend synchron zur Atembemühung des Patienten abgegeben werden. Während der Inspirationsbemühung des Patienten sollte auch die maschinelle Unterstützung appliziert werden, so dass die Inspiration erleichtert und die Exspiration nicht behindert wird. Geht diese Synchronisation verloren, so kommt es zu einer Verschiebung zwischen Inspirationsbemühung und maschineller Unterstützung, die vor allem zwei Konsequenzen hat: Erstens wird die inspiratorische Atemmuskulatur nicht mehr entsprechend entlastet und zweitens kann es zu einer Beeinträchtigung der passiven Exspiration des Patienten kommen. Klinische Folgen dieser Situation sind ein Anstieg der Atemarbeit sowie das Gefühl der Dyspnoe, so dass die Entwicklung einer solchen Situation stets vermieden werden sollte.

Massive Störungen der Synchronisation zwischen Patient und Ventilator sind klinisch einfach zu diagnostizieren, da der Patient offensichtlich gegen das Beatmungsgerät „ankämpfen" wird. Schwieriger sind leichtere Formen zu diagnostizieren, die allerdings im klinischen Alltag häufig auftreten. Fabry und Mitarbeiter haben in einer detaillierten Analyse von Synchronisationsstörungen während druckunterstützter Spontanatmung gezeigt, dass nicht notwendigerweise jede Atembemühung des Patienten auch vom Respirator beantwortet wird [34]. Bei genauer Beobachtung der Aktivität der Atemmuskulatur einschließlich der Atemhilfsmuskulatur lässt sich dieses Phänomen also auch klinisch diagnostizieren. Ebenso ist eine mögliche Beeinträchtigung der Exspiration ohne weitere Zusatzgeräte zu erkennen, indem man die Kurve des Gasflusses am Beatmungsgerät daraufhin überprüft, ob während der Exspiration das Gas ungehindert aus den Lungen strömt oder ob es hier zu etwaigen Unregelmäßigkeiten kommt, die einen deutlichen Hinweis auf das Vorliegen einer solchen Störung der Synchronisation geben würden (vgl. Abb. 7.2).

## 7.3.3 Determinanten der möglichen Atemarbeit

Um die erforderliche Atemarbeit wieder gänzlich ohne maschinelle Unterstützung zu bewältigen, ist ein adäquater Atemantrieb und die entsprechende Leistungsfähigkeit der Atemmuskulatur Grundvoraussetzung.

### Der zentrale Atemantrieb

Es ist verständlich, daß für eine suffiziente Spontanatmung ein ausreichender zentraler Atemantrieb notwendig ist. Auf der anderen Seite ist bei der akuten respiratorischen Insuffizienz aus pulmonalen Gründen der Atemantrieb in aller Regel deutlich stimuliert, was dazu führen kann, dass die Atemmuskulatur durch den permanent erhöhten „Drive“ ermüdet und somit zum Versagen der Atempumpe beiträgt [35]. Deswegen sollte der Atemantrieb während der Entwöhnung weder kontinuierlich zu hoch noch zu niedrig sein.

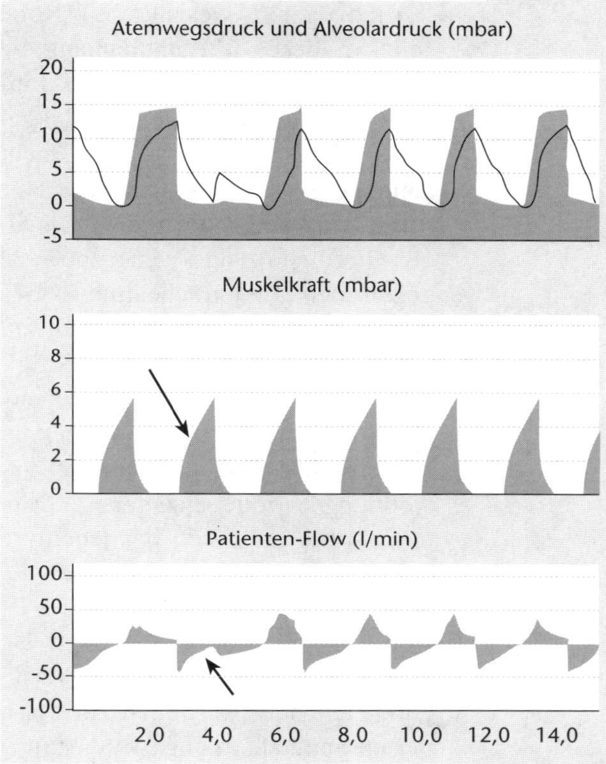


Abb. 7.2: Desynchronisation zwischen Patient und Ventilator bei druckunterstützter Spontanatmung.
Dargestellt sind der Atemwegsdruck (airway pressure) in der oberen Kurve, der Alveolardruck (alveolar pressure) als Linie über der oberen Kurve, der durch die Atemmuskulatur generierte Druck (muscular effort) in der mittleren Kurve und der Gasfluss (patient flow) in der unteren Kurve während druckunterstützter Beatmung. Bei der mit einem Pfeil gekennzeichneten Inspirationsbemühung kommt es zwar zum Aufbau eines Druckes durch die Atemmuskulatur, nicht aber zu einer entsprechenden Antwort durch das Beatmungsgerät, erkennbar an der fehlende Druckunterstützung in der oberen Kurve. An dieser Stelle der unteren Kurve, sieht man die Unregelmäßigkeit des exspiratorischen Flusses als Ausdruck der Desynchronisation zwischen Patient und Beatmungsgerät. Da die meisten Beatmungsgeräte den Gasfluss darstellen, lassen sich leichtere Formen der Synchronisationsstörungen hieran auch klinisch ablesen.

Eine ganz wesentliche Rolle spielt in diesem Zusammenhang die Analgosedierung des Patienten. Einerseits sollte sie soweit zurückgenommen sein, dass sie nicht mehr atemdepressiv wirkt, andererseits sollte der Patient noch soweit analgosediert sein, dass er sich nicht gegen den Endotrachealtubus und die Beatmung wehrt, was dann zur Erschöpfung und damit zum Scheitern der Entwöhnung führen kann. Es wird kaum möglich sein, ein konkretes Sedierungsregime für die Entwöhnungsperiode anzugeben. Dennoch sollte man sich bei jedem zu entwöhnenden Patienten immer wieder fragen, ob die Sedierung der jeweiligen Situation angemessen ist. Die Vielzahl der heute zur Verfügung stehenden Verfahren zur assistierten Spontanatmung sollte benutzt werden, um das Beatmungsverfahren weitestgehend an die Bedürfnisse des individuellen Patienten zu adaptieren und nicht umgekehrt, wie es früher durchaus notwendig war, damit die kontrollierte Beatmung toleriert wurde. Insofern hängt das Konzept der Analgosedierung ganz wesentlich vom Konzept der Beatmung ab [36].

Neben dem Grad der Sedierung wird der zentrale Atemantrieb und die neuromuskuläre Signalübertragung noch durch eine Vielzahl von Einflüssen wie dem Säure-Basen-Haushalt, Elektrolytstörungen, zentralnervösen Erkrankungen, erhöhtem Hirndruck oder einer neuromuskulären Blockade (z. B. durch Relaxantien oder bestimmte Antibiotika) mitbestimmt. Auch hier gilt, dass jede dieser Störungen – wenn möglich – therapiert werden sollte, bevor mit der definitiven Entwöhnung von der Beatmung begonnen wird.

## Die Atemmuskulatur

Die Kraft und Ausdauer der Atemmuskulatur wird von einer Vielzahl von Faktoren bestimmt, die beim intensivpflichtigen Patienten eine Rolle spielen können. Unter all den möglichen Faktoren ist der klinisch wohl wichtigste Aspekt die Entwicklung einer dynamischen Hyperinflation (s. Abschnitt 7.3.2, Mechanik des respiratorischen Systems) [37]. Entwickelt sich während der Entwöhnung eine Verschlechterung der Atemmechanik in Richtung einer dynamischen Hyperinflation, so wird aufgrund der veränderten Geometrie des respiratorischen Systems die Atemmuskulatur in einem Bereich ungünstiger Länge-Kraft-Relation arbeiten müssen, was auch an einer Abflachung des Zwerchfells abgelesen werden kann [38]. Aus diesen Gründen sollte der Entwicklung einer dynamischen Hyperinflation, wo immer es geht, vorgebeugt werden.

Voraussetzung für eine leistungsfähige Atemmuskulatur ist weiterhin eine ausreichende Sauerstoffversorgung. Während unter Ruhebedingungen der Anteil der Atemmuskulatur am gesamten $O_2$-Verbrauch 1–3 % beträgt, kann dieser Prozentsatz während des Weanings bis zu 50 % betragen. Da die $O_2$-Extraktion des Zwerchfells schon in Ruhe recht hoch ist, kann ein erhöhter Verbrauch der Atemmuskulatur nur durch einen gesteigerten Blutfluss gedeckt werden. Da der Blutfluss zum Zwerchfell wiederum eng mit dem Herzzeitvolumen (HZV) korreliert, kann eine entsprechende $O_2$-Versorgung der Atemmuskulatur nur mit einer HZV-Steigerung erreicht werden. Der notwendige HZV-Anstieg bei der Entwöhnung wurde tatsächlich von mehreren Arbeitsgruppen bestätigt und sogar als Prädiktor für die erfolgreiche Entwöhnung angegeben, da schwierig zu entwöhnende Patienten keinen entsprechenden HZV-Anstieg zeigten [39]. Aus diesem Grund sollte die kardiale Leistungsfähigkeit während der Entwöhnung optimiert werden. Hieraus erklärlich wird der Grundsatz, nie einen Patienten im Schock zu entwöhnen. Wenn nötig, muss eine eventuelle Hyper- oder Hypovolämie vor dem Weaning korrigiert werden. Außerdem kann aus diesen Gründen während des Weanings der Einsatz von positiv inotropen Substanzen notwendig werden.

Ein weiterer Grund für die engmaschige Kontrolle der kardialen Funktion ist die Reduktion des intrathorakalen Druckes durch den Abfall des $P_{aw}$ während der Entwöhnung. Hiermit wird zwar der venöse Rückstrom zum rechten Herzen verbessert, doch auf der anderen Seite steigt die Nachlast des linken Ventrikels, was vor allem bei vorbestehender Herzinsuffizienz zu einer Reduktion der Auswurfleistung des linken Ventrikels führen kann. So kann eine latente linksventrikuläre Herzinsuffizienz durch abrupte Änderung der intrathorakalen Drücke während der Entwöhnung demaskiert werden [10]. Dies führt sowohl zu einer Minderung der Leistungsfähigkeit der Atemmuskulatur bei insuffizientem HZV-Anstieg als auch über die Ausbildung eines pulmonalen Ödems zu einer Zunahme der erforderlichen Atemarbeit. Hurford und Mitarbeiter [40] berichteten darüber hinaus von Radioisotopenuntersuchungen, die sowohl transiente koronare Ischämien als auch eine gewisse linksventrikuläre Dilatation während der Entwöhnung zeigten. Aus diesen Gründen ist bei Patienten mit kardialer Anamnese ein invasives Kreislaufmonitoring während des Weaning manchmal unumgänglich.

## 7.4 Strategie der Entwöhnung

Um einen möglichst zügigen und erfolgreichen Verlauf dieser Phase zu gewährleisten, müssen vor allem drei Ziele verfolgt werden:

1. Es sollte so zügig wie möglich der Zeitpunkt identifiziert werden, an dem auch der schwierig zu entwöhnende Patient in der Lage ist, spontan zu atmen.
2. Es sollten Methoden vermieden werden, die möglicherweise diesen Zeitpunkt verzögern.

3. Es sollten Methoden angewendet werden, die möglichst sicher zur Entwöhnung führen, um dem Patienten jegliche gescheiterten Entwöhnungsversuche mit all ihren negativen Begleiterscheinungen zu ersparen.

Auch wenn während der letzten Jahre in großen multizentrischen Studien der Wert der verschiedenen Verfahren zur Entwöhnung wissenschaftlich untersucht worden ist, bleibt heute noch festzustellen, daß es keine konkreten, wissenschaftlich belegten Präferenzen für ein spezifisches Verfahren beim individuellen Patienten gibt [4–6, 41]. Gerade bei schwierig zu entwöhnenden Patienten wird sich das Vorgehen häufig eher am Einzelfall orientieren als an einem festen Schema.

Zur Entwicklung einer erfolgreichen Entwöhnungsstrategie müssen vor allem drei Fragen beantwortet werden:

1. Wann kann mit der Entwöhnung begonnen werden?
2. Welche Kriterien werden für Verlauf und Erfolg der Entwöhnung angelegt?
3. Welche Entwöhnungstechnik wird gewählt?

### 7.4.1 Zeitpunkt der Entwöhnung

Generell gilt, dass mit der Entwöhnung dann begonnen werden sollte, wenn die Gründe, die zur Intubation und maschinellen Beatmung geführt haben, überwunden sind. Während dieser Zeitpunkt bei akuten Krankheitsbildern oder etwa bei postoperativer Nachbeatmung einfach festzulegen ist, gestaltet sich die Entscheidung bei prolongierten Krankheitsverläufen mit länger dauernder Beatmungstherapie oft schwierig, zumal mit dem Einsatz der heute zur Verfügung stehenden assistierten Beatmungsformen der Beginn der Spontanatmung nicht mehr notwendigerweise mit der Beendigung der maschinellen Beatmung zusammenfällt.

In einem weiteren Wortsinn kann man also den Beginn der Entwöhnung als den Zeitpunkt definieren, ab dem es möglich ist, die Invasivität der maschinellen Beatmung zu reduzieren.

In diesem Sinne beginnt die Entwöhnung etwa mit der Reduktion der inspiratorischen Sauerstoffkonzentration ($FiO_2$) oder des Inspiration-Exspiration-Verhältnisses (I:E), wenn es der Gasaustausch erlaubt. Hierzu ist es nicht unbedingt notwendig, dass der Grund der respiratorischen Insuffizienz schon vollständig überwunden ist. Auch die weiteren Schritte, wie Reduktion des PEEP und der maschinellen Ventilation, werden in dem Maße möglich sein, wie sich die respiratorische Leistungsfähigkeit des Patienten bessert [3, 8]. Gerade bei Anwendung von Formen der Beatmung, die konzeptionell einen Anteil an erhaltener Spontanatmung beinhalten, ist es allerdings sehr schwierig, einen genauen Beginn der Phase der Entwöhnung festzulegen [42].

In einem engeren Wortsinn kann der Beginn der Entwöhnung als der Zeitpunkt betrachtet werden, ab dem versucht wird jegliche maschinelle Unterstützung der Ventilation soweit zu reduzieren, dass die gesamte Atemarbeit wieder vom Patienten selbst geleistet wird. Für die Wahl eines geeigneten und möglichst frühen Zeitpunktes, der einer solchen Definition der Entwöhnung entspricht, muss vor allem die Frage beantwortet werden, ob ein Patient in der Lage ist, die anfallende Atemarbeit ohne weitere Hilfe zu verrichten. Zur Beantwortung dieser Frage sind vielfältige Kriterien untersucht worden, die hier dargestellt werden sollen.

### 7.4.2 Kriterien für die erfolgreiche Entwöhnung

Anhand objektiver Kriterien zur Beurteilung des Verlaufes und des Erfolges der Entwöhnung sollte es möglich sein, die Patienten zu identifizieren, die noch nicht zu entwöhnen sind, um ihnen so gescheiterte Entwöhnungsversuche zu ersparen, die nicht nur schwere kardio-zirkulatorische und respiratorische Nebenwirkungen haben können, sondern auch psychisch sehr belastend sind. Bei diesen Patienten sollte anhand der Entwöhnungskriterien auch die mögliche Ursache der weiteren Ventilatorabhängigkeit beurteilbar sein, um so eventuelle Änderungen des therapeutischen Managements objektivieren zu können. Auf der anderen Seite sollten die Patienten identifiziert werden können, die einfach und schnell zu entwöhnen sind, damit die Beatmungstherapie nicht unnötig prolongiert wird.

#### Klassische Entwöhnungskriterien

Die klassischen Kriterien für die erfolgreiche Entwöhnung wurden vor allem für den direkten Übergang von der kontrollierten Beatmung zur Spontanatmung an einem T-Stück-System formuliert (Tab. 7.3). Diese

Tab. 7.3: Kriterien zur Beurteilung eines „T-Stück-Versuches"

| | |
|---|---|
| Atemzugvolumen ($T_V$) | > 5 ml/kg KG |
| Atemfrequenz (f) | < 35 /min |
| Sauerstoffsättigung ($SaO_2$) | > 90 % (bei $FiO_2$ < 0,4) |
| maximaler Inspirationsdruck ($Pi_{max}$) | < 20 mbar |
| Herzfrequenz (HF) | < 140 /min und keine andauernde Abweichung > 20 % Kontrollwert |
| Systolischer Blutdruck | < 180 mmHg oder > 90 mmHg und keine andauernde Abweichung > 20 % Kontrollwert |
| Psychische Verfassung | keine Unruhe, Agitation oder Angst |

Kriterien sind allerdings mehrfach in Zweifel gezogen worden, da sie nur für Kurzzeitbeatmungen evaluiert wurden und für die Entwöhnung nach länger dauernder Beatmung einen nur geringen Vorhersagewert besitzen. Mit den heute zur Verfügung stehenden Verfahren zur ventilatorischen Unterstützung während der Entwöhnung würde bei Anwendung dieser klassischen Kriterien die Phase des „Weaning“ unnötig verlängert, so dass diese Parameter, heute eher zur Abschätzung der Extubationsbereitschaft benutzt werden sollten.

## Gasaustauschkriterien

Die Entwöhnungskriterien, die sich auf die Oxygenierung beziehen, sind besonders problematisch, weil sie neben der eingestellten $FiO_2$ stark vom PEEP- bzw. CPAP-Niveau abhängen. Aus diesem Grunde sollten lediglich Oxygenierungsindices wie etwa das $PaO_2/FiO_2$ Verhältnis, die alveolo-arterielle Sauerstoffdifferenz ($AaDO_2$), oder das arterio-alveoläre Sauerstoffverhältnis ($PaO_2/PAO_2$) benutzt werden.

Die $AaDO_2$ berechnet sich als alveolärer $PO_2$ ($PAO_2$) minus dem arteriellen $PO_2$ ($PaO_2$):

$$AaDO_2 = PAO_2 - PaO_2 \qquad (3)$$

Hierzu ist die Kenntnis des $PAO_2$ notwendig, der sich aus der modifizierten alveolären Gasgleichung wie folgt abschätzen lässt:

$$PAO_2 = \frac{(PB - PH_2O) \times FiO_2 - PaCO_2}{R} \qquad (4)$$

Hierbei ist PB der umgebende Luftdruck; $PH_2O$ der Partialdruck des Wasserdampfes, der sich bei einer Körpertemperatur von 37 °C in der Lunge auf 47 mmHg beläuft, und R der respiratorische Quotient, der bei normaler Ernährungszusammensetzung und Stoffwechsellage bei 0,8 angenommen werden kann.

Generell wird empfohlen, dass zur Entwöhnung bei einer $FiO_2$ von 0,4 ein $PaO_2 > 60$ mmHg erreicht werden sollte. Der $PaO_2/FiO_2$ Quotient sollte also mindestens 150 mmHg betragen.

Während das $PaO_2/FiO_2$ Verhältnis einen nur geringen Vorhersagewert für den Verlauf der Entwöhnung hat, wurde das $PaO_2/FiO_2$ Verhältnis als Bestandteil des relativ präzisen „CROP-Index“ benutzt. Dieser Index setzt sich zusammen aus der dynamischen Compliance (C) des respiratorischen Systems, der Atemfrequenz (R = rate), der Oxygenierung und dem maximalen inspiratorischen Druck ($P = Pi_{max}$):

$$CROP = \frac{C \times Pi_{max} \times [PaO_2/PAO_2]}{R} \qquad (5)$$

Neben dem Atemmuster (s.u.) wurde dieser Index als sensitiver und spezifischer für den Verlauf der Entwöhnung beschrieben [43] als die klassischen Entwöhnungskriterien. Da weder die Berechnung des $PaO_2/PAO_2$ Verhältnisses, noch die

Messung von $Pi_{max}$ in der klinischen Routine durchgeführt werden, wird der CROP-Index klinisch allerdings nur selten angewendet.

## Muster der Atmung

Eingedenk der Tatsache, dass eine häufige Ursache der gescheiterten Entwöhnung in der Entwicklung einer respiratorischen Muskelermüdung besteht, die durch typische klinische Veränderungen des Atemmusters gekennzeichnet ist, wurde das Atemmuster als valider und einfach zu bestimmender Parameter für die erfolgreiche Entwöhnung beschrieben. Yang und Tobin zeigten in einer prospektiven Untersuchung [43], dass der Quotient aus Atemfrequenz (f, ausgedrückt als 1/min) und Atemzugvolumen ($V_t$, ausgedrückt in l) – der sogenannte „rapid shallow breathing index" (f/Vt) – den besten Vorhersagewert für den Verlauf der Entwöhnung hatte. Lag dieser Quotient über 105 $/min \times l^{-1}$ war der Entwöhnungsversuch bei 95 % der untersuchten Patienten nicht erfolgreich, während die meisten Patienten mit einem f/Vt-Quotienten < 100 erfolgreich zu entwöhnen waren.

## Atemarbeit und $O_2$-Verbrauch der Atmung

Von mehreren Arbeitsgruppen wurde ein Zusammenhang zwischen der Höhe der Atemarbeit und dem Erfolg der Entwöhnung beschrieben, so wie es auch dem vorgestellten pathophysiologischen Konzept der Entwöhnung entsprechen würde. Da die Atemarbeit nur schwierig zu messen ist, wurde als indirektes Maß hierfür der gesteigerte $O_2$-Verbrauch bei einsetzender Spontanatmung benutzt. Die Differenz des $VO_2$ zwischen kontrollierter Beatmung und Spontanatmung sollte demnach der Zunahme des $O_2$-Verbrauchs der nun arbeitenden Atemmuskulatur entsprechen und folglich mit der Höhe der inspiratorischen Atemarbeit korrelieren („oxygen cost of breathing"). Die $VO_2$-Differenz kann nicht-invasiv mit Hilfe der indirekten Kalorimetrie bestimmt werden. Auch wenn es bezüglich der Grenzwerte für die $VO_2$-Differenz während des „Weanings" unterschiedliche, zum Teil widersprüchliche Ergebnisse gibt, gilt generell, daß ein exzessiver $VO_2$-Anstieg bei Spontanatmung eine erfolgreiche Entwöhnung unwahrscheinlich macht [44].

## Atemwegsokklusionsdruck (P0,1)

Als weiteres Entwöhnungskriterium wurde der sogenannte Atemwegsokklusionsdruck (P0,1) untersucht. Der P0,1 ist der negative Druck, der in den ersten 100 msec einer Inspiration gegen ein geschlossenes System generiert wird. Da hierbei kein Gas im respiratorischen System fließt, ist dieser Wert von Größen, wie der Compliance oder der Resistance, weitgehend unabhängig.

Bei gegebener Muskelkraft ist der generierte negative Atemwegsdruck

($P_{aw}$) direkt proportional zum Atemantrieb, weswegen der P0,1 mit gewissen Einschränkungen als direkter Parameter des zentralen Atemantriebs gelten kann [45]. Während die Normalwerte beim Gesunden bei 1–2 $cmH_2O$ liegen, ist der P0,1 während der akuten respiratorischen Insuffizienz deutlich erhöht und sinkt wieder mit Besserung der respiratorischen Leistungsfähigkeit. Dementsprechend wurde ein niedriger P0,1 als guter prädiktiver Wert für die erfolgreiche Entwöhnung angegeben. Auch hier besteht aber hinsichtlich des Grenzwertes für eine erfolgreiche Entwöhnung keine Klarheit, da je nach Studie Grenzwerte zwischen 3 und 6 $cmH_2O$ angegeben werden.

Desweiteren gilt zu berücksichtigen, dass ein hoher Atemantrieb sowohl auf eine noch unzureichende respiratorische Funktion hinweisen kann als auch durch das Ankämpfen eines Patienten gegen die Beatmung oder den Endotrachealtubus, durch Schmerzen oder psychische Agitiertheit bedingt sein kann. Deswegen ist weniger der Absolutwert als vielmehr der Trend des P0,1 für den Erfolg der Entwöhnung von Bedeutung.

Der P0,1 wurde zwar in vielen wissenschaftlichen Untersuchungen benutzt, nicht aber in der klinischen Praxis, da die Messung mit einem relativ hohen technischen Aufwand verbunden war. Da sie heute als Standardoption in neueren Respiratoren für die klinische Anwendung zur Verfügung steht, kommt diesem Parameter neben dem ebenfalls einfach zu messenden Atemmuster eine klinische Bedeutung zu [46].

## Resümee

All die verschiedenen Ansätze belegen, dass es auch heute nicht möglich ist, die Entwöhnung anhand eines objektiv erfassbaren Kriteriums beurteilen zu können. Vielmehr sollten im konkreten Fall alle zur Verfügung stehenden klinischen und physiologischen Parameter kombiniert werden, um so zu einer Einschätzung zu gelangen. Von großer Wichtigkeit ist immer die Frage nach der individuellen Toleranz des Patienten, weswegen generell gilt, dass mit dem nächsten Schritt der Entwöhnung immer erst dann begonnen werden sollte, wenn der Patient die bisherigen Schritte gut toleriert hat. Es sei nochmals betont, dass die Entwicklung einer inspiratorischen Muskelermüdung im Verlaufe der Entwöhnung unbedingt zu verhindern ist, da die respiratorische Muskulatur einer langen Erholungszeit nach einer solchen Erschöpfungsperiode bedarf, um wieder leistungsfähig zu werden [11]. Deswegen wird jeder gescheiterte Entwöhnungsversuch die Dauer des Weaning erhöhen.

### 7.4.3 Techniken der Entwöhnung

#### Weaningprotokolle

Bemerkenswert ist, dass in mehreren Untersuchungen ein Prozentsatz von ca. 20 % der Patienten, welche die verschiedensten Kriterien zur Entwöhnung erfüllen, Zeichen der Erschöpfung während Spontanatmungsversuchen zeigt [4, 5, 9, 47] und deswegen als schwierig zu entwöhnen eingestuft (s.o.) und in aller Regel nicht extubiert wird.

Die Tatsache, daß bis zu 50 % der Patienten mit akzidenteller Extubation keine Reintubation benötigten [48], zeigt allerdings, dass offensichtlich ein relevanter Anteil dieser Patienten maschinell beatmet wird, ohne dass dies wirklich nötig wäre. Hieraus kann man schließen, dass es in der klinischen Praxis trotz all der beschriebenen Parameter an einem standardisierten Vorgehen mangelt, um den optimalen Zeitpunkt der definitiven Entwöhnung von der Beatmung festzulegen.

Entsprechend dieser Überlegung wurde von Ely und Mitarbeitern eine Untersuchung an 300 Patienten während des Weaning durchgeführt, um den Einfluss eines täglichen Tests der Spontanatmung auf die Dauer und den Verlauf der Entwöhnung zu untersuchen. Als Kontrollgruppe wurde ein Kollektiv von Patienten betrachtet, welches mit dem üblichem klinischen Vorgehen, d.h. nach Einschätzung des behandelnden Arztes, entwöhnt wurde. In der Interventionsgruppe wurde das Ergebnis des täglichen Spontanatmungsversuches dem behandelnden Arzt mitgeteilt, der wiederum die Entscheidung über die eventuelle Entwöhnung hierauf basierend traf. Allein durch die Anwendung der täglichen Spontanatmungsversuche konnte die Anzahl der erfolgreich entwöhnten Patienten erhöht und damit die Zeit der Beatmungstherapie verkürzt werden [6].

Auch in einer großen randomisierten Untersuchung von Kollef und Mitarbeitern konnte gezeigt werden, daß die Anwendung eines strikten Protokolls während der Entwöhnung zu einem erfolgreicheren und zügigeren Verlauf führte als die Entwöhnung nach Einschätzung der behandelnden Ärzte [41]. Offensichtlich wird also in der klinischen Praxis eine eher konservative Einstellung bevorzugt, die allerdings zur Folge hat, dass ein relevanter Anteil von Patienten beatmet bleibt, obwohl sie eigentlich entwöhnt werden könnten. Diesem Umstand kann durch die Anwendung von Entwöhnungsprotokollen Abhilfe geschaffen werden, so dass solche Protokolle wesentlicher Bestandteil einer Entwöhnungstechnik sein sollten.

#### Das Problem der zusätzlichen Atemarbeit

Im ersten Teil dieser Arbeit wurde beschrieben, dass vor allem der Endotrachealtubus aber auch die nichtidealen Eigenschaften von „Demand-Flow-Ventilatoren“ zu einer

Erhöhung der Atemarbeit führen. Hierdurch müssen intubierte Patienten während eines „T-Stück-Versuches“ eine zusätzliche Atemarbeit leisten, die nach der Extubation wegfällt. Vor diesem Hintergrund ergibt sich die Frage, ob „T-Stück-Versuche“ wirklich geeignet sind, um die Spontanatmungskapazität zu testen. Patienten, die zwar ihre eigene Atemarbeit leisten könnten, jedoch wegen der zusätzlichen Atemarbeit durch den Tubus zu erschöpfen drohen, würden einen „T-Stück-Versuch“ nicht erfolgreich abschließen. Diese Patienten könnten nach der Extubation – durch den Wegfall der zusätzlichen Atemarbeit – eine ausreichende Atemkapazität aufweisen. Der Anteil der Patienten, die bei einem solchen Verfahren nicht extubiert wird, könnte demnach unnötig hoch sein. Um dieses Problem zu umgehen wurden verschiedene Anstrengungen unternommen, die zusätzliche Atemarbeit maschinell zu kompensieren.

### Kompensation der zusätzlichen Atemarbeit

In mehreren Studien konnte gezeigt werden, dass eine geringe inspiratorische Druckunterstützung während der Inspiration zur Kompensation der systembedingten Atemarbeit genutzt werden kann [49]. Die Höhe der hierzu notwendigen Druckunterstützung ist maßgeblich von der Grunderkrankung abhängig. Während bei unproblematischen Krankheitsbildern, etwa bei der postoperativen Nachbeatmung bei sonst lungengesunden Patienten, eine Druckunterstützung von 4–8 mbar ausreicht, sind z. B. nach schwerem ARDS oder bei COPD circa 10–12 mbar notwendig, um die systembedingte Atemarbeit zu kompensieren [50]. Die Einstellung der Höhe der Druckunterstützung ist allerdings für den individuellen Patienten schwierig, da der Tubuswiderstand und damit die tubusbedingte Mehrarbeit nicht-linear vom Gasfluss abhängig sind, der bei Spontanatmung sehr variabel sein kann. Ausgehend von diesen Überlegungen wurde die konventionelle Druckunterstützung dahingehend modifiziert, dass sie nicht mehr fix, sondern entsprechend des nicht-linearen Zusammenhangs zwischen Tubuswiderstand und Gasfluss appliziert wird. Da mit einem solchen Verfahren der Tubuswiderstand sehr exakt für jeglichen Gasfluss kompensiert wird, wurde das Verfahren „Automatische Tubuskompensation (ATC)“ genannt. Es wurde in experimentellen und klinischen Untersuchungen gezeigt, dass mit diesem Verfahren die beste Kompensation der zusätzlichen Atemarbeit bei verschiedensten Atemmustern erreicht wird [49]. Da hierdurch der Hauptanteil der gesamten zusätzlichen Atemarbeit kompensiert wird, kann der Patient so atmen als sei er tatsächlich extubiert, weswegen sich dieses Verfahren gut eignen sollte, einen Patienten daraufhin zu untersuchen, ob er erfolgreich extubiert werden kann. Auch wenn all diese

Befunde vielversprechend erscheinen, liegen noch keine ausreichenden Untersuchungen darüber vor, ob im Vergleich zu anderen Verfahren ein klinisch messbarer Vorteil für die Phase der Entwöhnung resultiert, so dass dieser Ansatz zur Zeit noch nicht endgültig einzuschätzen ist.

#### T-Stück versus Druckunterstützung bei Spontanatmungsversuchen

Esteban und Mitarbeiter untersuchten den Aussagewert von „T-Stück-Versuchen" verglichen mit Spontanatmungsversuchen unter 7 mbar Druckunterstützung in einer großen, randomisierten Studie [9]. Diese Autoren fanden, dass die Häufigkeit der Reintubation nach erfolgreichen Spontanatmungsversuchen für beide Verfahren gleich waren. Der Spontanatmungsversuch wurde allerdings von mehr Patienten in der Gruppe mit druckunterstützter Beatmung erfolgreich abgeschlossen. Dieser Befund steht im Einklang mit der obigen These, dass „T-Stück-Versuche" gegebenenfalls nur deswegen nicht erfolgreich sind, da die Patienten die zusätzliche Atemarbeit zur Überwindung des Tubus nicht aufbringen können. Diese Patienten werden einen Spontanatmungsversuch mit maschineller Kompensation der zusätzlichen Atemarbeit erfolgreich bestehen, so dass sie bei einem solchen Vorgehen extubiert werden können, ohne dass es hierdurch zu einer Zunahme der Reintubationsrate verglichen zum „T-Stück-Versuch" kommt. Hierauf basierend können beide Verfahren für den Spontanatmungsversuch empfohlen werden, wobei vor dem dargestellten pathophysiologischen Hintergrund die Argumente für die Anwendung einer geringen Druckunterstützung überwiegen.

### 7.4.4 Beatmungstechniken bei schwierig zu entwöhnenden Patienten

Die Frage, welches Beatmungsregime beim schwierig zu entwöhnenden Patienten zu wählen ist, wird nach wie vor kontrovers diskutiert. Da aber die verschiedenen Verfahren zur partiellen Unterstützung der Spontanatmung – wie auch die intermittierende Anwendung des „T-Stücks" bei ansonsten (assistiert-) kontrollierter Beatmung – weite Verbreitung gefunden haben, sollen die verschiedenen Techniken hier kurz rekapituliert werden.

#### Vollständige Unterstützung der Ventilation mit intermittierenden „T-Stück-Versuchen"

Das wohl traditionellste Verfahren zur Entwöhnung von der Beatmung besteht darin, den Patienten intermittierend von der maschinellen Beatmung zu diskonnektieren und über ein „T-Stück" gänzlich spontan atmen zu lassen. In der Praxis findet hierfür die sogenannte „feuchte Nase" häufige Verwendung, die lediglich eine gewisse Anreicherung der Atemluft mit $O_2$ ermöglicht. Alternativ hierzu werden auch Schlauchsysteme verwendet, die neben der Sauerstoffanreicherung eine Befeuchtung und Erwärmung des Inspirationsgases oder die Anwendung eines geringen kontinuierlichen Atemwegsdruckes (CPAP) ermöglichen. Die Dauer dieser „T-Stück-Versuche" ist variabel und wird sich maßgeblich an der individuellen Toleranz des Patienten orientieren. Vielerorts wird die Dauer progressiv erhöht oder es werden mehrmals täglich solche Versuche durchgeführt, ohne dass es hierfür aber eine gut dokumentierte Grundlage gibt. In der Multizenterstudie von Esteban und Mitarbeitern wurde kein Vorteil der mehrmaligen Anwendung dieser „T-Stück-Versuche" verglichen mit einmal täglicher Durchführung für den Verlauf der Entwöhnung gefunden [4]. Zwischen den Phasen der reinen Spontanatmung wird bei diesem Vorgehen der Patient in aller Regel kontrolliert oder assistiert-kontrolliert beatmet.

Bei allen Verfahren zur kontrollierten Beatmung leistet der Patient keinerlei Atemarbeit, sondern die gesamte Ventilation wird maschinell bewältigt. Hierdurch kann die Atemmuskulatur vollständig entlastet werden, was gerade im Verlauf der schwierigen Entwöhnung oder nach gescheiterten Entwöhnungsversuchen zur Erholung der Muskulatur sinnvoll sein kann.

## Partielle Unterstützung der Ventilation

Im Gegensatz zur kontrollierten Beatmung, bei der die gesamte Atemarbeit vom Beatmungsgerät geleistet wird, ist allen Verfahren zur partiellen Unterstützung der Ventilation gemeinsam, dass lediglich ein variabler Teil der Atemarbeit maschinell übernommen wird, so dass der Patient um diesen Anteil entlastet werden kann. Der Hauptvorteil liegt darin, dass so einer Erschöpfung der Atemmuskulatur vorgebeugt werden kann. Darüber hinaus wird die Invasivität der maschinellen Ventilation minimiert, indem bei diesen Verfahren die negativen Rückwirkungen der Beatmung auf die Hämodynamik, die Nierenfunktion oder auch die Funktion des Gastrointestinaltraktes verringert werden. Außerdem entfällt die Notwendigkeit zur tiefen Sedierung oder Muskelrelaxation. Aus diesen Gründen werden die assistierten Spontanatmungsverfahren heute nicht nur für die schwierige Entwöhnung, sondern schon relativ früh im Verlauf eines respiratorischen Versagens angestrebt [42, 51–53].

## Wahl des Beatmungsverfahrens für die Entwöhnung

Nachdem die Verfahren der assistierten Spontanatmung, und hier vor allem SIMV (synchronous intermittent mandatory ventilation) und PSV (pressure support ventilation), weite klinische Verbreitung gefunden haben, wurde in den letzten Jahren in großen, multizentrischen Studien versucht, die verschiedenen Verfahren miteinander zu vergleichen, um so ihren Stellenwert gerade für die schwierige Entwöhnung einordnen zu können. Brochard und Mitarbeiter fanden in einer in Frankreich durchgeführten Multizenterstudie, dass die Entwöhnung bei Anwendung druckunterstützter Beatmung mit Extubation bei einer Druckunterstützung von 8 mbar und befriedigendem Atemmuster schneller verlief und auch erfolgreicher war als die Anwendung von täglichen „T-Stück-Versuchen" oder von SIMV [5]. Im Gegensatz hierzu fanden Esteban und Mitarbeiter in einer ähnlich umfangreichen Untersuchung in Spanien, dass die Anwendung täglicher oder mehrfach täglich durchgeführter „T-Stück-Versuche" ein erfolgreicheres und auch zügigeres Weaning ermöglichte als die Anwendung von PSV oder SIMV [2]. Die Unterschiede, die in diesen Untersuchungen gefunden wurden, sind angesichts der unterschiedlichen Kriterien, die für die verschiedenen Verfahren angewendet worden sind, durchaus erklärlich: In der Brochard Studie wurde eine Atemfrequenz von 35/min für alle untersuchten Verfahren toleriert und es konnte bei einer Druckunterstützung von 8 mbar extubiert werden. Demgegenüber musste in der Esteban Studie die Atemfrequenz für eine Reduktion der Druckunterstützung oder zur Extubation lediglich bei PSV kleiner als 25/min sein, während bei den anderen Verfahren 35/min akzeptiert wurde. Zusätzlich konnte in dieser Studie erst bei einer Druckunterstützung von 5 mbar extubiert werden.

Aufgrund der widersprüchlichen Ergebnisse dieser beiden Untersuchungen kann man also keinem Verfahren eine eindeutige Präferenz bei der schwierigen Entwöhnung einräumen. Dennoch aber zeigen diese Untersuchungen, dass mit Hilfe einer geeigneten Strategie der Entwöhnung tatsächlich der Verlauf und auch die Dauer der Entwöhnung positiv zu beeinflussen sind. Darüber hinaus lässt sich schließen, dass weniger der eigentliche Beatmungsmodus, sondern eher die Art und Weise seiner Anwendung einen Einfluss auf die Entwöhnung haben. Drittens lässt sich mit aller Vorsicht aus diesen Studien schließen, daß SIMV im Vergleich zu den beiden anderen Verfahren nachteilige Auswirkungen auf den Verlauf und Erfolg der Entwöhnung bietet.

Auch wenn andere Verfahren der Entwöhnung wie etwa die Anwendung von BIPAP (biphasic positive airway pressure), PAV (proportional assist ventilation) oder ATC pathophysiologisch sehr sinnvoll erscheinen, so liegen bis heute keine kontrollierten Daten über die Effekte dieser Beatmungsverfahren bei der Entwöhnung vor. Es werden zur Zeit entsprechende klinische Studien durchgeführt, die helfen werden, die Bedeutung dieser Verfahren für die Entwöhnung von der Beatmung einzuordnen.

## 7.5 Zusammenfassung

Die genaue Kenntnis der pathophysiologischen Zusammenhänge der Entwöhnung von der Beatmung erleichtert vor allem bei der schwierigen Entwöhnung die Auswahl der geeigneten Weaning-Strategie für den individuellen Patienten. Der wesentliche Grundsatz dieser Strategie muss immer heißen, dass ein relatives Gleichgewicht zwischen der für den Patienten möglichen und der zur Ventilation notwendigen Atemarbeit hergestellt werden muss. Ist dies nicht der Fall, wird der Patient sich muskulär erschöpfen und die klassischen Zeichen der respiratorischen Insuffizienz zeigen.

Um den geeigneten Zeitpunkt der definitiven Entwöhnung von der Beatmung festzulegen, erscheint es sinnvoll, regelmäßige Spontanatmungsversuche vorzunehmen. Hierfür können sowohl der „T-Stück-Versuch" als auch Atmung mit einer geringen Druckunterstützung Verwendung finden, wobei wir aus pathophysiologischen Überlegungen eine Präferenz der Druckunterstützung einräumen.

Es wäre wünschenswert, möglichst objektive Parameter für den Verlauf und den Erfolg der Entwöhnung zur Verfügung zu haben. Obwohl in den letzten Jahren viele Kriterien untersucht worden sind, gibt es auch heute noch keinen einzelnen Parameter, anhand dessen man den Verlauf der Entwöhnung ausreichend genau beurteilen kann. Es gilt vielmehr das klinische Bild und die zur Verfügung stehenden physiologischen Parameter zu kombinieren und anhand des Gesamtbildes die Entwöhnung zu beurteilen. Hieraus wird klar, dass auch heute der Entwöhnungsprozess häufig noch einem „trial and error"-Vorgehen entspricht.

Mit den heute zur Verfügung stehenden Methoden der teilweisen Unterstützung der Spontanatmung ist es möglich, den Anteil der maschinellen Ventilation an der Gesamtventilation graduell zu reduzieren. Hierdurch kann das Weaning als schrittweiser Prozess gestaltet werden und muss nicht mehr die im Grunde abrupte Beendigung der maschinellen Beatmung zugunsten der nicht-assistierten Spontanatmung an einem T-Stück bedeuten. Auch wenn PSV und SIMV eine weit verbreitete klinische Anwendung gefunden haben und in vielen Untersuchungen die Vorteile der assistierten Beatmung während der Entwöhnung gezeigt wurden, konnte auch mit kontrollierten, multizentrischen Studien nicht wirklich bewiesen werden, ob die schrittweise Entwöhnung tatsächlich erfolgreicher ist als die „T-Stück-Versuche".

Aus diesen Untersuchungen kann aber abgelesen werden, dass ein definiertes Konzept im Sinne eines Weaning-Protokolls tatsächlich zu einem zügigeren und erfolgreicheren Verlauf der Entwöhnung führen kann.

Neben „T-Stück-Versuchen", PSV und SIMV wurden in den letzten

Jahren neuere Ansätze der assistierten Spontanatmung entwickelt und auch technisch realisiert, wie z. B. PAV oder BIPAP. Der Stellenwert dieser Verfahren für die Entwöhnung von der Beatmung wird erst bei Vorliegen größerer klinischer Erfahrung abzuschätzen sein.

## 7.6 Literatur


1. Ruiz-Santana S, Garcia A, and Esteban A. ICU pneumonias: a multiinstitutional study. Chest 1994; 106:1188–1193.

2. Esteban A, Alia I, Ibanez J, Benito S, Tobin MJ. Modes of mechanical ventilation and weaning. A national survey of Spanish hospitals. The Spanish Lung Failure Collaborative Group. Chest 1994; 106:1188–93.

3. Falke KJ. Die Entwöhnung von der Beatmung. Beitr-Anaesth-Intensivmed 1988; 25:284.

4. Esteban A, Frutos F, Tobin MJ, Alia I, Solsona JF, Valverdu I, Fernandez R, de-la CM, Benito S, Tomas R, et al. A comparison of four methods of weaning patients from mechanical ventilation. Spanish Lung Failure Collaborative Group [see comments]. N Engl J Med 1995; 332:345–50.

5. Brochard L, Rauss A, Benito S, Conti G, Mancebo J, Rekik N, Gasparetto A, Lemaire F. Comparison of three methods of gradual withdrawal from ventilatory support during weaning from mechanical ventilation [see comments]. Am J Respir Crit Care Med 1994; 150:896–903.

6. Ely EW, Baker AM, Dunagan DP, Burke HL, Smith AC, Kelly PT, Johnson MM, Browder RW, Bowton DL, Haponik EF. Effect on the duration of mechanical ventilation of identifying patients capable of breathing spontaneously [see comments]. N Engl J Med 1996; 335:1864–1869.

7. Kuhlen R, Max M. Die Entwöhnung von der Beatmung. Teil 2. Anaesthesist 1998; 47:693–703.

8. Kuhlen R, Reyle-Hahn M. Die Entwöhnung von der Beatmung. Teil 1. Anaesthesist 1998; 47:614–27.

9. Esteban A, Alia I, Gordo F, Fernandez R, Solsona JF, Vallverdu I, Macias S, Allegue JM, Blanco J, Carriedo D, et al. Extubation outcome after spontaneous breathing trials with T-tube or pressure support ventilation. The Spanish Lung Failure Collaborative Group. Am J Respir Crit Care Med 1997; 156:459–65.

10. Lemaire F, Teboul JL, Cinotti L, Giotto G, Abrouk F, Steg G, Macquin M, Zapol WM. Acute left ventricular dysfunction during unsuccessful weaning from mechanical ventilation. Anesthesiology 1988; 69:171–179.

11. Laghi F, D'Alfonso G, Tobin M. J. Pattern of recovery from diaphragmatic fatigue over 24 hours. J Appl Physiol 1995; 79:539.

12. Cohen CA, Zagelbaum G, Gross D, Roussos C. Clinical manifestation of inspiratory muscle fatigue. Am J Med 1982; 73:308–16.

13. Mancebo J, Amaro P, Lorino H, Lemaire F, Harf A, Brochard L. Effects of albuterol inhalation on the work of breathing during weaning from mechanical ventilation. Am Rev Respir Dis 1991; 144:95–100.

14. Smith T. C., Marini J. J. Impact of PEEP on lung mechanics and work of breathing in severe airflow obstruction. J Appl Physiol 1988; 65:1488.

15. Tobin M. J., Lodato R. F. PEEP, auto-PEEP and waterfalls. Chest 1989; 96:449.

16. Petrof BJ, Legare M, Goldberg P, Milic E, Gottfried SB. Continuous positive airway pressure reduces work of breathing and dyspnea during weaning from mechanical ventilation in severe chronic obstructive pulmonary disease. Am Rev Respir Dis 1990; 141:281–289.

17. Covelli H. D., Black J. W., Olsen M. S., et al. Respiratory failure precipitated by high carbohydrate loads. Ann Intern Med 1981; 95:579.

18. Askanazi, J. Nutrition for the patient with respiratory failure: glucose vs. fat. Anesthesiology 1981; 54:373.

19. Pingleton S. K., Harmon G. S. Nutritional management in acute respiratory failure. JAMA 1987; 257:2094.

20. Kelly S. M., Rosa A, Field, et al. Inspiratory muscle strength and body composition in patients receiving total parenteral nutrition therapy. Am Rev Respir Dis 1984; 130:33.

21. Bassili HR, Deitel M. Effect of nutritional support on weaning patients off mechanical ventilators. JPEN J Parenter Enteral Nutr 1981; 5:161–163.

22. Laaban J. P, Lemaire F, Baron J F, Trunet P, Harf A., Bonnet J. L, Teisseire B. Influence of caloric intake on the respiratory mode during mandatory minute ventilation. Chest 1985; 87:67–72.

23. Aubier M, Murciano D, Lecoguic Y, Viires N, Squara P, Ariente R. Effects of hypophposphatemia on diaphragmatic contractility in patients with acute respiratory failure. N Engl J Med 1985; 313:420–424.

24. Aubier M, Viires N, Piquet J, et al. Effects of hypocalcemia on diaphragmatic strength generation. J Appl Physiol 1985; 58:2054–2061.

25. Molloy DW, Dhingra S, Solven F, Wilson A, McCarthy DS. Hypomagnesium and respiratory muscle power. Am Rev RespirDis 1984; 129:497–498.

26. Fitts RH, Holloszy O. Lactate and contractile force in frog muscle during development of fatigue and recovery. Am J Physiol 1976; 58:823–829.

27. Juan G, Calverey P, Talamo C, Schnader JY, Roussos C. Effect of carbon dioxide on diaphragmatic function in human beings. N Engl J Med 1984; 310:74–79.

28. Schader JH, Juan G, Hawell S, Fitzgerald R, Roussos C. Arterial $CO_2$ partial pressure effects on diaphragmatic function. J Appl Physiol 1985; 58:823–829.

29. Phillips BA, Cooper KR, Burke TV. The effect of sleep loss on breathing in chronic obstructive pulmonary disease. Chest 1987; 91:29.

30. Guttmann J, Eberhard L, Fabry B, Bertschmann W, Wolff G. Continuous calculation of intratracheal pressure in tracheally intubated patients. Anesthesiology 1993; 73:503–513.

31. Shapiro M, WIlson RK, Casar G, Bloom K, Teague RB. Work of breathing through different sized endotracheal tubes. Crit Care Med 1986; 14:1028–1031.

32. Kuhlen R, Rossaint R, Hausmann S, et al. Entwöhnung vom Respirator. p. 89–105. in: Refresher Course: Aktuelles Wissen für Anaesthesisten. Springer, 1994.

33. Samodelov LF, Falke KJ. Total inspiratory work with modern demand valve devices compared to continuous flow CPAP. Intensive Care Med 1988; 14:632–639.

34. Fabry B, Guttmann J, Eberhard L, Bauer T, Haberthur C, Wolff G. An analysis of desynchronization between the spontaneously breathing patient and ventilator during inspiratory pressure support. Chest 1995; 107:1387–1394.

35. Herrera M, Blasco J, Venegas J, Barba R, Doblas A, Marquez E. Mouth occlusion pressure (P0,1) in acute respi-

ratory failure. Intensive Care Med 1985; 11:134–139.

36. Burchardi H, Rathgeber J, Sydow M. The concept of analgo-sedation depends on the concept of mechanical ventilation. p.155–164. in: Vincent JL(eds), Yearbook of Intensive Care and Emergency Medicine. Springer; 1995.

37. Tobin MJ, Jubran A, Hines E. Pathophysiology of failure to wean from mechanical ventilation. Schweiz Med Wochenschr 1994; 124:2139–2145.

38. Sharp, J. T. The respiratory muscles in chronic obstructive pulmonary disease. J Appl Physiol 1983; 55:547.

39. Lemaire F. Difficult weaning. Intensive Care Med 1993; 19 Suppl 2:S69–S73.

40. Hurford WE, Favorito F. Association of myocardial ischemia with failure to wean from mechanical ventilation. Crit Care Med 1995; 23:1475–1480.

41. Kollef MH, Shapiro SD, Silver P, St, Prentice D, Sauer S, Ahrens TS, Shannon W, Baker CD. A randomized, controlled trial of protocol-directed versus physician-directed weaning from mechanical ventilation. Crit Care Med 1997; 25:567–574.

42. Kuhlen R, Putensen C. Maintaining spontaneous breathing efforts during mechanical ventilation. Intensive Care Med 1999; 25:1203-1205.

43. Yang KL, Tobin MJ. A prospective study of indexes predicting the outcome of trials of weaning from mechanical ventilation [see comments]. N Engl J Med 1991; 324:1445–1450.

44. Tobin MJ. Weaning assessment. p. 347–360. in: Marini JJ, Roussos C (eds). Ventilatory failure. Springer Verlag; 1998.

45. Whitelaw WA, Derenne JP. Airway occlusion pressure. J Appl Physiol 1993; 74:1475–1483.

46. Kuhlen R, Hausmann S, Pappert D, Slama K, Rossaint R, Falke K. A new method for P0,1 measurement using standard respiratory equipment [see comments]. Intensive Care Med 1995; 21:554–560.

47. Alia I., Esteban A. Protocol-guided weaning: a key issue in reducing the duration of mechanical ventilation. Intensivmedizin und Notfallmedizin.1999.

48. Listello D, Sessler CN. Unplanned extubation: clinical predictors for reintubation. Chest 1994; 105:1496–1503.

49. Kuhlen R, Guttmann J, Nibbe L, Max M, Reyle-Hahn M, Rossaint R, Falke K. Proportional Pressure Support and Automatic Tube Compensation: New Options for Assisted Spontaneous Breathing. Acta Anaesth Scand 1997; 41:155–159.

50. Brochard L, Rua F, Lorini H, Lemaire F, Harf A. Inspiratory pressure support compensates for the additional work of breathing caused by the endotracheal tube. Anesthesiology 1991; 75:739–745.

51. Burchardi H. New strategies in mechanical ventilation. Eur Respir J 1996; 9:1063–1072.

52. Sydow M, Burchardi H, Ephraim E, Zielmann S, Crozier TA. Long term effects of two different ventilatory modes on oxygenation in acute lung injury. Comparison of airway pressure release ventilation and volume controlled inverse ratio ventilation. Am J Respir Crit Care Med 1994; 149:1550–1556.

53. Putensen C, Mutz NJ, Putensen-Himmer G, Zinserling J. Spontaneous breathing during ventilatory support improves ventilation-perfusion distributions in patients with acute respiratory distress syndrome. Am J Respir Crit Care Med 1999; 159:1241–8.

# Index

## A

## B

## C



## D

# E

## F



## G

## H



## I

## K



## L



## M

## N



## O



## P

## Q



## R

## S

## T

## U



## V



## W

## Z